Moderne Culturzustände

im

Elsaß

von

Ludwig Spach.

Dritter Band.

Straßburg.
Verlag von Karl J. Trübner.
1874.

Vorwort.

Die günstige Aufnahme, welche den „Modernen Culturbildern aus dem Elsaß“ zu Theil wurde und deren eingehende Besprechung in den Hauptorganen der Süd- und Norddeutschen Presse*) ermuthigten den Verfasser und den Verleger, mit einem dritten Bändchen in die Oeffentlichkeit zu treten. Es enthält ausführliche, in der „Straßburger Zeitung“ bereits vor acht Monaten erschienene Aufsätze über den Generalrath des Niederrheinischen Departements und die Municipalität von Straßburg vom Anfang des laufenden Jahrhunders bis in die nächstverflossene Zeit, und bietet somit eine Gesammtgallerie der seit sieben Dezennien im Unter-Elsaß namhaft gewordenen Persönlichkeiten. Die tragische Episode der Belagerung Straßburg's schließt diese Revue, worin wohl keine lokale Notabilität, keine administrative und politische Arbeitskraft außer Acht gelassen ist. — Die Berichte über den wissenschaftlichen Kongreß zu Straßburg im Jahre 1842 und Matters

*) Wir erlauben uns, u. a. m. die kritischen Aufsätze der „Spenerschen Zeitung“, der „A. A. Zeitung“, der „Gegenwart“, des „Daheim“, des „Magazins für die Literatur des Auslandes“, der „Illustrirten Zeitung“, der „Deutschen Zeitung in Wien“, des „Leipziger Centralblattes“ dankbar zu erwähnen.

Werk: „Das literarisch-wissenschaftliche Deutschland in den Jahren 1845—47" dienen als Rahmen zu dem Gemälde der freundlich-friedfertigen Beziehungen zwischen Deutschland und Frankreich, die jene goldene Zeit der ersten Hälfte des Jahrhunderts kennzeichnen.

Das während Straßburgs Belagerung niedergeschriebene Tagebuch Pfarrer Max Reichard's wird vom Verfasser der Culturbilder auszugsweise behandelt und führt jene fürchterliche Epoche in gedrängten Umrissen vor. Den Schluß gegenwärtiger Mittheilungen bildet das liebenswürdige Charakterbild David Richard's, des Organisators der Irrenanstalt von Stephansfeld.

In einem elsässischen Lokalblatte wurde dem Verfasser bemerkt: er seie dem Ober-Elsaß nicht in gleichem Maße wie dem Unter-Elsaß gerecht geworden, worauf er blos erwiedert, daß er in den Aufsätzen über die industrielle Gesellschaft in Mülhausen und über die Revue d'Alsace, den Hauptnotabilitäten jener Hälfte der Provinz genügende herzliche Anerkennuug zu Theil werden ließ und er keineswegs eine erschöpfende Benützung des reichhaltigen Stoffes bezweckte. Auch in vorliegendem Bande ließ der vorgeschriebene Raum das Einrücken eines schon in der „Straßburger Zeitung" veröffentlichten Artikels über „die Schreckensherrschaft in Colmar" nicht zu.

Der Generalrath (Conseil général)
des Unter-Elsaß.

Seine Anfänge.

Bei der Zusammenberufung des Bezirksrathes des Unter-Elsaß im September 1873 schien uns eine Rückschau über einige der frühern Sitzungen des ehemaligen Generalraths des niederrheinischen Departements zweckmäßig. Die Thätigkeit dieser Versammlung, so hofften wir, sollte dabei in einem nicht ungünstigen Lichte erscheinen. Nach den furchtbaren Stürmen der Revolution von 1789 bis 1795, und den unsichern, erschütterten Zuständen unter dem Directorium, regte sich in den bessern Kreisen der Bevölkerung das Bedürfniß eines emsigen Aufbaues; die Generalräthe im Elsaß liehen zuvörderst dieser Anforderung ihre Stimme.

Am ersten Thermidor des VIII. Jahres der französischen Republik (20. Juli 1800) versammelte sich der Conseil général zum erstenmal in der Präfectur — in der Behausung, dans la maison de la préfecture, wie sich das ungedruckte Protokoll ausdrückt; man hatte sich noch nicht zu der Benennung eines hôtels oder gar eines palais verstiegen. Ein Erlaß der „Consul's der Republik“ hatte den Präfecten Laumond zu dieser Zusammenberufung ermächtigt. An dreiundzwanzig Notabilitäten war dieser directe Aufruf ergangen. Aus diesen Mitgliedern der ersten Session heben wir folgende Namen hervor:

Bernhard Montbrison, ehemaliger Cavallerieoffizier, in Oberehnheim wohnhaft. Der Name dieses ehrenwerthen, aus dem Innern Frankreichs eingebürgten Mannes, wurde später in Bernard de Montbrison umgewandelt. Er war unter dem Kaiserreich und dem ersten Jahre der Restauration mit der Würde eines Rectors der Academie von Straßburg bekleidet und theilte in dieser letztern Eigenschaft, im Herbste 1814, die silberne Liliendecoration der Bourbonen an Professoren und preisgekrönte Schüler aus. Auch nach seiner Versetzung in den Ruhestand blieb er ein treuer Anhänger der Restauration.

Coulmann, Notar in Brumath. Sein Sohn, J. J. Coulmann, spielte, als langjähriger Freund Benjamin Constant's und, nach des letztern Tode, als liberaler Deputirter des Niederrheins, eine politische Rolle. Seine Erinnerungen (Réminiscences), in drei Bänden, sind in der Straßburger Zeitung ausführlich besprochen worden. Im Canton Brumath genoß sein Vater als Grundeigenthümer und Notar ein gewisses Ansehen.

Silvestre Dartein, Generalcommissar der Kanonengießerei. Dieses Amt war in seiner Familie, die aus dem Périgord stammte, seit zwei Jahrhunderten so zu sagen erblich geworden, und zwar nicht durch Gunst, sondern durch gerechtfertigte Befähigung. Der Vater des elsässischen Dartein hatte dasselbe in Toulon bekleidet. Ein Sohn Hr. Silvestre's stand unter der Restauration im Militärdienste der Bourbonen; ein anderes Mitglied des Hauses war Unterpräfect von Straßburg und Schlettstadt. — Zeitweilig (seit 1786) gehörte das Schloß Thanvillé, im Val de Villé, dieser geschätzten Familie, und ging später in die Hände des General Caster über, der eine Dartein geheirathet. Hr. Sylvestre Dartein starb in Kolbsheim (a. 1814) in einem Schlößchen, das vom Finanzminister Humann erstanden und mit herrlichen Gartenanlagen verschönert wurde.

Levrault, in diesem officiellen Verzeichniß des ersten Generalraths als einfacher Buchdrucker aufgeführt, hatte zehn Jahre vorher als Freund und Vertheidiger des ersten Maires von Straßburg (Fritz von Dietrich) in der Municipalverwaltung sich bethätigt, und nahm unter der Restauration, als Rector der Academie, als Präfecturrath und intelligenter Gehülfe der obersten Departementalbehörde eine ausgezeichnete Stellung ein.

Joseph Lambert, ehemaliger Legislator, d. h. Volksrepräsentant, in Lauterburg wohnhaft. — Auch sein Sohn war unter der Julireglerung der zweiten Republik und dem zweiten Kaiserreich ein sehr geschätztes Mitglied des Generalraths.

Johannes Lienhart, Ackersmann in Truchtersheim; seine Familie blieb lange einflußreich in benanntem ländlichen Kantone des Kocherbergs.

Lacombe, Notar in Straßburg; sein Sohn bekleidete unter der Julireglerung die Stelle eines

Maire's von Straßburg (während den Jahren 1835 bis 1837).

Joseph Ostermann, Notar in Zabern; in jenem Bezirk ein oftgenannter Name.

(Bernhard) Friedrich Türckheim, Banquier in Straßburg. — Er ist der literarischen Welt durch seine eheliche Verbindung mit Fräulein Schönemann (Göthe's Lili), der politischen Welt durch die ehrenvollen Aemter bekannt, die er in Frankreich und theilweise im Auslande bekleidete. — Während der Schreckensherrschaft hatte er sich über den Rhein geflüchtet; wir finden ihn aber unter dem Directorium wieder in seiner Heimath. Unter dem ersten Kaiserreich war er, mit Bewilligung der französischen Regierung, als Finanzdirector in die Dienste des Großherzogs von Baden getreten. Von 1814 ab verließ er Straßburg nur temporär als Deputirter des Niederrheins; zuletzt bekleidete er die Präsidentenstelle des protestantischen Directoriums. Er starb im Jahr 1831.

Ludwig Wangen (L. Wangen von Geroldseck), im Protokoll einfach als Handelsmann bezeichnet; — hierauf unter dem Kaiserreich Maire von Straßburg (1806—1810), und als solcher die jugendliche Braut des Kaisers an der Kehler Rheinbrücke begrüßend. Er war selbstverständlich ein Glied der uralten elsässischen Adelsfamilie Wangen von Geroldseck.

Elias Stöber, Generaleinnehmer von Straßburg. — Der Name ist durch seine Verwandte, die drei Dichter, im Elsaß volksthümlich geblieben . . . .

Aus dieser Liste ersehen wir, daß der Präfect, dem die Bezeichnung zustand, so ziemlich an locale Notabilitäten sich wandte, die vermuthlich auch aus einer öffentlichen Wahl hervorgegangen wären.

Der Präfect eröffnete die Sitzung mit einer schmeichelhaften Antrittsrede. Sofort wurde zur Wahl eines Präsidenten (Levrault), eines Schriftführers (Wangen) geschritten und die Geschäfte unter drei Bureau's vertheilt: das erste mit den directen Steuern, das zweite mit dem Rechnungswesen, das dritte mit den Forderungen und Wünschen des Departements betraut.

In die einzelnen Berichte tiefer einzugehen, dazu ist uns hier der Raum versagt und würde uns die Langmuth der Leser auf halbem Wege verlassen. Wir bescheiden uns durch summarische Angabe die Gegenstände der Berathung zu bezeichnen.

Bereits in den ersten Sitzungen wurden Berichte über den Breuschcanal und die Rheindämme, über die Gemeinderechnungen und Gemeindegüter niedergelegt.

Im Lauf der Session verlangte ein Mitglied des 3. Bureaus die Abschaffung der Zollgebühren (octroi) an den Thoren der Städte, und speciell an den Thoren von Straßburg. Der Vorschlag war in declamatorischem Tone gehalten und bekundete eine ziemliche Ignoranz im Gebiete der Finanzwissenschaften. — „Die Republik", heißt es in dem Factum, „habe nicht die Fesseln des Terrorismus abgeworfen und das Blut ihrer Kinder auf den Schlachtfeldern vergeudet, um sich nun unter das Joch der Fiskalität zu schmiegen." Auch gegen das System der indirecten Steuern eiferte derselbe anonyme Redner; denn wir müssen beiläufig bemerken, daß in den Protokollen die Namen der Berichterstatter und Redner nicht angezeigt sind. — Den

Einwürfen, die jenes Mitglied natürlich erwartete, entgegnete es durch folgenden Vorschlag: „Man theile die städtischen Bürger in fünf Klassen, wovon viere mit einer Kopfsteuer von je Fr. 12, 9, 6, 3 zu belasten und die fünfte unterste befreit sein sollte. Jedes öffentliche nicht rentirende Gebäude hätte man zu versteigern und erhebe Zinsen von den schon vertheilten Kommunalgütern.

Der Generalrath fand diesen Vorschlag doch etwas radikal, gab aber dem Bittsteller einigermaßen Recht, indem er hervorhob, wie sehr die Landbewohner durch diese Differenz in der Besteuerung zu Gunsten der Städter überflügelt würden. Man erklärte sich für die Einführung der centimes additionnels, ein Modus, der seitdem als ergiebigstes Hülfsmittel angenommen wurde.

In dem Berichte des Conseil général wurden die Buralisten hart mitgenommen; man beschwerte sich über ihre fortschreitende Zunahme.

Die Hauptbeschäftigung des Generalraths fiel selbstverständlich auf die billige Vertheilung der Grundsteuer zwischen den vier Bezirken (arrondissements). Damals war das Departement des Niederrheins auf 2,187,000 Fr. angeschlagen. Triftige Einwände erhoben sich gegen die von der Regierung befürwortete Schätzung des Einkommens der verschiedenen Bezirke, Kantone und Gemeinden. Eine zur Untersuchung ernannte Commission stellte einfach den Grundsatz auf: es müsse zuvörderst die Zahl der Aecker und die Bodenbeschaffenheit in den belästigten, mithin reklamirenden Gemeinden festgesetzt werden. Die Commission ging gründlich zu

Werke, und die angewandten Prinzipien sind heute noch, bei gleicher Arbeit, gültig. Nur muß bemerkt werden, daß am Anfange des Jahrhunderts kein regelmäßiger Kataster existirte, und somit der Generalrath mit nicht unerheblichen Schwierigkeiten zu kämpfen hatte. Zu lebhaften Erörterungen gaben die Zwangsarbeiten an der Festung Kehl Anlaß. Man vergesse nicht, daß seit einigen Jahren dieses Bollwerk zu Frankreich gehörte.

Gegen die unsinnigen Verheerungen in National- und Kommunalwäldern erhob sich der Rath einstimmig.

Ebenso einstimmig ward um ein Konsular-Dekret angehalten, welches Straßburg zu einem Stapelplatz für das Ausland erheben sollte. Es wurde damit der Transit von Antwerpen bis Basel über Straßburg angestrebt. Das Begehren ging von der damaligen Handelskammer (bureau consultatif du commerce) aus.

Für die Rheindämme wurden von der Regierung 400,000 Fr. verlangt, und zugleich ein grandioses Unternehmen, das mehrere Decennien später erst ins Leben trat, angedeutet: wir meinen die Kanalverbindung zwischen Rhone und Rhein. Auch die Ausführung eines Kanals von Straßburg bis Seltz, nach existirenden Plänen von Vauban, wurde angeregt.

Die baldige Unterdrückung der Schlagbäume fand in allen Reihen der Versammlung eifrige Anhänger. Die Straßen waren in einem erbärmlichen Zustande, durch die langen Kriegsjahre ruinirt.

Auf 600,000 Fr. schätzte man die unumgängliche erste Auslage. Eine Belastung der Gemeinden war unumgänglich; ebenso die Ausführung der Arbeiten durch Errichtung von Kommunalwerkstätten. Gegen die Naturalleistungen für das Militär dagegen sträubte man sich einstimmig und ernstlich. — Die freie Getreideausfuhr in die Schweiz solle gestattet werden. — Zu eifriger Besprechung gab der öffentliche Unterricht Anlaß. Im Departementbudget war diese Ausgabe auf die karge Summe von 26,000 Fr. (!) angeschlagen, da sich doch die Totalität des Budgets auf 319,000 Fr. belief, und 79,000 Fr. allein für die Verwaltungskosten der Präfektur angeführt wurden. — Der damalige Präfekt bezog zwar nur 20,000 Fr.; doch mit Berücksichtigung des Geldwerths, nach dem Assignaten-Schwindel, dem Staatsbankerott, und den modesten Ansprüchen der oberen Klassen auf eine Repräsentation, erscheint die ausgeworfene Summe nicht ganz unerheblich.

Was nun den öffentlichen Unterricht anbelangt, entwarf ein Mitglied des Raths für das ganze Reich einen Reformplan, mit dessen Ausführung bald nachher der Anfang gemacht wurde.

Für die elsässischen Emigranten — deren Zahl belief sich auf 30,000 (?) — hoffte und begehrte man von der Großmuth der Konsularregierung eine allgemeine Amnestie. Mit diesem Antrag schloß der Departementalrath seine erste Session. — Noch kurz zuvor, unter Laumond's Verwaltung, war ein Einwohner von Seltz, „weil er die öffentliche Ordnung gestört“, deportirt worden.

Aus dieser flüchtigen Uebersicht läßt sich wohl die Ueberzeugung gewinnen, daß für den ersten Anlauf, von einem lokalen Rathe, der nicht direkten Volkswahlen sein Dasein verdankte und zum Präfekten in untergeordnetem Verhältniß zu stehen schien, eine ziemlich unabhängige Sprache geführt wurde. Die Interessen des Unter-Elsaß fanden eine gehörige Befürwortung. Es war ein Ansatz zum Bessern; wie denn überhaupt die Consularperiode für die innere Verwaltung Frankreichs schöpferisch auftrat, und nicht die späteren Einflüsse des Kaiserreich's, die mit dem Drucke der Conskription zusammenhängen, ahnen ließ.

Am fünften Germinal des folgenden Jahres (das IX. der Republik)*) versammelte sich der Generalrath des Niederrheins zum zweitenmale, ernannte den «citoyen» Levrault zum Präsidenten und dieser complimentirte in der gewöhnlichen officiellen Form den Präfecten Laumond; dabei zollte er dem „außerordentlichen Manne", in dessen Hand die Zukunft Frankreichs liege, dem Begründer des Kontinentalfriedens, den wohlverdienten Tribut der „Bewunderung"; der Weltfriede, fügte er hinzu, werde nicht ausbleiben.

Unter den eintretenden neuen Mitgliedern, den Ersatzmännern Abgegangener oder Abgeschiedener, nehmen zwei höhere Beamte, die Directoren der Domänen und der Douanen**) ihre Sitze ein.

In einem weitläufigen Bericht erklärt der Präfekt die Beibehaltung des Octrois sei durch die Umstände geboten; über die in Angriff genommene Verfertigung

*) 26. März 1802.

**) Thomassin und Magnier.

des Katasters theilt er das nöthigste mit. Wie sehr die Naturalleistungen — oder nennen wir die Sache beim rechten Namen — wie sehr die Frohnden für militärische Bedürfnisse die Landbewohner in Anspruch nahmen, erhellt aus dem Bericht: 30,000 Tagléistungen mit Pferd und Wagen für die Gesammttruppen, 24,000 für die Artillerie, 50,000 für die Kehler Festung; Verminderung stehe in Aussicht. Auch den Anforderungen an die Nationalwälder werde ein Ziel gesetzt werden. — Er (der Präfekt) wisse, wie sehr das Zoll- und Straßengeld verhaßt; er sei auf Abhülfe bedacht, mittelst eines Zuschlags auf die direkten Steuern. — Der schlechte Zustand der Straßen könne nicht verhehlt werden; unumgänglich sei die Ausbesserung auf den Strecken in der Richtung von Lunéville, wo der Friedenscongreß tage ..... Auch die ausgebrochene Rivalität zwischen der Poststraße durch den Kochersberg über Stützheim und der Straße über Wasselnheim wird erwähnt. — Der traurige Zustand der Rheindämme und des Breuschkanals gibt viel zu denken; überall sind ungeheuere Summen nöthig, und die Hülfsmittel des kaum wieder genesenden Staats sind vielseitig in Anspruch genommen.

Noch düsterer ist das Gemälde, welches der oberste Verwalter des Departements von dem öffentlichen Unterricht entwirft. Alles bleibt in den ländlichen Gemeinden in der Schwebe. Ignorante, unmoralische, während der Revolution ernannte oder eingeschmuggelte Subjecte besetzen viele Schulämter; die Familienväter halten ihre Kinder zu Hause zurück. Und dann zeigt sich noch ein anderer Uebelstand: bei Weitem nicht alle Gemeinden sind mit Schullehrern versehen; auf große Distanzen müssen die beklagenswerthen Kinder in die nächstgelegene Schule sich begeben. Im hohen Sommer, in den langen Winter- und Regenmonaten sei das nicht durchzuführen. Bisweilen komme es vor, daß protestantische Eltern ihre Knaben zu irgend einem bewährten katholischen Schulmanne schicken; dort erlernen sie, außer den gewöhnlichen Gegenständen des Primärunterrichts etwas Geographie und Latein. — In der Straßburger Centralschule fehle es an Schülern, oder es kommen viele unzureichend vorbereitet.

Die Gründung eines Collège oder Lycée's sei unbedingt nöthig. Splendides Lob wird dem protestantischen Gymnasium gezollt; es fülle diese Anstalt, in gegenwärtiger Lage, eine wahre Lücke aus. Zwar sei seine Organisation nicht übereinstimmend mit den jetzt angenommenen Grundsätzen, doch gleichviel! die Verdienste dieser Mittelschule sind ungeschmälert; es versammelt Schüler beider Konfessionen in seinen Räumen."

Auch die Lage der Emigrirten (les fugitifs, die Flüchtigen nennt sie der Präfekt euphemistisch) wird besprochen. Er sei der Regierung absichtlich zuvorgekommen, indem er die provisorische Rückkehr der „Gutgesinnten" in ihre Heimath gestattet.

Der Generalrath bearbeitet rührig und gewissenhaft die einzelnen Vorlagen. Von den speciell ausgesprochenen Wünschen heben wir hervor:

Ein Begehren, den Ankauf des naturhistorischen Kabinets des verstorbenen Prof. Herrmann betreffend. Es bildet dasselbe die erste Grundlage der jetzigen großartigen kostbaren Sammlung in den Räumen eines der Universitätsgebäude. — Im Interesse des öffentlichen Unterrichts befürwortet der Generalrath die Uebergabe der nichtveräußerten Pfarrhäuser und die Anwendung der Einkünfte der lokalen Pfarrgüter zu Schulzwecken. — Die Centralschule sei mit einem Theil des Products der Nationaldomänen zu bedenken. Auch die höhere Schule von Buchsweiler sei mit Anwendung der Pfarrgüter der Umgegend wieder zu begründen. — Eine Sichtung des Personals der Friedensrichter sei unumgänglich; es habe sich während der Revolution, bei Besetzung dieser Stellen, derselbe Mißbrauch eingeschlichen, welcher an den Schullehrerämtern soeben gerügt wurde. — Die Gründung einer Stuterei wird gefordert; die Entholzung der Berge sei zu verbieten. Für die Verfertigung des Katasters sei mit den Plänen der einzelnen Gemeinden zu beginnen, und zwar nach der großen trigonometrischen Karte des Kassini und den lobenswerthen Arbeiten des Militärgenie's.

Am 28. Germinal verabschiedet sich der Generalrath.

Die dritte Session beginnt mit dem 1. Prairial des X. Jahres (21. Mai 1802) der Republik. Unter den neuen Mitgliedern figuriren die Banquiers Weyher und Prost. Des Präfekten Bericht ist weitläufiger und gründlicher als in den früheren Jahren, doch müssen wir uns auf eine sehr gedrängte Charakteristik beschränken. — Wir ersehen, daß die damalige Grundsteuer des Departements sich auf Fr. 2,455,720 und die Mobiliarsteuer auf Fr. 441,380 belief; dabei ist indeß nicht zu vergessen, daß das Unter-Elsaß sich damals bis Landau hinzog. — Der Präfekt entwickelt seine Gründe für eine directe Ernennung der Steuereinnehmer durch die Regierung; bis dahin wurden diese Stellen, seit der Revolution, submissionsweise an die Meistbietenden verliehen. — In dem Kapitel, worin er über den Ackerbau berichtet, schlägt Laumond die Ausrodung der Hart von Molsheim vor; eilf Gemeinden nämlich theilten sich in den Besitz dieses unangebauten Landstrichs. — Hierauf kündet er widerwillig an, daß die Regierung keine Ausgabe für den Kanal nach Selz bewilligt und der Stadt Straßburg ein Bureau für den Transit verweigert. — Die Waffenfabrik im Klingenthal begehrt die Erlaubniß, nebenher Sicheln und Sägen zu verfertigen. — Für Bischweiler und dessen Fabriken schlägt der Präfect eine Association der Fabrikherren vor, um sie zur Tuch-Lieferung für die Regierung zu befähigen, da es der letztern unmöglich sei, sich mit einzelnen Fabrikanten einzulassen, — Zum erstenmale taucht in diesem Rapporte die wichtige Frage der Einkünfte des Straßburger Hospiz auf. Nach den Konfiskationen der Schreckenszeit gibt Laumond der Hoffnung Raum, daß die Rückerstattung der Güter, auf welche Hessen-Darmstadt Beschlag gelegt, zum Theil Ersatz für das Verlorne bieten dürfte. — Auch der künftige Bau einer ständigen Rheinbrücke bei Kehl wird schon angeregt, und ehe noch das Unternehmen begonnen, speculirt die Stadt Straßburg auf die Erhebung des Brückenzolls.

Ein wohlverdientes Lob wird den Bewohnern des Kochersbergs gespendet, die, für Wiederherstellung der

Straßen, Arbeiten bis zum Betrage von Fr. 150,000 ausgeführt. Bei dieser Gelegenheit gesteht der Präfekt, daß die Rheinroute in ganz erbärmlichem Zustand, und daß sich der Verkehr ganz dem rechten Ufer zugewendet; auch die Rheindämme seien, aus Mangel an Geld, in hohem Grade vernachlässigt.

Auf den öffentlichen Unterricht übergehend, spricht er von nahebevorstehender, neuer Organisation; er befürwortet eine Normalschule und kündigt die nahe Schöpfung einer Rechts- und Arzneischule an. Es sollte dies der erste Schritt zur Neugründung einer Akademie, d. h. der ehemaligen Universität bedeuten. — Das revolutionäre Gesetz vom 11. Juni 1793, die Kommunalgüter betreffend, sei aufzuheben, denn es widerspreche dasselbe dem gesunden Menschenverstand und der Billigkeit. Es ermächtigte nämlich alle majorennen Mitglieder der Gemeinde, männliche und weibliche, sich über das öffentliche Eigenthum und dessen Verwendung auszusprechen. — Die Besoldung der Maire's scheine gerathen. — In der Haltung der Civilstandsregister herrsche unsägliche Unordnung und zeigen sich vielfache Lücken. — Er faßt seinen Bericht in den bedeutsamen Worten zusammen: Es müsse jede Spur der Revolutionszeit ausgelöscht werden. — Der Präfect werde künftig im eigentlichen Sinne verwalten. Die nicht veräußerten Nationalgüter seien den Emigrirten wieder herauszugeben und dem ungeheueren Mißbrauch, der bei dem Losschlage der Güter stattfand, ein Ende zu machen.

Der Generalrath geht selbstverständlich auf die Vorschläge des Präfecten ein, einigermaßen sogar darüber hinaus und beantragt eine völlige Reorganisation des Justizwesens, anderer gemeinnütziger Anordnungen nicht zu gedenken. Das Bedürfniß aus dem Wirrwarr einer unseligen Epoche sich frisch herauszuarbeiten, macht sich augenscheinlich fühlbar. — Zu dem ersten Konsul wenden sich alle Blicke; von ihm erwartet ein Jeder Heil und Segen. — Die Adresse des Generalraths gibt diesen, damals ungeheuchelten Gefühlen, einen bestimmten Ausdruck.

Die Session des XI. Jahres der zum Kaiserthum hin neigenden Republik zeigt uns ungefähr dieselben Namen, die wir in vorigen Jahren erwähnt. Ein neuer Präfect, Shée, eröffnet die Sitzung; Türckheim ist Präsident, Thomassin Secretär. Die Verhandlungen beziehen sich ebenfalls meist auf die schon bezeichneten Gegenstände. — Für das Lycéum wird ein Geschichts- und deutscher Sprach-Katheder begehrt. — Dem Präfecten stellt man den Ankauf einer für die bischöfliche Residenz verfügbare Wohnung anheim. — Für die katholische Geistlichkeit wird eine Zulage der Besoldung verlangt. — Die Einkünfte des Frauenhauses seien ausschließlich zum Unterhalt des Münsters zu verwenden.

Außerhalb des Verlaufs der officiellen Verwaltungsangelegenheiten findet eine merkwürdige Besprechung statt; sie bezog sich auf die Lage und die Beschäftigung der Israeliten im Elsaß und deren nachtheiligen Einfluß auf die ländliche Bevölkerung. Dieser Gegenstand, der in's Lebensmark eingriff, kömmt auch in den folgenden Sessionen wieder zur Berathung und endet in dem eigenmächtigen aber heilsamen Dazwischentreten der Regierung.

Zur selben Zeit war die Pferdepost zu Epfig aufgehoben worden. Gegen diesen Beschluß protestirt der Generalrath. Bei dieser Gelegenheit erfahren wir, daß die Straße von Schlettstadt über Oberehnheim nach Straßburg öfters eingeschlagen wurde, weil die nähere directe Route über Benfelden sich in unwegsamem Zustande befand.

In der Session des XII. Jahres der Republik treffen wir auf Mitglieder, die nunmehr aus der freien Wahl ihrer Mitbürger hervorgegangen. Unter den neu Eintretenden stoßen wir auf Dietrich (den Sohn des ersten Maire's von Straßburg), der gleich zum Secretär unter der Präsidenz des Herrn von Wangen ernannt wird. — Dem ersten Konsul wird eine verdiente, nur etwas declamatorische Belobung gespendet. Der Civilcoder trat gerade in's Dasein.

Aus den Verbalprozessen ersehen wir, daß die Steuereinnehmer von jetzt an lebenslänglich durch die Regierung ernannt werden.

Der Departementalrath besteht, wie immer, auf freier Ausfuhr des Getreides in die Schweiz, und führt statistische Belege zur Befürwortung seines Begehrens an.

Der Ankauf des Hotel Luckner für die bischöfliche Wohnung scheint dem Rathe sehr geziemend. — Auf die Gründung eines allgemeinen Arbeitshauses ist er bedacht. — Gegen die Vervielfältigung der Lotteriebureaux spricht er sich mit Heftigkeit aus. Erwägen wir die damaligen Umstände, so war dieses Dazwischentreten gewiß freimüthig und lobenswerth.

Als er im Floréal des Jahres XIII. zusammentrat, war das Kaiserreich schon gegründet. Die „Citoyen's" sind zu Grabe getragen; in seiner Anrede bedient sich der Präfect des halbverlernten Ausdrucks: «Messieurs». Der Kaiser ist ihm schon „der unsterbliche Napoleon." — Schon besteht eine Senatorerie in Molsheim, eine Cohorte der Ehrenlegion im Elsaß.

Ein Bericht, der für uns eine halb tragische, halb komische Seite bietet, bezieht sich auf die Thätigkeit einer Marinewerkstätte in Straßburg. Es hatte dieselbe vier — sage vier — Kanonenschaluppen gezimmert und selbe in den Hafen von Dortrecht abgeliefert. Von dort stießen sie zur großen Boulogner Flotille, nicht gefahrlos; denn zwischen Calais und Boulogne wurden sie von der englischen Flotte beinahe zu Grunde gebohrt.

Mit der badischen Regierung wurden Verhandlungen angeknüpft, um in den Wäldern des Kinzigthales Bäume zur Schiffbemastung zu fällen. — Das Traumbild einer Landung in England zerfloß aber, wie allgemein bekannt, in Dunst und Nebel.

Hatte der Generalrath in voriger Session gegen die Lotterie geeifert, so erlaubte er sich diesmal noch heftigeren Einspruch gegen eine Spielhölle in Straßburg.

Die Session von 1806 erstreckte sich vom 1. bis zum 15. Juni in dem hôtel de la préfecture. Unter den neuerwählten Mitgliedern treffen wir 1) den General Fririon, der aber in Neapel bei der kaiserlichen Armee angestellt, hier nicht erscheint; 2) den Ingenieur Kastner, den Erbauer der ständigen Rheinbrücke.

— Dieser letztere wird gleich zum Secretär, unter dem Präsidenten Türckheim, ernannt. — Diesmal bezieht sich die Hauptverhandlung auf die Korn-, Heu- und Fuhrenrequisitionen, für den vorjährigen Durchzug der großen Armee und die Organisation der Nationalgarde. — Der Präfect berichtet über den Ausbau der Orangerie und die Verhandlungen zum Ankauf des «hôtel de la prévôté» für die bischöfliche Residenz. — Aus demselben Bericht ersehen wir, daß die Bevölkerung des Departements sich damals auf 578,000 Einwohner belief. Der Bezirk (arrondissement) Weißenburg war durch die Rückkehr vieler Emigrirten allein fast auf's Doppelte gestiegen. — Dem Präfecten wird wohlverdienter Dank für die Dienste gespendet, die er in der schwierigen Lage des Departements während dem Durchzug der Boulogner Armee im September und Oktober 1805 geleistet.

Die Session vom Jahre 1807 (15.--29. October), unter Türckheims Präsidenz, bietet keine ausgezeichnete Berathung. Es ist darin die Rede, das bischöfliche Seminar in den Gebäulichkeiten von Sct. Johann unterzubringen. Eine für die Sanitätsverhältnisse der israelitischen Bevölkerung des Niederrheins höchst unerquickliche Note findet sich in diesem Jahrgang. Auf 391 zu diesem Bekenntniß gehörende Conscribirte mußten 299 zum Militärdienste untauglich erklärt werden. Nun dies Verhältniß hat sich seitdem erheblich zum Bessern gewendet.

Die Session von 1808 war auf 1809 verlegt worden. Hr. von Wangen figurirt jetzt schon als „Wangen v. Geroldseck". Unter neueingetretenen Mitgliedern treffen wir auf die Namen der Herren Nebel, in Hagenau, Michael Saglio, in Straßburg, Saum, Fabrikant zu Straßburg, Zorn von Bulach, Eigenthümer in Hangenbieten, Renouard von Bussierre, Banquier in Straßburg. — Fargès-Méricourt legt dem Generalrath das «Annuaire du Bas-Rhin» vor; wie allbekannt wurde dieses officielle Verzeichniß der Beamten und Notabilitäten des Departements mit vielfachen Belegen seitdem jährlich regelmäßig fortgesetzt.

Mit der Expropriation der Grundstücke für den künftigen Kanal Napoleon (Rhone und Rheinkanal) wird der Anfang gemacht. — Der Rath trägt auf die Verlegung des Appelhofs von Colmar nach Straßburg an; diese Anfrage wird wiederholt, doch immer abschlägig beantwortet.

Gegen die Wucherzinse und Verschreibungen schritt in diesem Jahr die kaiserliche Regierung ein und erntete bei der ackerbautreibenden Bevölkerung tiefgefühlten Dank. — In dieses Jahr fällt ebenfalls die Gründung der Academie von Straßburg mit vier Fakultäten — ein Ersatz für die ehemalige Universität. — Auch dafür drückt der Rath seine Erkenntlichkeit aus. — Die Anpflanzung des Tabaks ist in stäter Zunahme begriffen und der Handel, von Holland längs dem Rheine, durch Straßburg, in Aufschwung.

Die Session von 1809 war auf den 15. Februar 1810 verlegt worden. — Der Divisionsgeneral Schauenburg zählt unter den neuen Mitgliedern. Ohnlängst war der Präfect Shée zum Senator ernannt worden und eröffnet zum letzten Male den Generalrath. — Ein gegenseitiges ungeheucheltes Wohlwollen zwischen dem abgehenden Verwalter und den Räthen findet einen gebührenden Ausdruck in der ersten Sitzung.

Der Generalrath erklärt sich gegen Heu- und Strohlieferungen an das im Departement stationirende Militär und trägt auf eine ganz andere Methode an. — Die Vertheuerung des Brennmaterials gibt zu gründlicher Erörterung Anlaß und es wird, besonders für die an große Waldungen grenzenden Gemeinden, eine eingreifende Uebersicht befürwortet. Es sei für jedes Gemeindemitglied mit Familie der Betrag des abzuliefernden Holzes zu bestimmen und mit allen der Regierung zu Gebote stehenden Mitteln, auf die Einführung der Steinkohlen als Brennmaterial einzuschreiten. — Eine den Civilstand der wieder eingewanderten Emigrirten betreffende Verordnung gab ebenfalls zu Erörterungen Anlaß. Es wurden nämlich die während der Auswanderung in der Fremde von Franzosen geschlossenen Ehen als in Recht bestehend anerkannt. Ausnehmend viele Elsässer waren dabei betheiligt.

Die Sessionen der Jahre 1810—1814 fallen in die Verwaltungsperiode von Lezay-Marnesia. Es stund zu erwarten, daß die Berathungen sehr ergiebig ausfallen würden; aber die Acten dieses ausgezeichneten Administrators, dessen Gedächtniß im Elsaß nicht erloschen ist, wurden auf seinen eigenen Betrieb ins Werk gesetzt; die ungemeine Thätigkeit, die er auf das Medizinal- und Schulwesen, auf den Tabakbau, auf die Baumpflanzungen und die Ausführung der Straßen und Vicinalwege wandte, entsprang aus seinem angeborenen schöpferischen Hange, den er schon als Präfekt in Coblenz an den Tag gelegt. Der Generalrath konnte nur schon Ausgeführtes oder Unternommenes beloben und sich mit dem Vorstande des Departements in vollem Einverständniß erklären.

Die Session von 1813 (im März) fiel in die Unglücksperiode des ersten Kaiserreichs. — Der russische Feldzug hatte die besten Kräfte des Landes und der Alliirten aufgezehrt; es sollte, zur Fortsetzung des Krieges, eine neue Armee aus der Erde gestampft werden. Ueberall, selbst in den Schulen, wurden Beiträge zum Ankauf von Regimentspferden gesammelt. Die drückenden Maßregeln der Conscription wurden von Lezay so schonend durchgeführt, als es die unerbittlichen Reglements gestatteten; daß die Popularität des Präfecten dabei nicht zu Grunde ging, ist ein Beweis mehr für seine persönliche Beliebtheit. Sie bethätigte sich ebenfalls in den angstvollen Wintermonaten von 1813 auf 1814, während den epidemischen Hospitalfiebern und der Blokade. — Wir haben hier nicht mehr auf das tragische Ende des Präfecten, bei der Rückkehr von Landau, wohin er den jugendlichen Herzog von Berry geleitet, zurückzukommen; Lezay-Marnesia war, kurz vor der Vereinigung des Generalraths, den Folgen seines Wagensturzes erlegen; und als in der ersten Sitzung (15. October 1814) der Präfecturrath Burger mit wenig Worten den öffentlichen Schmerz, die allgemeine Trauer betonte und darauf antrug, die Kosten des Leichenbegängnisses durch das Departement zu bestreiten, erfolgte selbstverständlich der einstimmige Zuruf der Mitglieder. — Dies war aber nicht die einzige vorliegende Finanzangelegenheit. Lezay-Marnesia, durch seine gemeinnützigen Unternehmungen und von dem Triebe, Vieles zu leisten, angespornt, hatte sich nie in den Grenzen der ihm persönlich angewiesenen Gelder gehalten und ebenfalls die Departementalanweisungen nicht immer befolgt. Doch nicht der geringste Tadel wurde laut, so sehr lagen die uneigennützigen Absichten des Hingeschiedenen zu Tage. Die königliche Regierung wurde für die Tilgung dieser Schuldenlast — und nicht vergebens — angesprochen.

In derselben von Türckheim präsidirten Versammlung stellte man eine nicht unbedeutende Reihe von Wünschen und Vorschlägen an die bourbonische Regierung; sie bezogen sich theilweise auf wiederholte Forderungen der vergangenen Jahre, zum Theil auf neue Objecte, zuvörderst in der Besteuerung; doch stieß man dabei auf Widerstand oder klopfte an verschlossene Thüren. Frankreich war durch die letzten Kriegsjahre tief heruntergebracht und Ludwig XVIII. konnte mit dem besten Willen seinen beim Einzug in Paris gegebenen Versprechen keineswegs nachkommen; kaum fünf Monate später brach mit der Rückkehr des Kaisers von der Insel Elba ein neuer Sturm los, dessen furchtbare Nähe sich in dem Generalrath von 1815 fühlbar vernehmen ließ.

Außerordentliche Session, im Monat März 1815.

Die verhängnißvollen Tage des Jahres 1815 trafen die Bourbonen in Paris unvorbereitet, rathlos. — Der abgesetzte Kaiser hatte die Insel Elba verlassen, war mit einer kleinen Schaar treuer Kriegsgefährten bei Cannes gelandet und marschirte auf Grenoble, Lyon, Paris. In ihrer Noth berief die königliche Regierung die Departementalräthe, hoffte in diesen Repräsentanten der höhern Klasse eine tüchtige Stütze zu finden: an Zusicherungen, an Ergebenheitsadressen ließen es die Räthe nicht mangeln, noch kurz vor dem Einzug Napoleons in die Tuilerien. Der Generalrath des Niederrheins hatte sich am 15. März unter der Präsidentschaft des Herrn von Montbrison, damaligen Rectors der hiesigen Akademie, versammelt; Graf von Kergariou, der Königliche Präfect, hatte ihnen eindringlich ans Herz gesprochen; es erfolgte eine bombastische Erwiederung: vom „unseligen (fatal) fremden Korsen" ging die Rede. — Die schnelle Reorganisation der mobilen Nationalgarde wurde besprochen und verordnet. — Als am 18. März der Präfect die Beschlüsse des Wiener Kongresses gegen den „Korsen" mittheilte, schien, officiell wenigstens, ein neuer Hoffnungsstern am Horizonte aufzugehen; noch schwelgte man in Siegestrunkenheit; die Proviantirung der niederrheinischen Festungen wurde indeß zur Vorsorge beschlossen und noch am 20. März die sofortige Armirung der royalistischen Freiwilligen berathen. — Inzwischen war Napoleon in Paris eingezogen und auf den Armen seiner getreuen sieges- und hoffnungstrunkenen Anhänger aus der Reisekalesche gehoben, in die von Ludwig den XVIII. kaum verlassenen Prunkgemächer des Schlosses getragen. — Die Nachricht dieses Glückwechsels gelangte gerüchtweise am 23. März in Straßburg an. Hr. von Montbrison eröffnet noch die Sitzung des Generalraths, aber reicht seine Demission ein und bittet den ältesten der anwesenden Räthe, Herrn Zorn von Bulach, zu präsidiren. Leicht zu errathen ist die Stimmung der Wenigen, die so bis ans Ende aushielten. Am 25. März verkündet ein Brief des Präfecten, halbverschleiert, die große Umwälzung. — „Den Instructionen zufolge, die ich soeben erhalte, und nach den jetzigen Vorfällen ist die Zusammenkunft des Generalraths fürderhin zwecklos." — Es wäre schwer, einen vollzogenen Regierungswechsel euphemistischer anzudeuten. — Hr. v. Kergariou wurde, nicht auf die verbindlichste Weise, von einer Bürgerdeputation zum Departemente hinaus komplimentirt; sein imperialistischer Nachfolger, Jean de Brie, nahm kurz darauf die Verwaltung in die Hände, hatte aber weder Zeit noch Beruf einen Generalrath zu versammeln.

Der Generalrath des Niederrheins unter der Restauration.

Mit dem 30. Mai 1816 trat die erste etwas ruhigere Session unter den Bourbonen ins Leben. Der streng royalistische Präfect, Graf von Bouthillier, eröffnete sie mit einer taktlosen Tendenzrede, die von Siegesjubel überfloß und auf das gebeugte Haupt des Gefangenen von St. Helena die verächtlichsten Schmähreden häufte. Wohl hatte der gefallene Kaiser viel gefrevelt; sein letztes Wagniß kostete Frankreich einen Theil seiner Grenzländer und viele Todesopfer; allein es war unvorsichtig, in Mitte einer zur Hälfte napoleonisch gesinnten Bevölkerung sich dergleichen Aeußerungen zu erlauben. — Der geschäftliche Theil seines Redeprogramms erging sich hauptsächlich in Finanzangelegenheiten und dem Unterhalt der Occupationstruppen. Mittel und Wege mußten dazu aufgefunden werden und hiebei griffen die Mitglieder des Rathes dem Verwalter kräftig unter die Arme. Die Physiognomie der Versammlung war eine von der früheren ziemlich abweichende. Zwar blieben noch einige der früheren Räthe, aber das legitimistische Element war selbstverständlich mehr vertreten. So stoßen wir auf nachfolgende Namen: Gau de Baumorin, Kentzinger, Glaubitz, Reinach (v. Wörth), Gérard, Chevalier, Châtelain, Keppler u. a. m. Friedrich von Türckheim tritt an die Stelle seines Vaters. — Die Berathungen, die Berichte werden je mehr und mehr gründlich und umfassend, allzusehr für den beschränkten Zweck dieser Blätter.

Im April 1817 begann die Session unter dem peinlichen, fast trostlosen Eindruck der steigenden Theuerung aller Lebensmittel, nach den langen Kriegsjahren und der unergiebigen Ernte des Sommers von 1816. — Wohl flossen von der Centralregierung ansehnliche Beiträge für die Unterstützung der leidenden ärmern Volksklassen herbei; aber das Elend war auf einen Grad gestiegen, der jeder Hülfe spottete. — Man wolle nur zur Erinnerung bringen, daß das Viertel Waizen Fr. 100 kostete. — Wohl unter dem Einfluß dieser temporären Hungersnoth war eine Bittschrift eingelaufen, welche auf die Beschränkung der Ehen der Proletarier antrug. Dieser Vorschlag wurde selbstverständlich zurückgewiesen, auf bessere Zeiten und eine ergiebige Ernte gehofft, die denn auch erfolgte und besonders im Jahre 1818 und 19 über das vielgeprüfte Elsaß das Füllhorn des Frucht- und Wein-Segens ausgoß. — In den geschäftlichen Berathungen ergingen sich die Mandatare des Niederrheins in schon oft angeregten Wünschen, z. B. die freie Einfuhr der Kolonialwaaren auf dem Landwege betreffend; das Tabaksmonopol und die Douanen wurden beinahe systematisch angegriffen. Es sind dies gleichsam stereotype Gegenstände der Verbalprozesse; und mit immer neuen Beweisgründen wurde gegen diese Fiskalverschanzung Sturm gerannt. — In der Session von 1818 stoßen wir zum erstenmale auf den Namen: Humann. Mit seinem ersten Eintreten nimmt er sogleich eine ausgezeichnete Stelle ein. Der Generalrath, die Handelskammer, die Verwaltungscommission des Hospiz' waren für den berühmten Staats- und Finanzmann die vorläufige Schule seines spätern Wirkungskreises.

Im Jahr 1820 verabschiedet sich der Präfect Baron Decazes, der nicht viel länger als ein Jahr dem Departement vorgestanden, und übergibt die Leitung der Geschäfte seinem Nachfolger, Baron Malouet, dessen Eröffnungsrede in der Session von 1821 sich durch eine kernige Sprache, philosophische Ansichten über die Pflichten des Verwalters und das Fernhalten jeder Gemeinplätze sich auszeichnet. Wir müßten uns gröblich irren, wenn dieser ausgezeichnete Mann nicht ein günstiges Gehör in dem Generalrathe gefunden, und im Departemente selbst einen wünschenswerthen Einfluß auf die persönlichen Gemüther geübt. Aber die Bourbonen wurden fatalistisch auf andere Bahnen hingetrieben. — Im Jahre 1822 tauchen wieder einige neue Namen an Stelle Hingeschiedener oder anderswohin Berufener auf. — General Schaal folgt auf Herrn Nebel (von Hagenau); Herr Reibell geht in den Präfecturrath über und wird von Herrn Dietsch (von Barr) ersetzt. Die Präsidentschaft des Rathes bleibt, schon seit Jahren in den Händen des Herrn Renouard de Bussierre. — Der Präfect Malouet hatte einen schweren Stand; die Finanzmaßregeln, die Weinausfuhr betreffend, waren kaum zu beschönigen. Er mußte dürch seine freimüthigen Aeußerungen in höheren Regierungskreisen mißfallen; von diesem Augenblick an war vermuthlich seine bevorstehende Abberufung schon beschlossen.

Die Session vom Juni 1823, durch den Marquis de Vaulchièr eröffnet, bietet in der Rede dieses Verwalters zwei Hauptpunkte. Der Präfect beklagt sich über die durchgängige Mittelmäßigkeit oder Unfähigkeit der Maire's in den Dorfgemeinden und entwirft ein halb komisches Gemälde der Dorfrivalitäten. Es gehörte eine gewisse Keckheit zu dieser Erklärung; auch suchte Herr von Vaulchièr diese Pille soviel als möglich zu vergolden. — Unumwunden drückt er sich zweitens über die mangelhafte Verbreitung der französischen nationalen Sprache aus, und fordert den thätigen Beistand aller befähigten Männer, diesem Uebelstande abzuhelfen. — Wir erwähnen blos die Thatsache und enthalten uns dabei jeder Schlußfolgerung.

In der Session von 1824 glänzt der Präfect, der zugleich Mitglied der Deputirtenkammer war, durch seine Abwesenheit. Eine merkwürdige Verhandlung über die Reduction der 5% Rente, mit einem eingehenden Berichte, der vermuthlich von Humann herrührt, füllt eine bedeutende Seitenzahl der Acten.

In der folgenden Session (1825, Juli) erscheint ein neuer Präfect, Herr Esmangart, ein fähiger Verwalter und gemäßigter in seinen politischen Ansichten als sein Vorgänger. Unter den frischeingetretenen Mitgliedern bemerken wir einige, im Niederrhein und in Straßburg wohlbekannte Namen: den ehemaligen Intendanten Mathieu de Faviers, Herr von Münck, Baron Duperreux. — Die Sitzungen dieses Jahres sind ausgezeichnet durch viele gemeinnützige Vorschläge und interessante Verhandlungen. So wird z. B. der unsäglich traurige Zustand der Irren im Bürger-Hospitale beleuchtet und auf eine radicale Aenderung durch die Gründung einer speziellen Anstalt gedrungen. Der eingehende Bericht rührt von Herrn von Kenzinger her; er stützt sich auf die in der Salpêtrière und zu Charenton gesammelten, von den Doctoren Pinel, Esquirol, Georget veröffentlichten Erfahrungen und Studien. Die angestrebten Neuerungen sind bei uns in den letzten Dezennien zu Stephansfelden verwirklicht worden. Es gereicht jedenfalls dem Andenken Hrn. v. Kenzinger's zu Ehren, hier vor beinahe einem halben Jahrhundert diese philantropischen Ideen angeregt zu haben. — Eine Reduction der Salzsteuer wird eindringlich verlangt und dabei auf die Agrikulturverhältnisse des Elsasses, auf die Viehzucht speciell Rücksicht genommen. Der anonyme Bericht hierüber ist mit vieler Sachkenntniß geschrieben.

Auch mit dem Archivwesen befaßt sich der niederrheinische Generalrath ernstlich, zwölf Jahre bevor das Ministerium des Innern diesen Verwaltungszweig organisirte. — Mit anderen Generalräthen theilt der hiesige die Initiative für eine Reform des Penalcoder und der Gesetzgebung über das Hypothekarwesen. Für die Landgemeinden des Departements begehrt er die Erlaubniß, in den Waldungen die gefallenen Blätter aufzulesen, ein Antrag, welcher Jahre hindurch zum Gegenstand einer lebhaften Discussion bleibt. — Gegen die etwaige Abschaffung des königlichen Appellhofs in Kolmar erhebt er sich selbstverständlich und betont vorzüglich die unumgängliche Dringlichkeit, im Elsaß ein Tribunal zu besitzen, allwo doch wenigstens einige Räthe der deutschen Sprache mächtig wären.

Die Gründung von Armen-Kolonien scheint dem Rathe aus philantropischen Rücksichten geboten. Sechzehn Jahre später führte der Straßburger Maire, Friedrich Schützenberger in Ostwald diesen Vorschlag willenskräftig aus; pekuniäre Vortheile erwuchsen freilich der Stadt nicht aus dieser Anlage; sie entsprach aber einer Zeittendenz und diente einige Jahre später, als geeignete Unterlage für eine Kolonie junger Sträflinge.

Im Elsaß war schon lange her die Pferdezucht für die Ackersleute keine geringe Angelegenheit. — Diesem populären Zweige der Landwirthschaft ließ der Generalrath stets eine günstige Aufmunterung widerfahren und trug auf öffentliche Prämien an. — Auch den lokalen Wissenschaften blieb er nie entfremdet. — Gottfried Schweighäuser's antiquarische Forschungen, die er mit seinem Freunde Golbery anstellte, fallen in diese

Zeit; belobend, zum Theil auch mäßig unterstützend greifen die Vertreter des Niederrheins in dieses elsässische Streben ein. — Für das Handelsrecht verlangten sie einen Specialkatheder an der Rechtsfakultät. — Für Straßburg und den Elsaß war im Durchschnitt die Restaurationsepoche eine strebsame Zeit.

In den officiellen Anreden des höchsten Magistrats hört man gewöhnlich nur den volltönenden Anklang des Lobes; die localen Beamten alle haben ihre Pflicht erfüllt, ultra posse; wenn nicht alles erreicht worden, wenn nicht allen ausgesprochenen Wünschen genügt wird, da liegt die Schuld anderswo, an unzureichenden Mitteln, an dem Widerstand der Ministerien, an dem Wohl des Ganzen, welches von der Centralbehörde berücksichtigt werden mußte. Fällt ausnahmsweise ein Streifschatten auf das sonnenhelle Gemälde, da muß die Wirkung doppelt groß sich erweisen. So sehen wir mit Verwunderung in der Rede des Herrn Esmangart a. 1826, daß der Departementalarchitekt — wir wollen seinen Namen nicht bloslegen — nicht zu gehöriger Zeit dem Präfecten Pläne, Risse, Kostenanschlag für das projectirte Irrenhaus vorgelegt. — Herr Esmangart wirft dem unglücklichen das harte Wort an den Kopf: „Es fehlt ihm nicht das Talent, aber der Eifer und die Arbeitsfähigkeit.“ — In derselben Sitzung von 1826 liegen ausgedehnte Berichte über die innern Bauten im Correctionshause, über das große Seminar, über die Akademie vor.

Ein kapitales Geschäft, die Grenzregulirung des Rheins zwischen Frankreich und dem Großherzogthum

Baden, fällt ebenfalls auf die breiten Schultern des Präfecten. — General Guilleminot, der bis dahin sich damit befassen sollte, war, wie es schien, saumselig und verschanzte sich hinter dem streitigen Ceremoniell. Kaum war der Präfect mit dem Anliegen betraut, wußte er sich auch mit dem großherzoglichen Bevollmächtigten, Baron von Berckheim, in gutes Vernehmen zu setzen und die schwierige Arbeit zu fördern. — Ein anderes nicht geringes Geschäft war abzuwickeln, wir meinen die Indemnität, welche den Emigrirten durch das Gesetz von 1825 für ihre vor 30 Jahren confiscirten Güter bewilligt worden. Im Niederrhein allein mußten 1200 persönliche Anliegen dieser Art beim Ministerium in diesem Jahre besorgt werden. — Esmangard faßte ebenfalls den Plan für ein öffentliches Leihhaus und versetzte damit dem Privatwucher einen tüchtigen Stoß. — Unter ihm wurde die erste Idee zu dem Marne- und Rheinkanal angeregt und unter einem Präfecten des Julikönigthums ausgeführt.

Die Niederbronner Thermen bilden ein ständiges Kapitel in diesen jährlichen Departementalsitzungen. Im Jahr 1826 waren zur Bequemlichkeit der Kurgäste gewisse Vorrichtungen geboten, die ich hier nicht näher bezeichnen darf, welche der Berichterstatter indeß mit cynischer Gelassenheit andeutete und mit seinem Vortrage, den glücklichen täglichen Verlauf der Kur bezweckend, gewiß die ernsten Falten auf seiner Collegen Stirne glättete.

Die folgenden Sitzungen, die noch während drei Jahren unter den Bourbonen zusammenberufen wurden, trugen im Niederrhein so ziemlich dieselbe Physiognomie.

Die schon angeregten Pläne von öffentlichen Bauten, Straßen, gemeinnützigen Anstalten wurden systematisch weiter geführt; bis zur Julirevolution blieb derselbe umsichtige Präfect an der Spitze der Verwaltung. Er trieb die Gemeinden zur Niederlegung ihrer Ersparnisse in den öffentlichen Schatz an; er hatte ein stätes Augenmerk auf die Rheinregulirung, auf die Waldungen und auf das Armenwesen. Während der Sitzung vom September 1828 stellte er den Generalrath Karl dem Zehnten vor, der gerade um dieselbe Zeit das Elsaß bereiste, und mochte sich mit dem Bewußtsein brüsten, einer der geschätztesten, auf beide Seiten hin gut angeschriebenen Präfecten zu sein. Er hatte den König zu dieser Rundreise bewogen und dem Monarchen in dem für ultraliberal verschrieenen Departemente einen enthusiastischen Empfang bereitet. Es war ein Silberblick in Karls des Zehnten Regierung; hätten der alte König und seine Freunde diese günstige Reaction in der öffentlichen Meinung verstanden, die Geschicke Frankreichs waren damals noch in andere Bahnen zu lenken und die Ovationen im Elsaß hätten sich zur Eingangspforte einer neuen konstitutionellen Aera gestaltet. — Doch es war in den Sternen anders beschlossen.

Der Departementalrath des Niederrheins unter der Julireglerung.

Im Jahre 1830 kam es nicht mehr zu einer Rathsversammlung im Niederrhein'schen Departement. Das

Gewitter der Julitage brach nicht unversehends, aber doch gegen alle Erwartung mit erschütternden Donnerschlägen los; es machte eine Dynastie einer andern Platz, und als im Mai 1831, unter dem Präfecten Nau de Champlouis die Mandatare des Niederrheins zusammentraten, fand sich eine bedeutende Anzahl neuer durch königliche Ordonnanz ernannter Mitglieder in ihren Reihen. Ein Grundstock der ältern blieb noch übrig; allein mehrere hatten dem Julikönigthum ihren Eid verweigert. — Es treten uns folgende neue, meist bürgerliche Namen entgegen: Monnet, Maire von Zabern, Goulden, Maire von Bischweiler, Mörlen, Richter in Straßburg, Coulaux, Eigenthümer daselbst, Dietz, Maire von Barr, 2c. 2c. Humann präsidirt. Nebel fungirt als Secretär. — Die Gegenstände der Berathung, sollte man denken, müßten ebenfalls mit der Staatsumwälzung gleichen Schritt halten und sich diametral von den frühern unterscheiden. Dem ist indessen nicht so. Die Verbalprozesse bewegen sich so ziemlich in denselben Geschäftsfächern wie früher; und eigentlich erfahren wir nur durch die Antrittsrede des Herrn Nau de Champlouis, daß die Bourbonen der ältern Linien durch ihren Eidbruch die Krone verloren und daß die jüngere Linie auf festern, unerschütterlichen Grundlagen ruhe. Das klingt jetzt nach drei und vierzig Jahren fast wie eine Ironie; auch der gute wohlwollende Verwalter, der sich so bestimmt über Frankreichs Zukunft aussprach, stand nicht auf sehr festen Füßen und war nicht auf Rosen gebettet. Bereits eine zweite Sitzung, im Herbste desselben Jahres 1831 fand ihn nicht mehr an der Spitze der hiesigen Verwaltung. Er hatte einem localen Aufstand wegen Zollgebühren nicht eine feste Stirne geboten und machte einem, wie die Regierung glaubte, fähigern Charakter Platz. — Wir wollen indeß den Begebenheiten nicht voreilen und kehren einstweilen zu den Berathungen des Monats Mai 1831 zurück.

Die gestörten öffentlichen Verhältnisse und die Noth der arbeitenden Klassen ließen die Organisation von temporären Werkstätten erwünscht erscheinen; selbstverständlich mußte der Departementalrath sich mit dieser Angelegenheit beschäftigen. — Die Vorlagen zu einem Municipalgesetz wurden discutirt und die zweckmäßigere Vertheilung der Gemeindegüter besprochen. — Wie in den frühern Sitzungen, begehrte der Rath einen Abschlag auf die Besteuerung des Salzes und bei dieser Gelegenheit erging sich — es ist kaum glaublich — der Berichterstatter über den zunehmenden „verderblichen" Gebrauch des Biers. — „Das Bierconsum sollte besteuert werden, zum Vortheile der elsässischen Bierbrauer und noch auf mehrere bezeichnete Luxusartikel, um die Herabsetzung der Salzsteuer zu ermöglichen, eine Abgabe gelegt werden." — Wie würde wohl ein Vorschlag dieses Inhalts heute aufgenommen? . . . . .

Mit Befriedigung konnte der Präfect ankündigen, daß alle Gemeinden des Unter-Elsaß mit Schulen versorgt wären. Es war in diesem Zweig des Gemeinwesens der erste entscheidende Schritt zum Bessern.

In der Spätjahrssitzung galt es hauptsächlich über den Antheil zu berathen, welchen unser Departement an den vierthalb Millionen zu nehmen habe, die vom Staate für außerordentliche öffentliche Bauten ausgeworfen waren. Man glaubte hier die Anfrage auf eine Summe von Fr. 100,000 beschränken und solche besonders zur Aufbesserung der Departementalstraßen verwenden zu müssen.

Die Session von 1832 bietet eine gegen die frühere abstechende Seite. Bis jetzt war selten oder nie eine Opposition zwischen den Berichterstattern, den Bureaux und dem Rathe selber zu bemerken; es herrschte beständig eine collegialische Einstimmigkeit in den Ansichten und Beschlüssen. — Diesmal erregte ein Rapport über die Eindämmungen des Rheins und die dazu benöthigten Ausgaben, welchen der Ingenieur en chef Couturat und der Berichterstatter dem Departement aufbürden wollten, einen bestimmten Widerspruch. Der Vorschlag wurde geradezu verworfen und das Prinzip festgestellt: Es sei der Staat zu diesen kolossalen Ausgaben verpflichtet; denn es gelte hier der materiellen Sicherstellung der Grenze.

Die Gründung einer Irrenanstalt beschäftigte ernstlich die Rathssitzung. Den früheren Plänen wurde förmlich entsagt. Die Lokalität von Stephansfeld bei Brumath ward zur Herrichtung des Asyls vorgeschlagen und die Kosten auf circa Fr. 230,000 berechnet. Ein Anleihen des Departements und Rekurs an die Hilfeleistung des Staats wurden beschlossen. Es ist allgemein bekannt, daß bald darauf mit den Arbeiten der Anfang gemacht wurde.

Ein bezeichnender Umstand für die Lage findet

sich in der Eröffnungsrede des Präfecten Choppin d'Arnouville. — Am 1. Juni, dem Tage der Zusammenberufung des Raths, erging sich der Vertreter der Regierung in Ausdrücken, welche die Sicherheit der öffentlichen Zustände als eine unumstößliche Thatsache hinstellten und beinahe auf eine rosenfarbene Zukunft hinweisen. Wenig Tage später brach in Paris der Juniaufstand los; die Regierung Ludwig Philipps bewältigte denselben, allein nicht ohne Straßenkampf und den Fernsehenden wurde augenscheinlich, daß die Grundpfeiler der Gesellschaft in Frankreich immer noch auf gefährdeter Unterlage ruhten. Auch in Straßburg, der gegen Paris gehaltenen, unbedeutenden Stadt, sollte mehr als einmal unter dem Juliregime der Horizont sich trüben.

Im Jahr 1833 schien, zur Regelung des Rechnungswesens, eine doppelte Session geboten. Während dem Monat Januar kamen die Räthe zum erstenmale zusammen, besprachen sich aber nur über die nöthigsten Geschäfte und verlangten wiederholt eine Herabsetzung des Eingangszolles am Rhein, für die aus Deutschland gezogenen Rinder. Zwei Jahre zuvor hatte dasselbe Bedürfniß der elsässischen Viehzüchter und der Konsumenten den Auflauf verursacht, welcher dem Vorgänger Herrn Choppin d'Arnouville's in Paris so übel angeschrieben wurde.

Der Präfect konnte mit gutem Bewußtsein auf den herrlichen Zustand der Straßen im ganzen Departemente hinweisen und dem Generalrathe für den seit Jahren geleisteten Beistand das gebührende Lob spenden.

In der zweiten Session, sechs Monate später, finden

wir unter den neuen Mitgliedern den Dekan der medicinischen Fakultät, Caillot, und den Kommandanten des Departements General Meusiau. — Der Elementar-Unterricht in den Volksschulen wird einer gründlichen Besprechung unterworfen und die gehörige Besoldung der Schulinspectoren angeregt. — Für die Ausgaben der Rheinarbeiten wird wiederholt eine beträchtliche Erhöhung des angewiesenen Kredits befürwortet, und vergleichsweise auf die großherzoglich badische Regierung hingewiesen, die bedeutende Opfer für denselben Zweck, ohne zu markten, brächte. Auch eine lithographirte Karte über den Lauf des Stroms wird zur Orientirung vorgelegt. Ingenieur Couturat wird für sein thätiges Eingreifen belobt. In späterer Zeit vernahm Schreiber dieser Zeilen nichtsdestoweniger sehr heftige und mitunter zu Recht begründete Angriffe gegen das befolgte Systen in der Ufereindämmung. Der jährlich verlangte Kredit wird auf Fr. 450,000 festgesetzt. -- Zum erstenmal taucht die Eisenbahnfrage auf. Der Generalrath äußert den wohlgemeinten Wunsch, es möge die Regierung Studien für eine Hauptbahn von Havre über Paris nach Straßburg und für eine Zweigbahn von hier nach Basel ausschreiben. Es sollten noch anderthalb Dezennien verfließen, bevor das ganze Project ausgeführt wurde.

In der Session von 1834 treffen wir, da die Mitglieder nach dem Junigesetz von 1833 aus der freien Wahl hervorgegangen, eine ganze Reihe neuer Namen, worunter wir auf Schattenmann (von Buchsweiler), Mulotte (von Saar-Union), Theodor Humann, Sohn des Ministers, Carl, Maire von Molsheim, Sauvage (von Straßburg), General Kessel, Florent Saglio u. s. f. aufmerksam machen.

Zum erstenmale werden die Verbalprozesse dem Druck überliefert und bilden bis auf's Jahr 1869 eine ununterbrochene Sammlung. Mithin sollten wir uns vielleicht bescheiden, nicht ferner über die Verhandlungen zu berichten, indem ja die gedruckten Bände einem jeden zugänglich. Nur erlauben wir uns hinzuzufügen, daß komplete Sammlungen auf eine geringe Zahl zusammengeschmolzen sind und bald zu bibliographischen Raritäten gehören werden. Wir können somit im Fluge die übrigen Jahre der Thätigkeit des ehemaligen Generalraths berühren, aber uns so viel wie möglich an eine allgemeine Charakteristik halten.

Von 1834 bis 1836 war Choppin d'Arnouville noch an der Spitze der Verwaltung; er beschränkte sich, als trockener Geschäftsmann, in seinen Anreden lakonisch auf das nöthigste. Die Verhandlungen selbst werden immer ausgedehnter und berücksichtigen eine Unzahl lokaler und persönlicher Interessen. Hin und wieder tauchen sonderbare unerwartete Symptome auf. So wird z. B. im Jahre 1834 der erste Angriff auf die protestantischen Stiftungen gemacht und verlangt, daß die Konsistorien für jeden gerichtlichen Akt die Meinung und die Autorisation des Präfekturraths einholen sollten. Die Rechnungen sollten demselben Modus wie die Kommunalrechnung unterworfen werden. Der Vorschlag wurde nicht nur berücksichtigt, er wurde angenommen, und bahnte, auf anscheinend gesetzlichem Pfade, den Weg zu spätern ernsthaftern ungerechtfertigten Angriffen.

Die Herabsetzung der 5% Rente wurde besprochen; man ersieht hier den Einfluß, welchen der Finanzminister Humann auf seine Collegen ausübte. Er wurde regelmäßig, auch wenn er nicht anwesend, zum Präsidenten der Session gewählt, Florent Saglio, sein Freund und Verwandter, ersetzte ihn gewöhnlich. Der tüchtige Handelsmann Nebel war oft Schriftführer.

Im Jahre 1835 wurde die Verfertigung einer geologischen Karte des Niederrheins beschlossen und die gehörigen Fonds vorläufig angewiesen. Den Grund zu dieser Arbeit legte der einheimische Ingenieur Voltz, ein bewährter Geologe und Freund des berühmten Naturforschers Agassis. Nach seinem allzufrüh erfolgten Tode kam die Arbeit in eine fähige Hand. Von 1840 an wurde der jugendliche Professor Daubrée damit beauftragt und führte sie glücklich aus. Sein Werk ist für den Niederrhein ein opus aere perennius. Es trug ihm Dank und vielseitige Ehren ein.

Wir gehen kursorisch auf 1836 über. Schon damals konnte der Präfekt, bevor das Ministerium des Innern sich mit diesem Zweig der Verwaltung beschäftigte dem Generalrath eine tüchtige, praktische Regulirung des Gefängnißwesens vorlegen.

Die Irrenanstalt Stephansfeld war seit beinahe einem Jahr eröffnet, gab aber zu größeren Ausgaben, als deren vorausgesehen waren, Anlaß. Ursprünglich nur für die ärmeren Classen bestimmt, strömten dem Asyl bald aus den bemittelten Familien des Niederrheins und der benachbarten Departements hülfesuchende

Kranke zu. Die Militärverwaltung nahm ebenfalls Zuflucht zu der neuen Anstalt. Der Rath bewilligte jede geforderte Zulage. Galt es doch einem philantropischen Unternehmen, welches eine oft gerügte Lücke in dem Departement ausfüllte.

Der Rath wurde in dieser Sitzung von 1836 um eine Beisteuer für das Gutenberg-Denkmal und für ein Napoleonsmonument in Korsika angesprochen. Beiden Anfragen antwortete er verneinend.

Zum erstenmal kam die Trennung der Geschlechter in den öffentlichen Dorfschulen zur Sprache. Der Berichterstatter erklärte sich für den Fortbestand der damaligen Ordnung der Dinge und sah, für unser Klima und nach den angebahnten Gewohnheiten, durchaus keinen Uebelstand in dieser Lage. Der Generalrath gieng vollständig auf die Ansicht des Sprechers ein. Die vorgeführten Gründe waren durchaus nicht verwerflich; doch mochte wohl der Kostenaufwand für doppelte Schulen damals ein bedeutendes Gewicht in die Wagschale werfen.

Der Putsch vom 31. October 1836 gab im Laufe von 1837 den Anlaß zur Abberufung des Herrn Choppin d'Arnouvilles. Die Session wurde im August von Herrn Sers eröffnet.

Er war wenige Tage zuvor in Straßburg eingetroffen, vom Departement der Loire, wo er in St. Etienne vor drei Jahren einen Arbeiteraufstand gebändigt, hierherberufen. Er trat vor den Rath, wo Humann präsidirte, mit dem Zutrauen, der Lage gewachsen zu sein. Herr Louis Sers war unstreitig eine ausgezeichnete Persönlichkeit, vielseitig gebildet, thätig und die Mitarbeiter, die ihm unter die Arme griffen, wie Lezay-Marnesia, tüchtig benützend und anspornend; aufbrausend und liebreich, heftig wie ein Jüngling und besänftigend wie eine huldreiche Dame; ein mixtum compositum von Kontrasten, ein Product dreifacher Erziehung — in Deutschland, zu Paris und zu Wien, unter Jean Bon St. André, Decazes und Talleyrand. In seiner Antrittsrede vor dem Generalrathe herrschte ein ganz anderer Ton als in den früheren officiellen Discursen seiner Vorgänger; dem Verwalter ging der Denker und der Rhetoriker zur Seite. Seine hiesige zehnjährige administrative Laufbahn — nur Herr Migneret hielt so lange aus — lief indeß nicht ohne Widerspruch ab. Schon im dritten Jahre seines Aufenthalts im Elsaß wiederfuhr ihm, bei Gelegenheit der Stephansfelder Ausgaben, der vielleicht ganz unerwartete Tadel eines Berichterstatters, welcher auf Heruntersetzung der Pensionspreise und auf Oekonomie im Ankauf der Lebensmittel drang. Der Rath versagte indessen dem Präfecten seine Unterstützung nicht und ließ nur den Wunsch einer größeren Ersparniß durchschimmern. Und gerade dieser angegriffene Punkt wurde für Herrn Sers, wenig Jahre später, zu einem ausgezeichneten Kapitel in seiner Verwaltung. Die glückliche Wahl, die er in der Persönlichkeit David Richard's zum Director der Anstalt traf, stempelte das kostspielige Stephansfeld zu einem musterhaften Irrenhaus, dem jeder competente Richter die vollste Anerkennung zollen mußte.

Bereits im Jahre 1838 konnte Herr Sers auf die

nahe Ausführung der Basler Eisenbahnlinie hindeuten, die Vorstudien für die Pariser Linie ankündigen; den Loskauf der Kanäle aus den Händen der Compagnien, mithin die Zollfreiheit der inneren Schifffahrt, mit dem Generalrath thätig befürworten und den glücklichen Zustand des ackerbautreibenden Niederrheins — wenn er solchen gegen seinen industriellen südlichen Nachbar hielt — betonen.

Während der Session von 1839 wurde eine Bittschrift für die totale Befreiung des secundären Unterrichts, kraft des 39. Artikels der Charte, bei dem Rathe eingereicht; sie rührte von zwei Pensionschefs, Herrn Abbé Carl und Herrn Prof. Goguel her und ging nicht unbeachtet vorüber. Der Generalrath unterstützte lebhaft den ausgesprochenen Wunsch der ehrenwerthen Bittsteller und verlangte für ihre Institute eine Ausnahmsstellung bis ein Gesetz über diese wichtige Unterrichtsfrage sich ausgesprochen.

Wir dürfen das Jahr 1840 und die Sitzungen des Departementalraths im Monat August, als den Beginn einer überaus glänzenden Periode in der Laufbahn des Herrn Sers bezeichnen. Die Rede, womit er die Mandatare des Niederrheins begrüßt, bleibt keineswegs auf dem Terrain der Localverwaltung stehn: sie schwingt sich auf einen politischen und internationalen Standpunkt und eröffnet noch jetzt, nach mehr als dreißig Jahren, dem Leser einen Blick in weitere Regionen. Wie ist das möglich? wird ein Ungläubiger einwerfen; wie kann der Bericht über die Geschäftslage eines beschränkten Bezirks sich in sociale

Fernen verlieren, wenn er nicht in Bombast ausartet oder geflissentlich fremdartige Gegenstände in den Bereich seiner Darstellung zu ziehen bemüht ist? Nun, der Stoff bot sich von selber dar, und dann war die Persönlichkeit des Mannes der Art, daß sie den gegebenen Stoff zu veredeln wußte; aus der rohen Seide wob sie ein gefälliges Kleid.

Da war z. B., um nur eines herauszugreifen, die definitive Eindämmung des Rheins, die Regularisation des launenhaften Thalwegs an der Tagesordnung und durch die Traktate mit Baden zu einem Punkte gelangt, wo die Aussicht auf bestimmte, nicht allzufernliegende Erfolge erlaubt war. An diese friedfertige Vereinbarung knüpfte sich ein Traktat mit Holland für die Einführung der Kolonialwaaren und Hoffnung für den Wiederaufschwung des alten historischen Schiffergewerbes in Straßburg; dann rückte der Augenblick immer näher, welcher die Eisenbahnen in's Dasein rufen sollte: und auf die Ausdehnung der Vizinalwege heftete der Präfekt seine Augen mit fieberhafter Unruhe; er wollte schaffen, und er schuf, er ließ sich nicht beirren durch die Kriegssymptome, die in jenem Jahre vorübergehend in Mitteleuropa und im Orient wie Wetterleuchten durch die schwüle Atmosphäre zuckten. Und dann fürchtete er eventuell den Krieg nicht; es war eine noch so sehr von der napoleonischen Periode aufgeregte Natur, daß er an die Unverletzlichkeit und die Unbesiegbarkeit Frankreichs mehr als an das Evangelium glaubte. Hätte er die letzten Jahre erlebt, er wäre gebrochenen Herzens gestorben; denn schon der Sturz seiner geliebten Julidynastie hatte ihm einen

Stoß versetzt, wovon er sich nicht erholte und der ihm gebot, wenn er von dem Kaiser Napoleon III. sprach, denselben blos unehrerbietig mit dem Pronomen: Er zu bezeichnen.

Mit Stephansfeld setzte er in diesem Jahre unbehelligt seine Pläne durch, beschäftigte sich mit den einzelnen Zweigen seiner Verwaltung, so z. B. mit der Reinigung der kleinern Gewässer, regte die Gemeinden zu Schulbauten an, verschmähte es nicht, den Zusammenkünften gemeinnütziger Gesellschaften beizuwohnen, und für die Verbesserung des Gefängnißwesens, ebenfalls durch den intelligenten Director Pitois sich zu verwenden. Dem Archivwesen zeigte er sich, besonders in historischer Beziehung, günstig und ermunterte die ersten Versuche des Archivars, der in demselben klimaterischen Jahre seine hiesige Laufbahn mit regelmäßigen Berichten eröffnete. Diese friedlichen Zeiten erschienen dem Rückwärtsschauenden fast wie Wolkengebilde, von der Abendsonne beleuchtet und in's Nichts zerrinnend.

In der Antrittsrede von 1841 erging sich Herr Sers vorzüglich in allgemeinen geographischen Betrachtungen über den Anschluß der künftigen Paris-Straßburger Bahn, jenseits Kehls, an Deutschlands Bahnen; er berichtet über die Einsetzung eines localen Komité's zur Regulirung der Schifffahrt von Straßburg und beruhigte über den unergiebigen Ausfall der Ernte. Die zahlreichen Specialberichte über die einzelnen Verwaltungszweige bekunden die fortgesetzte Thätigkeit, die, an schon vollendetes anknüpfend, immer neue Aussichten bietet.

Die Eröffnung der ganzen Bahnstrecke von Basel nach Straßburg war im Monat September 1841, in Gegenwart des Ministers der öffentlichen Arbeiten (H. Teste), mit großer Feierlichkeit in's Werk gesetzt worden. Es war hoch an der Zeit auf die directe Linie von Straßburg nach der Hauptstadt bedacht zu sein, denn höchst bedenkliche, für den Elsaß verderbliche Projecte tauchten auf. Die Elsässerbahn sollte, dem Wunsche intriganter Genossenschaften und Actionäre zu Folge, bei Dijon an die Bahn von Paris nach Lyon geschmiedet werden, also Reisende und Waaren nur auf weitem Umwege nach Straßburg gelangen. Gegen dieses absurde Vorhaben lehnte sich vor allem der Präfekt Sers selber auf; er constituirte sich als Agitator; er berief sämmtliche Gemeinderäthe des Departements und ermunterte sie, sich an der Ausführung der directen Linie durch ein Votum von Geldmitteln zu betheiligen. Es war weniger an der Summe selber gelegen, die durch diese Beiträge herausgeschlagen werden konnte; der Verwalter wollte eine Demonstration der Regierung gegenüber und erreichte seinen Zweck. Man war in Paris an ein dermaßiges Auftreten eines Beamten kaum gewöhnt. Das Kabinet, worin aber Humann saß, nahm die Sache von der ernsten Seite und Herr Sers wurde ermächtigt, seine Vorschläge in einer speciellen Dezembersitzung des Generalraths anzubringen.

Wie er schon im Februar 1841 durch ein sorgfältig ausgearbeitetes Heft bei den verschiedenen Ministerien die Idee und die Pläne für die Havre-Paris-Straßburger Eisenbahn eindringlich befürwortet, so las er nun den Herren des Departementalraths einen ausgedehnten, alle und jede Seite des wichtigen Projects umfassenden Bericht vor, widerlegte mit schlagenden Gründen die Gegner, berief sich auf die in England, Deutschland und Belgien bereits ausgeführten Bahnen und überzeugte mit hinreißender Eloquenz die gegenwärtigen Mitglieder, daß die Bahn für das Elsaß eine Lebensfrage sei. Freunde und Widersacher stimmten ihm bei. Wir glauben kaum, daß die Geschichte der innern Verwaltung in Frankreich gleiche Scenen und gleiche Erfolge bietet. Eine Departementalanleihe von 3 Millionen für die Vorstudien und die theilweise Ausführung wurde einstimmig votirt und somit der Anstoß zu dem Junigesetze von 1842 gegeben, welches die directe Bahn dekretirte.

Ein Donnerschlag bei wolkenlosem Himmel erschütterte die Gemüther kaum zwei Monate vor der Zusammenberufung des Raths im Jahre 1842. Der hoffnungsvolle Herzog von Orleans verunglückte am 13. Juli bei einem Sprung aus dem Wagen und der Eindruck dieses tragischen Ereignisses war noch in frischem Andenken, als der Präfect mit geheuchelter Zuversicht von der Zukunft Frankreichs und der Königsfamilie sprach. Er hatte gleichzeitig dem Andenken mehrerer abgeschiedenen Mitglieder Worte der Anerkennung zu widmen; der Finanzminister Humann, Florent Saglio der Deputirte, und der General Caster waren mit Tode abgegangen; die unvermeidliche Rückerinnerung, besonders an den erstgenannten, verstärkte noch die peinliche Stimmung des Raths. In der gewöhnlichen Geschäftsordnung war diesmal meist an schon bekanntes und schon eingeleitetes anzuknüpfen.

Unter den jüngeren frisch eingetretenen Mitgliedern waren der Maire Schützenberger, Alphonse Saglio, der Sohn des Hingeschiedenen, und Léonce Hallez-Claparède, der Sohn eines ältern Mitglieds zu bemerken.

Ein unerwarteter Wunsch wurde im Laufe der Verhandlungen ausgesprochen. Es hatte sich das Gerücht verbreitet, das Ministerium sei auf die Gründung einer Centralanstalt für männliche Sträflinge im Niederrhein bedacht; nicht nur stemmte sich der Rath gegen eine derartige Eventualität: er erklärte sich sogar für die Verlegung des Centralhauses von Hagenau, mit seinen weiblichen Bewohnern, in das Innere Frankreichs. Diesem Begehren wurde indeß nicht Genüge geleistet und die Anstalt ist bis auf heutigen Tag als eine Erbschaft der französischen Regierung dem niederelsässischen Bezirk geblieben.

Um dieselbe Zeit quälte man sich ebenfalls mit der Gründung einer regelmäßigen Rheinfähre in Lauterburg ab. Nur spärlich und kümmerlich waren vor drei Dezennien die Verbindungsmittel zwischen dem Elsaß und dem Großherzogthum; wie viel seit zwei Jahren für diesen Verkehr in's Werk gesetzt worden, liegt auf der Hand.

Ein neuer Zweig des Archivwesens war seit dem verflossenen Jahre auf den schon bestehenden Stamm gepfropft worden. Die Kommunalarchive unterlagen einer Inspektion des Archivars, bevor der Ministerialerlaß diese Besuche regelmäßig begründete. Auch das merkwürdige ausgedehnte, aber in trostlosem Zustande befindliche Archiv des Straßburger Tribunals wurde durch den Generalrath demselben Beamten zur Säuberung und Sichtung anvertraut. Der Brand im Augustmonat 1870 zerstörte diese unersetzlichen, geordneten und zum Theil geschichtlichen Schätze.

Im Jahr 1843 bemerkten wir unter den neueintretenden Mitgliedern den Admiral v. Hell und Herrn Sengenwald (Vater). — Die übersichtliche Rede des Präfecten läßt etwas Verstimmung errathen; sei es, daß die immer aufgeschobenen oder heruntergesetzten Kreditanweisungen für die Pariser Eisenbahn diese Wirkung auf das reizbare Gemüth des Departementalverwalters ausübten, sei es, daß er unter den Mitgliedern doch einige Widersacher entdeckte, die seinem Streben nicht die gehörige Aufmunterung entgegenbrachten. Oberflächlich betrachtet, scheint in den Sitzungen keine Opposition durch; die Geschäfte nehmen ihren gewöhnlichen Lauf. Die Gründung von Kleinkinderbewahranstalten wird gefördert; eine Normal-Schule für weibliche Erzieherinnen scheint einem Theil des Rathes wünschenswerth. Herr Sers — er war aus dem mittäglichen Frankreich — theilte durchaus nicht die Meinung der frühern Generalversammlungen, daß eine Trennung der Geschlechter in den Schulen nicht geboten sei. — Dem Institute des Wilerhofs, von Herrn Mertian bei Schlettstadt für arme und verwaiste Kinder gegründet, wird vom Rathe ein wohlverdientes Lob ertheilt. — Wir greifen fast auf's geradewohl aus dem angehäuften Material dieser jährlichen Berathungen einige charakteristische Nummern; von systematischer Benutzung kann leider hier nicht die Rede sein.

So können wir füglich die Berathschlagungen von

1844 überspringen; sie bewegen sich in dem angebahnten Geleise. Nur glaubt sich der Präfekt verpflichtet, auf der totalen Ausführung des Rhein- und Marnekanals zu bestehen und den Beweis zu führen, daß die Eisenbahn seiner Rentabilität und seinen praktischen Nutzen nicht gefährden werde. Er konnte nicht umhin, das schon begonnene Werk zu befürworten; allein gegen das Prinzip ließ sich mancher Einwand vorbringen.

Eine Eisenbahnlinie von Straßburg nach Lauterburg wird als ein erwünschtes Unternehmen hingestellt. Der Wunsch sollte nicht berücksichtigt werden. — Dem Minister, welcher eine Sammlung und Ratificirung der localen Gewohnheiten anbefohlen, wurde, wo nicht verneinend, doch bedeutsam geantwortet, daß absonderlich im mikroskopisch gespalteten historischen Elsaß sich eine Arbeit dieser Art nicht nur nicht improvisiren lasse, sondern auf bedeutende, mit materiellen Ausgaben verbundene Schwierigkeiten stoßen würde.

Unter den vom Generalrath Pensionirten treffen wir den Namen der Wittwe und des Sohns eines Divisionschefs und Directors der Departementalgefängnisse Pitois, der im Winter 1843 starb. Es war eine der administrativen Kapacitäten des Elsasses und verdient, daß sein Andenken in den Annalen der ehemaligen Präfectur in Ehren gehalten werde.

Die drei letzten Jahre (1845—1847) laufen an einem Abhang hinunter; Generalräthe und Präfekt spüren, obgleich sie sich diese Fühlung nicht gegenseitig eingestehen, die Gewitterschwüle einer verhängnißreichen nahen Zukunft. Der Tod des Herzogs von Orleans lastete fortwährend wie ein Alpdruck auf den ahnungsvollen Gemüthern und fachte in den radicalen Republikanern verwegene Hoffnungen an. — Im Elsaß war die Ernte von 1845 unergiebig ausgefallen — ein Vorspiel des kommenden Jahres. Herr Sers beschwichtigte indeß bei Eröffnung des Raths, im Herbstmonat 1845, jede Befürchtung und lenkte die Aufmerksamkeit der Versammlung auf andere Gegenstände. Er pries mit vollem Recht die Fortschritte des Primärunterrichts und der Kleinkinderanstalten: „in naher Zukunft zeigte er den Sieg der französischen Sprache über die deutsche, selbst in der Landbevölkerung"; hatte er doch zu diesem Zwecke, so viel in seinen Kräften, tüchtig mitgewirkt.

Ein Jahr später (September 1846) stand es schon ernster mit der Subsistenzfrage; die Theuerung der nöthigsten Lebensmittel ließ sich nicht wegdemonstriren und doch beharrte Herr Sers in seinem Optimismus. Er behauptete zuversichtlich, der Höhepunkt der Marktpreise sei erreicht und mit der Kornzufuhr aus den Nachbarländern und aus Odessa über Marseille eine relative Wohlfeilheit zu erwarten. — Kurz zuvor hatte der Herzog von Montpensier, des Königs jüngster Sohn, einige Wochen in Straßburg zugebracht; er war nicht gerade herzlich, aber zuvorkommend aufgenommen worden. Darauf gründete der Präfekt in seiner officiellen Rede den Ausspruch, daß die politischen Leidenschaften abgekühlt und auch hier alles mit vollem Zutrauen in die Zukunft blicke.

Die «oratio pro domo» war wie gewöhnlich vom

Rathe*) mit Gunst angehört worden, als eine einzelne Stimme sich protestirend erhob. Es war die Stimme des Straßburger Bürgermeisters. Sein Name steht nicht in den Acten eingetragen: aber jetzt, nach nahezu drei Dezennien, ist es wohl an der Zeit und erlaubt, ihn förmlich zu nennen, denn es war der gewissenhafte, keineswegs systematische Widerspruch eines Mannes, welcher nur allzuwohl mit der gereizten Stimmung mancher Einwohner vertraut und durch die frühern Erfahrungen von 1816 gewitzigt, mit ungetrübtem Blick die großen eventuellen Verlegenheiten des nächsten Winters voraussah.

Schützenberger warf dem Präfekten die harten, verletzenden Worte hin: „Wohlverstanden, sind die politischen Aeußerungen nur persönliche Ansichten des Redners; und er, der Interpellirende, begehre, daß seine Bemerkung zu Protokoll genommen werde.“ Schützenberger's Kollegen kehrten sich nicht an seine Protestation; des Präfekten Bericht wurde einfach angenommen und ad acta gelegt.

Im Durchschnitt gestaltete sich die Lage noch immer gut, in allem, was sich auf öffentliche Arbeiten, Erziehungswesen u. s. f. bezog. Die frisch gegründete protestantische Normalschule für Erzieherinnen konnte füglich belobt werden und Herr Schattenmann, eine eigne originelle Persönlichkeit, mochte wie immer Anklang finden, wenn er sich über seine agronomischen Erfindungen und Besserungen erging, den Weinbau

*) Der kürzlich zum Pair von Frankreich ernannte Baron von Schauenburg präsidirte diese Session.

besprach oder sich für Anschaffung von Simmenthaler Stieren ereiferte. — Unter den kürzlich eingetretenen Mitgliedern zeigte sich in dieser Session Herr Baron Alfred Renouard de Bussierre; sein Vater hatte unter den Bourbonen einen Sitz in demselben Rathe eingenommen und der vielfach begabte Sohn konnte füglich diese Erbschaft antreten, die er auch unter dem zweiten Kaiserreich fest an sich hielt.

In der Session des 1847er Jahres kam der Präfekt auf seine vorjährige Rede zurück, gestand seine irrige Ansicht unumwunden ein, aber suchte doch gültige Erklärungen auf, für die gegen alles Erwarten verschlimmerte Krisis der Nahrungsmittel. — Im Herbste 1847 war übrigens auf diese Seite hin das Land wieder in gutes Fahrwasser gekommen; die Ernte und die Reben waren gleichmäßig gut ausgefallen, nur hatte man vermehrte Ausgaben für die im verflossenen Winter improvisirten Werkstätten und in manchen Gemeinden für Suppenspendung an die Nothleidenden in's Budget einzutragen. Dagegen erhob sich wohlverstanden nicht eine Stimme; ebensowenig gegen die unentgeltliche Austheilung von Samenkorn an arme Ackerbauer, die ihr letztes Korn aufgezehrt und ihre kleine Scholle nicht verwerthen konnten.

Auf demselben Felde der öffentlichen Wohlthätigkeit konnte der Präfekt über eine Maßregel berichten, die vom ganzen Rathe und von der öffentlichen Meinung gutgeheißen wurde. Durch die Zeitennoth waren die Gefängnisse eine Zeit lang überfüllt; das Quartier der jungen Sträflinge insbesondere war nicht auf ein so plötzliches und immer fortschreitendes Anschwellen der Bewohnerschaft vorbereitet. Geholfen mußte werden um jeden Preis, wollte man nicht die Gesundheit der armen Kinder und Knaben auf's Spiel setzen. Da verfielen Präfekt und Maire von Straßburg, diesmal übereinstimmend, auf die Idee, die schon bestehende Kolonie von Ostwald als Succursale oder Annexe des Zuchthauses zu benützen und zu gutem Anfang einige zwanzig Knaben dorthin in's Freie zu versetzen und zum Garten- und Ackerbau heranzuziehen. Ein mäßiger Pensionspreis (0,80 C.) wurde vom Bürgermeister festgesetzt (dasselbe Quotum, welches der Minister des Innern für jeden Sträfling täglich bewilligte.) Die Probe schlug gut aus, so gut, daß im Lauf der Jahre mehrere hundert junge Sträflinge in Ostwald untergebracht wurden. Leider wuchs mit der steigenden Zahl die Schwierigkeit der Ueberwachung und die beinahe unmögliche individuelle väterliche Pflege. Auch nisteten sich klimaterische Fieber ein und die Anstalt mußte in bescheidenere Grenzen zurückgeführt werden.

Ein halbes Jahr nach dieser letzten Session war die Julidynastie nach England geflüchtet; Hr. Sers hatte sich in das Departement des Landes, wo er großer Gutsbesitzer war, bescheiden zurückgezogen, und im October öffnete unter der kurzlebenden Republik ein ehemaliger orleanistischer Präfekt, Hr. Renauldon, den nominell republikanischen Generalrath.

Der Generalrath des Niederrheins unter der zweiten Republik.

Die erste Hälfte der Session im October 1848 bezog sich auf finanzielle Angelegenheiten, auf außerordentliche Departementalbesteuerung, zur Tilgung der jüngst eingegangenen Verpflichtungen; wir können füglich das Einzelne übergehen und uns auf die zweite eigentliche Session im Monat November beschränken.

Die Physiognomie der Versammlung war eine andere geworden. Unter den kürzlich gewählten Mitgliedern zählen wir den Advokaten Liechtenberger, den Volksrepräsentanten, welcher im Niederrhein zu der republikanischen Fahne seit 17 Jahren geschworen, im Februar 48 die revolutionäre Bewegung geleitet, und gezügelt. Er wurde, obgleich in Paris als Deputirter abwesend, zum Präsidenten des Generalraths gewählt. — Neben ihm figurirt Küß, unter der dritten Republik Maire von Straßburg, Kratz, damaliger Maire, Müntz, der jüngere, Notar in Sultz; — und einer entgegengesetzten politischen Bewegung sich anschließend: Gérard, Präsident des Tribunals in Straßburg, Stolz, Professor an der medicinischen Fakultät, Coulmann, Pennarum, Maire von Schlettstadt, Hr. von Bancalis, Maire von Gerstheim, Hr. v. Gail, Hr. Sutterlin, Eigenthümer der Waffenfabrik von Mutzig u. a. m.

Die Verhandlungen der sogenannten republikanischen Versammlung unterscheiden sich im Grunde wenig von den frühern; die Localgeschäfte werden mit derselben Sorgfalt erwogen und abgefertigt; hin und wieder lassen sich entgegengesetzte Meinungen vernehmen, doch, mit geringen Ausnahmen, ohne Bitterkeit und Hostilität. — Einen Hauptabschnitt in der Berathung bildet das Gefängnißwesen; der offizielle, dem Präfecten in den Mund gelegte Bericht ist erschöpfend und er=

geht sich oft in allgemeinen philosophischen, aus der Zeitströmung geschöpften Sentenzen und Ansichten. Die Arbeitsfrage in den Besserungsanstalten wird einem gründlichen Examen unterworfen; es ist eine Abhandlung ex professo, die großen Anklang fand und von Herrn Coulmann noch des weiteren erörtert wurde. Der bedeutendste Abschnitt der ganzen Session, der Schwerpunkt liegt in der Ausführung einer vom Minister verordneten agrikulturhistorischen und industriellen sogenannten „Enquete", deren Resultate keineswegs unerheblich und noch jetzt vielseitig anwendbar sein dürften. Die ländlichen Kantone hatten sich durch triftige Antworten und gemeinnützige Vorschläge an dem Werke bethätigt; die industriellen städtischen Kantone sprachen meist in's Blaue. Verba et voces!

In die laufenden Ideen und Wünsche konnte das Verlangen nach Kantonalhospizen eingereiht werden. Auch von einer National-Immobiliar-Bank ging die Rede. — Der Präfect berichtete über die geologische Departemental-Karte, die gerade zu Ende geführt worden.

Die zweite republikanische Session (August und September 1849), unter dem Präfecten Chanal, lief nicht ganz so ruhig ab; die Gegensätze zeichneten sich schroffer, die Reactionären und die Progressiven platzten bisweilen aufeinander. Herr Liechtenberger war mit geringer Stimmenmehrheit zum Präsidenten ernannt worden. In den eigentlichen normalen Geschäften ging wohl alles den alten Gang, aber in einer kleinen fast monarchisch gefärbten Gruppirung brach einigemal bei unerheblichen Anlässen der Widerstand aus.

Dann war die Versammlung durch die eingebrochene Cholera verstimmt, gereizt, zum Theil entmuthigt.

Ueber einige fundamentalneue Gegenstände berichtete ex officio der noch jugendliche Präfect, der aus der Militärlaufbahn während den Februarereignissen in die Verwaltung übergetreten war. Er neigte sich auf die liberale Seite hin und sollte im Elsaß kein langes Dasein fristen. Ueber die zukünftige neue Organisation der Gemeinden, der Kantone und der Departemente wurde berathen; über die neue projectirte Organisation der protestantischen Kirche im Elsaß ein Bericht des Präfecten gleichgültig angehört; eine Abhandlung des Archivars mit praktischen Vorschlägen „über die Auswanderung" nach dem Muster der deutschen Gesellschaften gnädig ad acta gelegt. Der Generalrath konnte nicht anders verfahren. Die Vorschläge gingen über seine Kompetenz und seinen Wirkungskreis hinaus.

In dieser Session wurde der Wunsch ausgesprochen, dem Unwesen der Stellvertretung in der Armee ein Ziel zu setzen. Es sollten noch Jahre hingehen, bevor diese gemeinnützige, in's Leben der Nation eingreifende Idee berücksichtigt wurde. Ein und zwanzig Jahre später, Tag für Tag, öffnete die Katastrophe von Sedan aller Augen.

Mit den Jahren 1850 und 51 veränderte sich die Physiognomie des Generalraths sichtlich. Die Gegensätze im politischen Leben der ganzen Nation zeichneten sich ebenfalls auf dem engern provinciellen Terrain ab und hielten sich, hier im Niederrhein, beinahe die Stange. Doch stand die Majorität des Raths auf der Seite des Präsidenten der Republik, der im Sommer 1850 auf einer Reise das Elsaß und Straßburg berührt hatte. Sie forderte im Laufe der Session von 1851 die Revision der Verfassung und gab zu heftigen Erörterungen Anlaß, indem sich eine Minorität von neutralen und oppositionellen Mitgliedern um Liechtenberger und Küß gruppirte. Der extremste Repräsentant dieser letzteren Meinung war der noch jugendliche, halb socialistische Münz; er fand in Hallez-Claparède, Coulmann und dem Präsidenten Gérard heftige Antagonisten. Ein anderer Umstand prägte diesen Sessionen einen eigenthümlichen Stempel auf; das war die Gegenwart eines neuen Präfecten. Herr Cäsar West war aus dem Departement des Oberrheins hierher berufen, um den republikanischen Sympathien Hrn. Chanals ein Ende zu machen. Er begann mit einem strengen Auftreten gegen die unzufriedenen und unruhigen Schulleute, setzte deren einige auf das Pflaster und kündigte sich als pünktlichen Vollzieher der ministeriellen Verfügungen gegen deutsche Flüchtlinge und Ordnungsstörer an. Dabei brachte er eigne Reformideen und theilte gleich in seiner Antrittsrede seine Vorschläge mit: 1) zur Gründung von Krankenbetten in den Kantonalhospizien, 2) zur Gründung von Landkassen, ohne Hypothekengarantie (prets d'honneur), und 3) zur Einführung von permanenten Kommunalwerkstätten. Die wohlgemeinten Pläne konnten indeß nur theilweise angenommen werden, doch bezeugten selbige in dem jugendlichen Verwalter das Streben, sich aus den laufenden, socialistischen Ideen das beste anzueignen. — Im Laufe der Session widersprach Professor

Stolz einem ministeriellen Ansinnen und Anfragen: Ob sich nicht in die ländlichen Gemeinden neue industrielle Arbeiten zur Beschäftigung in der harten Winterszeit einführen ließen; er suchte zu beweisen, daß im Elsaß der schon bestehende Zustand nicht leicht durch neue Arbeitszweige modificirt werden könnte. Ein Glanzpunkt der Session von 1850 fiel wohl auf die patriotische Rede Liechtenbergers, gegen die eventuelle Verlegung der Rechtsschule von Straßburg nach Nancy. Die historische Erinnerung an die Universität der Reichsstadt Straßburg drängte sich hier von selbst dem Redner auf und er mußte in einer elsässischen Versammlung auch bei den eingewanderten französischen Mitgliedern Anklang finden.

Im Frühjahr 1851 war die Elsässer-Strecke der Pariser Eisenbahn (von Straßburg nach Saarburg) dem Verkehr freigegeben; der Präfect benützte diesen Anlaß, an die Berichte eines seiner eminentesten Vorgänger und eines Kollaborators über die Eisenbahnen Deutschlands in ihrem Verhältniß zu den hiesigen, allgemeine Erörterungen anzuknüpfen. Die Rede machte als speciell abgezogene Broschüre eine Rundreise durch die Pariser Ministerien und die höhere Beamtenwelt. Die ganze Linie von Paris nach Straßburg war im Juni 1852 durch den nunmehr „lebenslänglichen" Präsidenten der Republik feierlich eingeweiht worden. Ein Abglanz dieser Triumphreise fiel auf den Präfecten des Niederrheins; er konnte sich, mit der Gunst des Staatsoberhaupts beglückt, vor dem Generalrath des Jahres 1852 zeigen und sogar den General Magnan verdunkeln, der zu dem Staatsstreiche des 2. Decembers mitgeholfen und der im Departementalrath präsidirte.

Die Versammlung war kraft eines diktatorischen Decrets vom 7. Juli 1852 in ihrer Totalität erneuert; diesmal lohnt es der Mühe, oder ist beinah' durch die Umstände geboten, die Liste der neuen Mitglieder in extenso zu geben:

Schattenmann, Minen-Director in Buchsweiler,
Schoell, Advocat in Zabern,
Heberle, Arzt und Maire von Hochfelden,
von Latouche, Maire von Zabern,
Eros, Advocat von Zabern,
Mulotte, Notar in Saar-Union,
Gast, Procurator der Republik in Zabern,
Baron von Cöhorn, Maire zu St. Peter,
Laquiante, Richter, in Straßburg,
Baron Zorn von Bulach, Maire von Osthausen,
Reibell, Appellrath in Colmar,
Baron von Reinach, Maire von Niederehnheim,
Coulaux, Deputirter, in Straßburg,
Magnan, Divisionsgeneral, Senator, in Paris,
Jonnart, Douanen-Director, in Straßburg,
Lambert, Friedensrichter, in Lauterburg,
Baron Albert von Dietrich, Eisenwerk-Besitzer, in Niederbronn,
Becquet, Deputirter, in Hagenau,
Graf von Schramm, Divisionsgeneral, Senator in Paris,
Pugnière, Anwalt, Maire von Weißenburg,
Mertian, Friedensrichter in Wörth,
Kunzer, Fabrikant in Bischweiler,

Baron P. von Schauenburg zu Geudertheim,
Huber, ehemaliger Notar, zu Straßburg,
Hild, Maire von Hagenau,
Prost, Eigenthümer zu Straßburg,
Roudolphi, Notar, Maire von Schiltigheim,
Chatelain, Maire von Straßburg,
Gérard, Präsident des Civilgerichts zu Straßburg,
Charles Börsch, Doctor der Medicin in Straßburg,
Kratz, ehemaliger Maire von Straßburg,
Lienhart, Advocat in Straßburg,
North, Notar, Maire zu Wasselnheim.

Von dieser Liste sind nach zwanzig Jahren kaum ein Drittel noch am Leben und von allen finden sich nur wenig Namen noch jetzt unter den thätigen Theilnehmern an der Verwaltung. Ein sprechendes Zeugniß, wie schnell die Generationen vom Schauplatz abtreten.

Unter den zahllosen Berathungen und Wünschen des Generalraths während der Session von 1852 bemerken wir die Berichte über Stephansfeld, das unter David Richard's Leitung einen vor zwölf Jahren kaum geahnten Aufschwung nahm und die ungeheuchelten Zeugnisse des Dankes und der Bewunderung von Seiten der Departementalräthe hervorrief.

Auf das historische Hospitalarchiv von Hagenau nahm sich der Departementsarchivar die Freiheit, des Raths Aufmerksamkeit zu lenken und für den localen Beamten, welcher die in Staub und Moder vergrabenen Documente zum erstenmal wieder an das Tageslicht förderte, einen Ausspruch der Anerkennung zu fordern.

Der imperialistische General Magnan schnitt ein schiefes Maul, als er von einer unbekannten Größe, dem deutschen Kaiser Friedrich Barbarossa, dem Stifter des Hospitals und dem Erbauer des Schlosses von Hagenau sprechen hörte; aber das angesprochene Lob wurde dem seither verstorbenen Wencker gespendet.

Der Generalrath des Niederrheins unter dem zweiten Kaiserreich.

Das zweite Kaiserreich wurde zwar erst am Ende des Jahres 1852 gegründet; es bestand aber de facto seit dem Monat December 1851. Auch brachte die Versammlung der Generalräthe im Laufe Augusts 1853 nicht die geringste Modification in den Lauf der Geschäfte; man erging sich in unbedingten Lobsprüchen über den unerhörten Aufschwung, welchen Industrie und Handel seit bald zwei Jahren genommen; die Vorliebe des Kaisers für die arbeitenden und nothleidenden Klassen wurde, wie billig, etwas hyperbolisch hervorgehoben. Im Niederrheinischen Departement fiel indeß ein unangenehmer Schlagschatten über das sonnenhelle Gemälde. Die Ueberschwemmungen des Rheins hatten in den letzten zwei Jahren, doch besonders im September 1852 eine große Zahl der Uferbewohner an den Bettelstab gebracht; dem ungeheuern Verluste an Naturproducten und Immobilien wurde nach Kräften an Ort und Stelle und von obenher gesteuert. Die Departementalbehörde zeigte sich unermüdlich, den täglichen Anforderungen zu genügen, für die Unterkunft, Kleidung und Nahrung besonders der Kinder der verunglückten Ueberschwemmten zu sorgen; allein es bleiben nach solchen Katastrophen Nachwehen, deren Heilung wo nicht unmöglich, doch langsam von Statten geht; und in der Vertheilung der reichlich zugesendeten Liebesgaben waltet nicht immer eine intelligente unpartheiische Hand. Das augenscheinlichste Resultat, in Folge des Unheils und der daraus entstandenen Noth, zeigte sich wohl in den Neubauten, welche die weggeschwemmten oder eingestürzten Hütten der heimgesuchten Dorfschaften, auf Kosten der zusammengebrachten Subscriptionssummen und der Staatshülfe an gut gewählten Stellen ersetzten. Für den noch jugendlich rührigen Departementschef war diese anormale Verheerung eine nicht gesuchte, aber trefflich benützte Gelegenheit, von seiner Activität tüchtige Proben abzulegen und der von ihm abgestattete Bericht an den Generalrath erfreute sich hier und höheren Orts eines ungetheilten Beifalls.

Den Augenzeugen der gräßlichen Wassernoth des Septembermonats 1852 blieb, auch ohne sich weit von den Mauern Straßburgs zu entfernen, die ungeschwächte Rückerinnerung an das Schauspiel des tosenden, breiten, weit aus seinen Ufern getretenen Rheinstroms, der wie der amerikanische Missisippi in seiner gelben getrübten Fluth unzählige Baumstämme, Trümmer von Mobilien und Leichname von Thieren mit sich fortwälzte.

Beinahe auf dritthalb Millionen ward der an 500 Wohnungen angerichtete Schaden abgeschätzt. Fast gedankenschnell waren achtzehn Dorfschaften in der Gegend von Rheinau und Markolsheim überfluthet worden und noch heutzutage spricht Mann und Greis erschüttert von dem namenlosen Unheil.

Ueber die endgültige Austheilung der Hülfsgelder und die übrigen Vorkehrungen, die Bauten zu Mackenheim, Bootsheim, Boßheim u. ff. stattete der Präfect in der Session von 1854 einen weitläufigen, wohlaufgenommenen Bericht ab. Diese Session war durch die einbrechende Cholera etwas verdüstert. Auch der Krieg in der fernen Krim ließ keiner freudigen Stimmung Raum. Die Generale Magnan und Schramm hatten ihre Abwesenheit von Straßburg durch ihre Dienstpflicht entschuldigt. Die protestantischen Bewohner des Elsasses waren durch die Angriffe auf die Sct. Thomas-Stiftungen beunruhigt und aufgebracht. Der Präfect und der Maire von Straßburg hatten zu dieser mißliebigen Operation ihren mehr oder minder officiellen Beistand geliehen. Unbeachtet in der Strömung der großen Begebenheiten, welche damals die Augen Europa's und Amerika's auf sich zogen, stieg nichtsdestoweniger am beschränkten Elsässer-Horizont ein Gewitter auf, welches über dem Haupte des Präfecten sich entlud. Doch stand er noch immer festgeankert in der Gunst des Kaisers, denn es hatte dieser Fürst ein treues Gedächtniß für geleistete Dienste. Die schöne Aufnahme in Straßburg vom Jahre 1852 hatte er keineswegs vergessen.

Hr. West erging sich während dieser Session in Zukunftsplänen; er wollte im ehemaligen Schlosse von Dettweiler ein Armenasyl gründen und für das Monument von Lezay-Marnesia hatte er eine ansehnliche Summe gesammelt. Beide Pläne wurden mit einigen Modificationen ausgeführt, aber von seinem Nachfolger. Sic vos non vobis.

*
* *

Als der von Toulouse hierherberufene Präfect Migneret zum erstenmal im August 1855 den Generalrath eröffnete, hatte er sich schon einigermaßen mit der Geschäftslage des Departements befreundet; er wußte, was zu thun, wo einzugreifen sei. Gegen die bisher eingeführte Organisation ließ sich kein Einwand erheben; blos im Reiche der Ideen, auf dem Terrain der confessionellen Zerwürfnisse galt es die Gemüther zu beschwichtigen. Diesen Zweck erreichte der übergesiedelte Verwalter mit vielem Takte. Die Proben seiner Arbeitsfähigkeit liegen vor in zehn beträchtlichen inhaltsreichen Quartbänden, worin seine Berichte an den Rath und des letztern Verhandlungen in extenso abgedruckt sind. Dem Schreiber dieser Skizzen gebietet Zeit und zugestandener Raum in dieses immense Repertorium sich nicht zu verirren. Er kann sich blos erlauben, einige Hauptpunkte der Emsigkeit und der selbstschöpferischen Initiative des Präfecten zu erwähnen. — Die jetzigen Machthaber und Verwalter haben sich gewiß schon und werden sich mehr als einmal noch künftighin in dieser Fundgrube der «Procès-verbaux du Conseil général du Bas-Rhin» umsehen. — Von künftigen Localgeschichtschreibern des Elsasses, die sich nicht an Schlachtgemälden oder Anekdotenkrämerei genügen lassen, versteht sich wohl von selbst, daß sie in diesen anscheinend öden, aber doch vielseitig ergiebigen Minengängen sich Raths erholen werden. Und diese Bemerkung, ich eile obigen Ausspruch zu ergänzen — wird sich nicht allein auf Herrn Migneret's Amtsperiode beschränken.

Herr Migneret war nicht im Elsaß geboren, aber er lebte sich schnell in das Elsaß hinein und fühlte, wo er Anklang finden konnte. Für die Landbewohner, den Ackerbau, die «comices agricoles», die Regionalkonkurse, die Straßburger Ackerbaugesellschaft zeigte er ein steigendes Interesse. Die Vorliebe des Elsässers für die Geschichte, die Monumente und die pittoresken Ruinen seines Heimathlandes errieth er auf den ersten Blick, stiftete schon im December von 1855 die historisch-elsässische Gesellschaft und forderte für dieselbe in der Session von 1856 die klingende Unterstützung des Departementalraths.

In der Session von 1857 kündigte er sein Programm einer statistischen und historischen Beschreibung des Unter-Elsasses an, umschrieb genau den Plan des ganzen umfangreichen Werkes, bezeichnete die Mitarbeiter und eroberte die Sympathieen und die Geld-Vota der intelligenten Mitglieder für „das Kind seiner Muße." — Im Jahre 1861 wagte er es sogar, in Straßburg eine literarische Gesellschaft in's Leben zu rufen; auch für diese Schöpfung erhielt er vom Rath eine modeste Unterstützung; nur blieb dieses Unternehmen auf einen engern Kreis beschränkt. Die Schöpfungen, worauf er indeß und mit Recht den meisten Werth legte, waren die Vicinaleisenbahnen.

Ob die Idee zuerst in seinem Kopfe entsprungen, ob er sie mit Ingenieur Coumes oder andern Notabilitäten ausgeheckt, wagen wir nicht zu entscheiden; genug, er führte sie aus, und zwar nach dem Niederkämpfen vielfacher Schwierigkeiten. Der erste Anstoß wurde schon im Jahr 57 und 58 gegeben und mit individuellen Unterhandlungen begonnen; Herr Baron Alfred von Bussierre hatte sich gegen gewisse Bedingungen anheischig gemacht, das Unternehmen zu fördern; diese ersten Versuche zerschlugen sich, das Risiko war groß und die Ausgaben wohl nicht im Verhältniß mit den zu hoffenden Resultaten. Allein der Präfect beharrte auf seinem Plane, wie einer seiner Vorgänger, Herr Sers, auf dem seinen. Er zog die betheiligten Gemeinden, den Departementalrath, die Ministerien, die «Compagnie de l'Est» mit in's Spiel und erreichte nach mehreren Jahren glaubenfesten Strebens und juridischer Plänkeleien seinen unverrückt im Auge behaltenen Zweck. — Im Spätjahr und im Winter 1864 wurden die Strecken von Straßburg-Mutzig-Barr-Wasselnheim, von Niederbronn-Hagenau, von Schlettstadt-Markirch dem öffentlichen Verkehr übergeben und der glückliche Fortbestand des Bahnverkehrs rechtfertigte die kecke Voraussicht des Gründers. Er konnte in der Session von 1865 die Herren des Generalraths mit den Ziffern, den unwiderspreclichen Ziffern der Ergiebigkeit bekannt machen und, hätte er sich gewöhnlicher Eitelkeit überlassen, sich dabei in die Brust werfen. Er begnügte sich bei dem Eröffnungsfest voriger erstgenannten Doppelbahn (nach Barr und Wasselnheim) eine von Victor Elbel componirte Kantate absingen zu lassen, worin, sonderbar genug, die Reminiscenzen der Marseillaise anklangen. Die ungemeine Frequenz, deren sich diese Zweigbahnen, besonders von Seiten der Landbewohner an Sonn- und Feiertagen erfreuten, rechtfertigt jetzt noch das beharrliche Zutrauen des Gründers und mag ihm in seiner Zurückgezogenheit einigen Balsam auf vielfach seitdem erlittene Schmerzen streuen.

Im Winter von 1864—1865 hatte dieser regsame Verwalter eine außerordentliche Zusammenberufung des Generalraths erwirkt und demselben den Ankauf einer weitläufigen Gebäulichkeit unterbreitet, zur Aufnahme des Präfecturraths und der in's grenzenlose angeschwollenen Archivalien. Der Vorschlag wurde genehmigt, ein Departementalanleihen dafür beschlossen und zwei Jahre später (Juni 1867) unter Migneret's Nachfolger, die Uebersiedelung der betreffenden öffentlichen Dienste mit einigen nicht unerheblichen, aber leider ungünstigen Modificationen in's Werk gesetzt.

Das Studium der Bodenbeschaffenheit eines Theils des Niederrheinischen Departements und die gefährliche Zersplitterung des Grundeigenthums hatten ihm die Ueberzeugung beigebracht, daß der Gesetzgeber eingreifen und dem augenscheinlichen Uebel gesteuert werden müsse. Er ließ auf diesen ernsten Gegenstand bezügliche deutsche Schriften, z. B. die kurhessische Gesetzgebung von einem dienstwilligen, befreundeten Juristen studieren, eignete sich die Resultate an und legte dem Generalrath schon in dem ersten Lustrum seines hiesigen Aufenthalts einen Bericht vor, welchem voller Beifall zu Theil wurde, der aber, wie Vieles in diesen

Provincial=Vereinen ausgearbeitete oder angestrebte Nützliche und Gute höheren Orts ad acta gelegt wurde.

Die Hauptbestandtheile dieses Generalraths waren unter Migneret ohngefähr dieselben geblieben, wie wir sie ausführlich unter dem Jahre 1852 angaben. Unter den Hinzugetretenen bemerken wir die Gebrüder Bussierre; der eine, der ältere, Alfred, ein gewiegter Finanzmann, wohl nach oder neben dem Minister Humann die ausgezeichnetste Elsässer Intelligenz in dieser Specialität: ein unternehmender Geist, der sich viel mit Eisenbahnwesen, Dampfschifffahrt abgegeben, der eigentliche Gründer von Grafenstaden; — der jüngere, Léon Renouard de Bussierre, lange Zeit französischer Staatsrath, ebenfalls vielseitig gebildet, und in juristischen Berathungen seinen Kollegen mit seiner Erfahrung gute Dienste leistend. — Unter diesen später erwählten Mitgliedern befand sich auch der Graf Dürkheim=Montmartin, ehemaliger kaiserlicher Präfect des Oberrheins, hierauf Inspector der Telegraphen=Linien, in welcher Eigenschaft er Algerien und Tunisien bereiste. — Auch der jüngere Goldenberg, Fabrikant im Zornhof, trat, vorerst mit seines bekannten Vaters Namen geschmückt, in diese Versammlung. Zum Präsidenten des Rathes wurde gewöhnlich durch kaiserliches Dekret der Marschall Magnan und zum Vicepräsidenten der Deputirte Coulaux, Maire von Straßburg, ernannt; der erste eine athletische Gestalt, ein napoleonischer Haudegen, doch keineswegs zum Vorstand einer deliberirenden Versammlung geeignet; was indeß Herrn Migneret nicht abhielt, als der Marschall a. 64 oder 65 das Zeitliche gesegnet, demselben eine pomphafte Leichenrede bei der Eröffnung des „verwaisten" Generalraths zu halten. Derlei panegystische Kundgebungen sind nun einmal in gewissen officiellen Lagen durch die Umstände geboten, schlagen in das Fach der civilité puérile et honnête der französischen und mitunter der ganzen europäischen officiellen Welt. Herr Coulaux, einige Jahre lang im Ministerium des Innern gut angeschrieben, zerfiel mit dem Pariser Machthaber und deshalb mit dem Niederrheinischen Präfecten, durch seine Parteinahme bei einer zwischen Herrn Baron Zorn von Bulach und Herrn Graf Hallez-Claparède streitigen Deputirtenwahl. Diese rein locale Angelegenheit war indeß symptomatisch; sie bezeichnete einen Wendepunkt in der höhern Politik; sie deutete auf eine Zersetzung der conservativen imperialistischen Partei und war somit kein gutes Augurium für die nächste gewitterschwangere Zukunft. — Hr. Coulaux wurde seiner Amtsführung als Maire enthoben, blieb aber im Generalrath und überlebte dort Herrn Migneret, der im Spätjahre 1865 nach Paris berufen wurde.

Sein Nachfolger war Herr Baron Pron, welcher fünfmal dem Conseil général anwohnte und wenig Wochen vor der Session von 1870, die er noch in allen Einzelnheiten sorgfältigst vorbereitet, mit der in Straßburg den 12. September bekannt gewordenen Katastrophe von Sedan vom politischen und administrativen Schauplatze abtrat.

Wir bedienen uns absichtlich des ersten Epithetons, denn mehr als seine Vorgänger alle machte Hr. Pron in imperialistischer Politik; es lag in seiner Natur und in den gegebenen Umständen. Dem Generalrathe gegenüber stieß er nie auf den allergeringsten Widerstand oder Widerspruch. Die Gemüther waren durch die fünfzehnjährige autokratische Regierung entnervt und wagten es auch nicht in den untergeordneten Sphären sich gegen die ausgesprochenen Wünsche der Repräsentanten des Staatsoberhaupts zu erklären. Uebrigens unterscheiden sich die geschäftlichen Berichte des letzten französischen Präfecten des Niederrheins von denen seines Vorgängers nur durch ihre Ausdehnung; die Quartbände werden mit jedem Jahre breiter. Bei seiner allerersten Antrittsrede Ende Augusts läßt Herr Pron seinem Vorgänger alle Gerechtigkeit widerfahren und widerholte, daß er nur in seine Fußtapfen treten wolle; eine, wir dürfen es glauben, aufrichtig gemeinte Aeußerung, die ihn indeß nicht abgehalten hatte, wenig Monate zuvor sich unter der Hand die Gegenwart Herrn Migneret's in Straßburg bei dem Regionarfeste zu verbitten.

Bei der Eröffnung der Session von 1866 erschien eines der ältesten, verdienstvollsten Mitglieder nicht mehr; Baron von Schauenburg hatte aus mehreren hier nicht zu erörternden Beweggründen seine Entlassung eingereicht. General Reibell, der früher hier die fünfte Militärdivision befehligte, war durch den Tod abberufen worden. Der Deputirte Baron Cöhorn, der Sohn eines Napoleonischen Generals, hatte sich aus Gesundheitsrücksichten entschuldigen lassen. Im übrigen Theile der Versammlung fand der neueintretende Präfect den alten Grundstock vor. An Marschall Magnans Stelle war Gerard zum Präsidenten ernannt, und blieb während Herrn Prons Verwaltung in dieser Stelle.

Der Präfect ermangelte nicht auf das jüngst erlassene Decentralisationsdecret hinzuweisen, und der Versammlung ihre „ausgedehnteren" Befugnisse als ein freies Geschenk des Kaisers hinzustellen. Nie war wohl eine größere Spiegelfechterei auf administrativem Terrain getrieben worden. Als der Conseil général in der Session von 1868 die Freiheit nahm, etwas eigenmächtig über die Departementalstraßen sich auszusprechen, die er zum Range von Vicinalwegen herabdrücken wollte, wurde er vom Ministerium zurecht gewiesen, und mußte deßhalb noch im Laufe desselben Jahres sich zu einer zweiten Zusammenberufung bequemen.

Es wurde ihm bedeutet, daß es ihm nicht zukomme, sich über Verbindungsstraßen mit andern benachbarten Departementen auszusprechen, und somit wurde dieser Anlauf einer selbstständigen localen Verfahrungsweise auf ein sehr bescheidenes Maaß reducirt.

Dem Armenasyl von Hördt, der Schöpfung seines Vorgängers, ließ Herr Pron seinen activen Schutz angedeihen; den Strolchen und den Zigeunern suchte er den Aufenthalt im Departement zu verleiden. — Eine ungemeine Rührigkeit ließ sich ihm nicht absprechen. Die Gebäulichkeiten der Präfectur unterlagen vielfachen Veränderungen. Das ehemalige Archiv wurde in prächtige Räume für den Generalrath umgewandelt. Der Palast selber wurde für die eventuellen Durchreisen der kaiserlichen Familie prachtvoll geschmückt; Stallungen und Gewächshäuser wurden renovirt oder neu angelegt. Im Brande von 1870 gingen diese ephemeren Schöpfungen in Rauch auf.

Einen Tadel erfuhr Hr. Pron indeß im letzten Jahre seiner Verwaltung; aber die kritisirende Stimme ging nicht direct vom Generalrathe aus. Er hatte für mehrere gemeinnützige Gesellschaften die damals ausgeworfenen Departementalzulagen aus dem Budget gestrichen. Die Agriculturgesellschaft insbesondere fühlte sich dadurch beleidigt und gekränkt. Es wurde Einsprache erhoben und der autokratische Mann gab nach.

Die furchtbare Zeit der Belagerung fällt nicht in das Kapitel der Geschichte des Generalraths; ich habe sie somit hier nicht zu berühren. — Im Versammlungssaale des Raths hatte Baron Pron auf zwei mächtige Tafeln die Namen sämmtlicher seit siebzig Jahren ernannter oder erwählter Mitglieder angebracht; es werden dieselben allesammt beschädigt, aber doch nicht alle aus dem Gedächtniß ihrer Mitbürger verwischt. Ihrem Andenken sind diese Blätter gewidmet.

Die Rundschau über den siebzigjährigen Wirkungskreis des ehemaligen Generalraths des niederrheinischen Departements war — es sei uns dies zu hoffen vergönnt — nicht ganz zweck- und fruchtlos. Sie zeigte uns diese Provincial-Versammlung unter wechselnden Regierungsformen, unter drei Herrscher-Dynastieen und zwei Republiken, sich in demselben Gleise bewegend, die Vorschläge des höhern Civilmagistrats prüfend, die Ausgaben des Bezirks untersuchend, die gemeinnützigen öffentlichen Arbeiten belobend und kritisirend, und sehr oft mit eigenen Vorschlägen hervortretend. Ausgesprochene Wünsche, sei es, daß solche auf das ganze

Reich oder auf das beschränkte Departement sich bezogen, wurden auf den grünen Tisch niedergelegt, und obgleich deren viele oft unberücksichtigt blieben, als einfache pia desideria, jedenfalls konnten die regierenden Mächte daraus ersehen, woher der Wind wehe. Man hat lange und viel über die «voeux des Conseils généraux» gespottet ..... Fingerzeige der Art, Fingerzeige, die nicht mit der Faust oder mit Kolben an geschlossene eherne Pforten schlagen, sind oft effectvoller in ihrer einfachen, modesten, geräuschlosen Andeutungsweise als die gröbsten systematisch-oppositionellen Ausfälle.

In unserm Urtheil unter- und überschätzen wir den Einfluß der ehemaligen Generalräthe nicht, doch müssen wir eingestehen, daß bei genauerer Lectüre einzelner Sitzungen, einzelner Berichte — sei es von Seiten der Staatsdiener oder der notabeln Mitglieder des Rathes — wir die Fülle schätzbarer Notizen, Kenntnisse und praktischer Anweisungen bewunderten, die in solchen anspruchslosen, der großen Oeffentlichkeit entzogenen Heften vor unsern Augen sich entfalten. Da ist kein Zweig der localen Industrie, des Handels, des Ackerbaues, der nicht mehr oder minder in seinem ersten Sprossen bemerkt, dessen Entwicklung nicht nur mit Wünschen, sondern von directer Pflege sorgsam begleitet und befördert worden. Oefters auch — wir verschweigen es nicht — prallten die Forderungen ungehört ab, besonders wenn fiskalische Interessen im Spiele waren, allein auch auf diesen Boden beruhte nicht selten die Weigerung auf rationellen, väterlich voraussichtigen Gründen.

Unter den ernannten oder erwählten Mitgliedern stoßen wir öfters auf ausgezeichnete Persönlichkeiten, deren öffentliche Laufbahn sich in höheren Sphären bewegte oder die als einsame Denker die Bedürfnisse ihrer Heimath erforschten, oder auf der eigenen Scholle dem Ackersmann mit dem Beispiel ihrer Bewirthschaftung, ihrer Neuerungen vorangingen. Wir nannten mehr als einen Namen, der noch jetzt mit gutem volltönenden Klang an unsere Ohren schlägt und von den heranwachsenden Geschlechtern als mustergültig aufzubewahren ist. Wir glaubten uns absonderlich am jetzigen historischen Wendepunkt der Zeit verpflichtet, auch der Vergangenheit die ihr gebührende Gerechtigkeit und Ehre zu erweisen, damit auf keine Seite hin Vergessenheit und Ueberhebung sich breit mache.

Nur in den unruhigen Jahren von 1815, 1848 und 1849 überschritt der Generalrath die natürlichen Grenzen seiner Befugnisse und machte direct in Politik. Es waren todtgeborne Versuche. Eben so wenig halten wir auf die stereotypirten Ergebenheitsadressen, die er als Ausdruck der angeblichen Majorität der Bevölkerung zu den Füßen der jeweiligen Machthaber niederzulegen sich berufen fühlte. Die engern Landesbedürfnisse hatte er in der kurz zugemessenen Zeit (gewöhnlich 10 bis 14 Tage) zu berücksichtigen, und diesen den betreffenden Ausdruck zu leihen.

Dieselbe Pflicht erwartet die Mitglieder des nächstens hierher beschiedenen Bezirkstages;*) derselbe Wirkungs-

*) Obiger Aufsatz war im Laufe des Sommers 1873 geschrieben.

kreis ist ihnen geöffnet, dieselbe Gelegenheit geboten, auf legalem Wege in die künftigen Geschicke des jungen Reichslands einzugreifen. In dem Geschäftsgange selber scheint, nach der Art und Weise der Berufung zu schließen, keine Veränderung vorgenommen zu sein. Die Brücke von der Vergangenheit zur Gegenwart ist geschlagen; sich abseits halten, liefe den perennirenden elsässischen Interessen zuwider. Den frei erwählten Mandataren des Unter-Elsaß möchten wir, jedem einzelnen, zurufen: Dem Vaterland, dem heimischen Boden schließ dich an! Hier sind die Wurzeln deiner Kraft!

Die Municipalität von Straßburg.

Geschichtlicher Ueberblick der inneren Verwaltung von 1800—1870.

Es liegt uns nicht im Sinne, eine Geschichte der Straßburger Municipalität, d. h. des hiesigen Gemeinderaths zu schreiben; ebensowenig sind wir darauf bedacht, dessen Charakter und Thätigkeit von seiner ersten Einsetzung an zu schildern. In diesen Blättern sind wir zur Beachtung der Zeit, des Raums und unserer eigenen Kräfte verpflichtet. Nach einem flüchtigen Ueberblick über die Verhandlungen des niederrheinischen Departementalraths bitten wir um die Nachsicht der Leser für einen ähnlichen, den hiesigen Stadtrath betreffenden Versuch; und wie die frühere Skizze, worauf wir uns berufen, mit dem Anfang des laufenden Jahrhunderts begonnen, beschränken wir uns ebenfalls in gegenwärtigem ohngefähr auf dieselbe Periode. Die Haltung des Gemeinderaths während der Revolutionszeit ist diametral verschieden von seiner spätern mit der kaiserlichen Periode beginnenden Berathungen. Wir wählen zu unserer Unterlage die friedliche, nicht die stürmische, die schaffende, nicht die terroristische Versammlung. Von letzterer rufen wir nur einige unerläßliche Data ins Gedächtniß zurück, bestätigen somit den chronologischen Zusammenhang der geregelten mit der ungeregelten Municipalität und wahren zugleich den strengern Parallelismus mit dem kulturhistorischen Bilde des «Conseil général du Bas-Rhin.»

Am 18. März 1790 nahm zum erstenmal der neugewählte Gemeinderath von Straßburg, mit dem Maire Dietrich an seiner Spitze, die Stelle des ehemaligen, nunmehr zurücktretenden Magistrats der alten Reichsstadt ein. — Er bestand zu Recht bis zum 24. November 1791, und ward nunmehr zum erstenmal durch die Wahl seiner Mitbürger mit wenig veränderten Bestandtheilen erneuert und bestätigt. — Schon hatte er sich in kritischen Momenten befunden und Dietrich, der am 14. November 1791, also kaum vierzehn Tage zuvor, ebenfalls in seinem Bürgermeisteramte durch Stimmenmehrheit bestätigt worden, hatte schon das Schwanken der Volksgunst und den Neid unversöhnlicher, heftiger Widersacher erfahren. Im Laufe des Frühjahrs und des Sommers 1792 zog sich das Gewitter über den Häuptern des Maire's und seiner Anhänger im Rathe immer drohender zusammen; nach dem Sturze der Girondins und des Königs blieben die Jakobiner in Straßburg Herren der Lage und erwirkten die Abberufung, darauf die Anklage des Maires und die Auflösung des Raths (19.—22. August 1792).

Noch einmal, Mitte Decembers 1792, erfolgte bei Erneuerung der Municipalwahlen, ein Rückschlag zu Gunsten der gemäßigten Partei; Türckheim wurde

Maire und sinnesverwandte Stützen umgaben diesen Freund Dietrichs im Rathe; allein dieser Glückswechsel war von kurzer Dauer. Schon im Januar 1793 kam ein Nachschub von Jakobinern mit dem Savoyarden Monet in die Municipalität, durch den Einfluß der in Straßburg gegenwärtigen Volksrepräsentanten. Bald darauf wurde Monet zum Maire ernannt; am 2. November 1793 erfolgte die Einkerkerung der moderirten Mitglieder, darauf ihr Exil in's innere Frankreich. Im Januar 1794 schritt man zu einer zweiten Ausmerzung der verdächtigen oder angefeindeten Räthe. Von dort an war die städtische Versammlung gereinigt von jedem der terroristischen Republik nur halbweg abgewendeten Elemente und blieb in ihren jacobinischen Bestandtheilen unverändert bis zum 15. October 1795, d. h. dritthalb Monate nach Robespierre's Sturz. Da erfolgten wieder gemäßigte Wahlen; Stadt und Land athmeten auf.

Nach dem Staatsstreich des 18. Brumaire wurde unter andern das Dekret des 28. Pluviose an VIII. (17. Februar 1800) erlassen, welches neue Departemental- und Stadtwahlen vorschrieb. Mit dem 31. März trat die seit 1795 thätige Municipalcommission ab; Livio als Maire, Oesinger, Hohlenfeld, Demichel, darauf Levrault und Brucker als Beigeordnete, übernahmen die Leitung der städtischen Angelegenheiten. Mit der Amtsführung Livio's beginnen die handschriftlichen Protokolle des Stadtraths. Sie bilden eine beträchtliche Sammlung von 45 umfangreichen Foliobänden. Aus diesen schöpfen wir folgende kursorische Berichte. Auf irgendwelche Vollständigkeit

Anspruch zu machen, wäre unsinnig; wir können in diesem engen Raume den Stoff noch viel weniger bewältigen, als die Materie der Generalrathsprotokolle; gezwungen, müssen wir uns mit der Auswahl einiger Hauptpunkte begnügen, und womöglich nur mit einer allgemeinen anschaulichen Charakteristik des Verfahrens, welches die Väter der Stadt einhielten.

In der Sitzung des 15. Fructidor an VIII. (2. Sept. 1800) schildert Livio mit rücksichtsloser Offenheit den traurigen Zustand der Stadtfinanzen, nach jahrelangem unregelmäßigem Verfahren; ein Deficit, das keineswegs durch Ersparnisse gedeckt werden könne — denn gewisse öffentliche Arbeiten seien unumgänglich — öffne seinen gähnenden Rachen. Er schlägt die Einführung des Zolles an den Stadtthoren vor, als einziges Mittel, die Lücke auszufüllen und einer besseren Zukunft auf geebnetem Wege entgegenzugehen. Die Stadt, mit ihrem angegriffenen Patrimonium sei einem Todtkranken zu vergleichen, der nur durch eine radicale Kur Rettung und Heilung zu hoffen habe. Auch eine Getränkesteuer sei einzuführen und die brachliegenden Gemeindegüter in der Umgebung zu versteigern.

Es mag sein, daß Livio durch diese freie Sprache höhern Ortes erschreckte oder beleidigte, denn wenig Monate nachher ist er nicht mehr im Amte. Den 15. Pluviose an IX. (14. Februar 1801) wird der Municipalrath von einem andern Bürger Straßburgs präsidirt; Hermann, ein gelehrter Jurist, der Bruder des Naturforschers, hatte sich vermuthlich Verhaltungsregeln und gewisse Zusagen eingeholt, ehe er seine neuen Pflichten einging. Er konnte die städtischen Finanzen durchaus nicht in rosigem Lichte darstellen; aber er verbürgt sich bei seinen „würdigen Kollegen" für die Berichtigung der Forderungen, welche die Stadt an die Republik zu stellen hat, streng einzutreten. Ueber die seit 1792 gestörte und verwirrte Finanzverwaltung legt er, theilweise wenigstens, regelmäßige Rechnung vor. Im Budget für das Jahr X finden wir die Ausgaben auf Fr. 443,329 44 Ct. veranschlagt, aber die Ziffer der Einnahmen stellt das Gleichgewicht her.

Unter den mancherlei Vorlagen der Hermann'schen Verwaltung finden sich schon Berichte über die nothwendige Wiederherstellung der Rheinbrücke und historische Angaben über die mehr als vierhundertjährigen Rechte der Stadt auf die Einnahme des Brückengeldes.

Der Neubau des ohnlängst abgebrannten Theaters wird in mehreren Sitzungen besprochen, die Vergrößerung des Polygone's angeregt und Alleenpflanzung in der Umgebung der Stadt beschlossen.

Mit dem öffentlichen Erziehungswesen befaßt sich der Gemeinderath ernstlich; die baldige Installirung eines Lyceums im ehemaligen Jesuitencollegium, der Schutz, welcher dem protestantischen Gymnasium, dem einzigen aus der Revolutionszeit übrig gebliebenen Institute zukam, die Einführung der Klinik im Bürgerhospital bilden stehende Artikel in den Berathungen. Ueber die Rechte der Stadt in der Verwaltung des Frauenhauses ist ein historischer Aufsatz eingeschaltet; die Rückforderung dieser Rechte wurde mit Erfolg betrieben.

Auch erfahren wir aus diesen frühern Protokollen,

daß dem Municipalrath damals die mißliche Untersuchung der Conscriptionsliste und der Exonerationen zukam.

Herrmann, später Dekan der Rechtsfacultät, war kenntnißreich; doch fehlte ihm, wie es scheint, in wichtigem Augenblicke der Takt und die Geistesgegenwart. Ueber seine eigentliche Verwaltung läßt sich nur gutes berichten; es war alles neu zu organisiren; ihm stunden zur Seite im Stadtrath der Antiquar Oberlin, Kern, Laquiante, Prof. Ehrmann, Poncet; man verhalf der Stadt wieder zur Verwaltung der Trümmer ihrer ehemaligen Besitzthümer; eine Rechtsschule wurde provisorisch eröffnet, eine Handelskammer gegründet; von Paris aus unterstützte der Historiker Koch, als einflußreiches Mitglied des Tribunats, die Bestrebungen seiner Mitbürger.

Da kam gegen Ende des Sommers 1805 (9 Thermidor an XIII.), die halboffizielle Nachricht: es werde der Kaiser bald auf seinem Durchzug nach Deutschland, die Festung Straßburg berühren; die Truppenbewegungen verkündeten den nahen Ausbruch des Krieges mit der deutschen Ostmacht. Der Monarch sollte selbstverständlich als künftiger vom Schicksal zum Voraus bezeichneter Sieger empfangen werden. Die Schlüssel der Stadt überreichte der Bürgermeister in der Nähe von Königshofen; dessen Tochter hielt eine Anrede an die Kaiserin Josephine; ein Rheinkarpfe, ein ungarischer Aal und Kelche mit elsässischem Strohwein gefüllt, wurden beiden Majestäten als schuldiger Feudaltribut, zur Erinnerung an altes Herkommen, geboten. Nun aber folgte die Audienz sämmtlicher Behörden im neueingeräumten kaiserlichen Palast. Napoleon wandte sich nochmals an den Maire. „Was verlangt die Stadt?" fragte er und begleitete die lakonischen Worte mit seinem stechenden Blicke. — Es war damals mit der nächtlichen Laternenbeleuchtung und den Arrest- und Zwanghäusern schlecht bestellt. „Sire", antwortete der Eingeschüchterte mit einiger Verlegenheit, „Sire, wir brauchen Gefängnisse und Lichter." *) Der Kaiser wandte sich unwillig ab und ging zu anderem über. Nach der Audienz sagte er zum Präfecten: „Laßt mich diesen ..... nicht mehr im Amte treffen". Dem Willen des Allmächtigen wurde gewillfahrt; am Abend desselben Tags legte der Bürgermeister die Zeichen seiner Würde nieder; und doch hatte er sein drei- bis vierjähriges Amt keineswegs in müssigem Zusehen verbracht; ein einziges übel angebrachtes und noch übler ausgelegtes Stichwort zernichtete die geleisteten Dienste.

Am Anfang des Jahres 1806 (von dortab zählte man nicht mehr nach dem republikanischen Kalender), saßen ungefähr fünf und zwanzig Mitglieder im Stadtrath. Am 2. Januar sind gegenwärtig die Herren Zollikofer, Hecht, Oberlin, Laquiante, Reinhard, Heitz, Kastner, Kern, Scherz, Poncet, Marocco, Rau, Barrois, Ensfelder; in spätern Sitzungen stoßen wir noch auf die Namen von Saum, Mathieu Faviers, Renouard de Bussierre. Die Schlacht von Austerlitz war kurz zuvor geschlagen; man erwartete im Laufe des Monats die Rückkehr des siegreichen Kaisers. Die

---

*) des lumières! .... es war ein doppelsinniges Wort und mußte dem argwöhnischen Autokraten nicht genehm sein.

Berathungen beziehen sich meist auf seinen Empfang, auf die Reden und die Festlichkeiten. In einer besondern Bittschrift werden die Wünsche niedergelegt; sie beziehen sich hauptsächlich auf das Eigenthum des Bürgerhospiz, auf den Transithandel, auf die Unterbringung der höhern Lehranstalten; Gegenstände, die zur selben Zeit auch vom Generalrath behandelt wurden.

Nach dem Festrausche, vom Februar an, unter der Verwaltung des Herrn Wangen von Geroldseck, wurden specielle Stadtangelegenheiten vorgenommen; z. B. das Budget des Bürgerhospitals und der Proletarierwerkstätten; die Verpachtung einiger Mühlen, die Regulirung des Stadtzolls (Octroi). Endgültige Entscheidungen liegen in gut und deutlich begründeten Paragraphen vor.*) Bis in dieselben Jahre hinauf reichen die lebhaften Erörterungen mit der sogenannten protestantischen Akademie (dem nachmaligen Seminar) über die Ernennung des Stadtbibliothekars. Schon beginnen die Forststreitigkeiten mit Barr. Historische Erläuterungen, die Güter der ehemaligen Straßburger Zünfte betreffend, mußten, durch den Präfecten als Mittelsperson, bei den Pariser Ministerien eingereicht werden, noch andere, um Eingriffe in das städtische Eigenthumsrecht zu bekämpfen. Aehnliche Streitpunkte betreffen die Intendanz, die Münze u. s. f.

Im Laufe des Jahres 1808 beantragt der Rath die Schließung der Kornmagazine; den Ertrag der Gülten wünscht er in baarer Münze zu erhalten.

*) Zur selben Zeit war die Municipalität aus dem Palais in den Darmstädter Hof gezogen.

Die Festlichkeiten bei dem Durchzug der siegreichen Truppen oder der kaiserlichen Majestäten nehmen in allen Berathungen eine bedeutende Stelle ein. Die officiellen Reden werden immer genau eingeschaltet, und die Denkmünzen, die man bei solchen Anlässen prägte, wurden von eigens dazu ernannten, befähigten Kommissaren gezeichnet.

In langem Andenken blieb die Ankunft und der Aufenthalt der Erzherzogin Marie Louise (März 1810). Die von einem Herrn Bouillon gedichtete und vom Kapellmeister Spindler *) componirte Kantate war nicht übel gerathen; und im folgenden Jahre wurde die Geburt des Königs von Rom durch eine Adresse des Raths an die Kaiserin und den König in der Wiege begrüßt. Die Kosten der Feste von 1810 hatten sich beiläufig auf Fr. 250,000 beziffert.

Wir erwähnen nur vorübergehend eine unangenehme Episode nach all' den Jubeltönen. Drei höhere Beamte wurden wegen Veruntreuung abberufen. Es machte dieses locale Ereigniß in allen Kreisen einen unheimlichen Eindruck.

Die Interessen der Stadt wurden immer in traditioneller Weise vom Municipalrath in Schutz genommen; waren Forstrechte zu vertheidigen, da scheute die Verwaltung nie zurück. Es bilden solche Prozesse fast einen ständigen Artikel.

Im Laufe des Jahres 1810 war Brackenhoffer, ein Straßburger Patrizier, als Maire eingetreten. Er hatte an der Seite des Präfecten Lezay-Marnesia und

*) Vater des beliebten Schriftstellers.

dessen Nachfolger von Ende 1812 bis 1815, schwere Zeiten durchzukämpfen.

Die ersten Jahre verliefen noch mit Abwickelung der laufenden gewöhnlichen Geschäfte; allein mit Ende 1812 begann das Schwierige der Lage. Nach dem Rückzuge aus Rußland wurden ungewöhnliche Zumuthungen an die Opferfähigkeit der Stadt und der Bürger gemacht. Bekanntlich war im russischen Feldzug die sämmtliche Reiterei bis auf das letzte Pferd aufgerieben; vor allem verlangte der Kaiser Cavalleristen und Pferde. Straßburg besprach die Ausrüstung von 100 Mann leichter Reiterei; es wurden freiwillige Subscriptionen ausgeschrieben; bis in die untern Schulen wurde von den kleinen Insassen die Kupfermünze aus den Sparkassen angenommen. Der Municipalrath ging mit gutem Beispiel voran.

In schneidendem Kontrast mit dieser fieberhaften Aufregung stehen die prosaischen Debatten über Straßenerweiterung (z. B. der Krämergasse, dem Hauptportal des Münsters gegenüber); den Ankauf der Bibliothek Villar's oder die Gründung eines Leihhauses; doch immer trüber gestalteten sich die politischen Aspekten. Gegen Ende October 1813 beschließt der Rath die Absendung einer Deputation aus seiner Mitte an die Kaiserin; man will der künftigen Regentin die Ergebenheit der guten Stadt Straßburg wiederholt bezeugen.

Während der Blokade von Straßburg wird der Municipalrath nicht ein einzigesmal zusammenberufen. Die Mairie ist theilweise in die Residenz des kaiserlichen Bevollmächtigten, des Senators Röderer, umgewandelt. Plötzlich am 13. April 1814 beruft der

Präfect Lezay-Marnesia den Rath und theilt ihm die welthistorischen Ereignisse mit, die sich in Paris vom 28. März bis zum 3. April zugetragen; und die Versammlung, wohl zum Voraus schon bearbeitet, erklärte sich zur Annahme der Staatsbeschlüsse bereit. Die Rückkehr Ludwigs des XVIII. wird ohne Widerstand angenommen und sogar „zum Heile Frankreichs" bewillkommt.

Ehe man sich trennt, wird auf den folgenden Tag ein Abschiedsbesuch bei Senator Röderer anberaumt; man will ihm „für die väterliche Sorge", die er der Stadt angedeihen ließ, vor seiner Abreise danken. Das war des Guten zu viel, denn es hatte sich der Delegirte des Kaisers nicht gerade schonungsvoll betragen.

Am 23. nächstfolgenden April versammelt sich der Rath zum Anhören und Annehmen einer Adresse an Ludwig den XVIII. Auch zur Errichtung einer Bildsäule Heinrichs des IV. in der Hauptstadt wird beigesteuert und im Herbst desselben Jahres etwa Fr. 53,000 für den festlichen Empfang des Herzogs von Berry, des königlichen Neffen, verausgabt. Auch das alte Stadtwappen Straßburgs kam wieder in Aufnahme.

Der Stadtzoll wurde am Ende desselben ereignißreichen Jahres neu regulirt; man brauchte Geld, um nachträglich die Ausgaben während der Blokade und einen Theil der Kriegskosten zu decken.

Während dem Winter von 1814 auf 1815 findet sich kein Protokoll vor. Ich mag den peinlichen Eindruck nicht verhehlen, bei der Durchsicht einer Sitzung des 1. April 1815, worin eine Adresse an den „Kaiser" besprochen und angenommen wird, und zwar von denselben Mitgliedern, die eilf Monate zuvor den „König" ihrer Treue vergewissert und die vier Monate später (22. Juli 1815) wieder zu den Füßen Ludwigs des XVIII. reuevoll sich warfen. Es verfügt sich sogar eine specielle Delegation von drei Mitgliedern nach Paris, als Ueberbringerin des Reuebriefs.

Der gute Stadtrath sollte nunmehr unter dem Drucke der Umstände einige schlimme Wochen und verhängnißvolle Tage durchleben. Vor ihrer Verabschiedung begehrte die Garnison den rückständigen Sold. Die obern Militärbehörden brauchten dazu Fr. 500,000. In Paris war die Geldverlegenheit eben so groß, wo nicht größer als in Straßburg; doch hatte der Kriegsminister eine Summe auf Abschlag, in Werthpapieren, geschickt. Damit war für den Augenblick nicht geholfen. General Rapp, der Oberbefehlshaber, und Graf Semélé, der Platzgouverneur, wendeten sich an den Stadtrath. In der Sitzung des 23. Juli hatte dieser rundweg abgeschlagen. Bald darauf erfolgte eine neue Anfrage. Der Rath schlug der obern Finanzbehörde den Verkauf vorräthiger Tabaksblätter vor; man erging sich in vorläufigen Formalitäten und Entwürfen. Da erfolgte der allbekannte Soldatenaufstand, in der Nacht vom 1. auf den 2. September. In aller Eile wurde der Rath in früher Morgenstunde zusammengetrommelt; das Wasser ging an die Kehle; Geld mußte beschafft werden, wollte man nicht Plünderung und Schändliches erleben. Eine „freiwillige Kotisation" der wohlhabendsten Bürger wurde beschlossen; aber kaum brachte man auf diese Weise Fr. 92,000 zusammen, obgleich sich einige großmüthige Bankhäuser — wir nennen zuvörderst nur die Türckheim und Frank — durch eine beträchtliche Summe betheiligten. Da galt aber kein weiteres Zögern. Die Garnison drängte und drohte, die Generäle fluchten. Es waren fürchterliche Tage, Stunden, Augenblicke. Nun wurde eine gezwungene Anleihe ausgeschrieben. Die Banquiers, die schon unterzeichnet, verdoppelten, verdreifachten ihre Beiträge, andere wurden mit Garnisärs bedroht; die nöthigen Gelder wurden so gegen Garantien baldiger Rückbezahlung beschafft; am 4. September, dem kritischen letzten Augenblick, erfolgte die Ausbezahlung der Meuterer und am 13. September die genaue Abrechnung mit den Bürgern, die sich dem Ehrenworte der königlichen Finanzbeamten anvertraut.

Für den Einheimischen ist es eine seltsame Liste, diese Liste der halb gezwungenen, halb freiwilligen, aber allerseits geängsteten Subscribenten. Rapp zeigte sich gegen die Straßburger Bürgerschaft erbittert, weil sie sich nicht sogleich in die Umstände gefügt und ihn den Oberbefehlshaber, einer provisorischen Haft und Vergewaltigung ausgesetzt. Mit Semelé blieben die Beziehungen bis ans Ende in den Grenzen der Höflichkeit.

Nun war auch, was die Franzosen den quart d'heure de Rabelais nennen, d. h. die Abrechnung mit den Kriegskosten durchzuführen. Der Octroi mußte dabei herhalten.

Die königliche Regierung, am Anfang in Straßburg nur mit Widerwillen anerkannt, schritt langsam, doch festen Schrittes vorwärts, ihre jetzige Stärke fühlend; sie maßregelte so viel sie konnte. Die seit dem 1. März 1815 ernannten Municipalräthe wurden unbarmherzig ausgemerzt; im neuen Rathe dominirten die royalistischen Elemente. Auf dem Münsterthurm flatterte triumphirend die weiße Fahne und am 25. October erfolgte die feierliche Einführung eines königlichen Maires. Herr von Kentzinger zeichnete in versöhnlichen Worten „die Linie, die er einzuhalten denke.“

In der ersten geschäftlichen Sitzung, die unter seinem Vorsitz gehalten wurde, d. h. schon am 18. October konnte die Rückzahlung der vorgeschossenen Summen in Tratten auf den Generaleinnehmer vorgenommen werden. Das verpfändete Wort fand somit eine gültige Lösung.

Es saßen damals in diesem gereinigten Stadtrath: die Herren Reichard, Scherz, Mannberger, Saum, Thomann, Ostertag, Hecht, Klose, Zollikofer, Chatelain, Gau, Dietsch, Dillmann, Lacombe, Fonrouge, Renouard de Bussierre, Kolb, Mennet. Ein Nachschub im März 1816 enthält folgende Namen: Arroy, Humann, Mertian, Sir, Holzapfel. — Es wäre unmöglich, jede folgende Mutation anzugeben; hier, nach der innern und äußern Staatsumwälzung, schien uns eine Anzeige geboten.

Im Monat Februar 1816 erfolgte die Einsetzung eines Oberpolizei-Lieutenants in der Person des Herrn v. Permon. Wir erwähnen diesen Umstand, indem diese Persönlichkeit von den griechischen Kaisern von Trapezunt, den Komnenen, abzustammen behauptete. Wir lassen diese Generalogie auf sich beruhen; sie liefert aber einen Beitrag zu den mannigfachen Adelsansprüchen, die sich unter den Bourbonen an das Tageslicht drängten und den Spott, den Neid, den Haß der Liberalen und der Demagogen wachriefen.

In den Berathungen der Municipalität während den Jahren 1816 und 17 vernehmen wir einen unabänderlichen Grundton. Die Mißernte von 1816, die darauf folgende Hungersnoth, gellen mit unabweisbaren Mahnungsstimmen an die Ohren der Väter der Stadt. Da wird wieder im November 1816, die Zuflucht zu einer freiwilligen Anleihe von Fr. 500,000, per Actien von Fr. 1000, genommen, und damit 80,000 Hectoliter Weizen in Rußland angekauft. Unter den Actienbesitzern finden wir wiederholt dieselben Namen, die sich schon in den vorigen Jahren beträchtliche Opfer auferlegt. Die Ernennung von Kantonalärzten stammt ebenfalls aus jener bedrängten Zeit (Mai 1817).

Auch diese Krisis ging zu Ende und im Spätjahr 1818 waren nach doppelt ergiebiger Ernte die Gemüther beruhigt, besänftigt. Im November besuchte der Herzog von Angoulême, der ältere Bruder des Herzogs von Berry, die Stadt und ihm zu Ehren wurde im Stadthaus bankettirt; allein die unsinnigen Ausgaben der kaiserlichen Feste und des Jahres 1814 wurden vermieden. Herr von Kentzinger hielt auf strenge Oeconomie. In dem Geschäftsgang des laufenden Jahres bemerken wir wieder die Besprechung eines Leihhauses, den Ausbau des Theaters*) und die schwierigen Verhandlungen, welche der Ueberführung der Fakultäten aus dem bischöflichen Seminar in irgend ein würdiges Local vorangingen. Auf der Bibliothek

*) Eröffnet im Frühjahr 1821.

wurde um jene Zeit der Degen niedergelegt, den Kleber in Egypten trug. Die Authenticität der historischen Waffe war verbürgt.

Inmitte der friedlichen Beschäftigung des Raths, inmitten des Verkaufs oder Austauschs von Stadtgütern, der langsamen aber beharrlich fortgesetzten Verschönerungen, fiel wie ein Donnerschlag aus heiterm Himmel die Ermordung des Herzogs von Berry (13. Februar 1820). Die unabweisliche Ergebenheitsadresse wurde nach Paris befördert und als einige Monate später die Geburt des Herzogs von Bordeaux der königlichen Familie neue Aussicht oder Gewährleistung einer ungetrübten Zukunft zu geben schien, erging sich die Municipalität in ungeheuchelten, doch etwas deklamatorischen Ausdrücken von Anhänglichkeit und Unterthanentreue. Auch unterschrieb sie willig eine kleine Summe für den Ankauf des Schlosses Chambord, dem Nationalgeschenk für das königliche Wiegenkind.

Im Monat April 1821 begab sich eine Deputation des Stadtraths zur Taufe des Herzogs von Bordeaux nach Paris und inaugurirte bald darauf im Stadthaus das Porträt des Königs.

Daneben nahmen die ernsteren Geschäfte ihren regelmäßigen Verlauf. Schon damals (1822) war die Restauration des Münsters vorgeschlagen und erörtert. Zur Anwendung sollte es damit nach langen Jahren erst kommen. Mit Ostwald und Illkirch wurden in streitigen Waldangelegenheiten Prozesse geführt, und vom Kriegsministerium die endgültige Entsagung auf die Gebäulichkeiten von St. Johann abgerungen. Als die Ueber- oder vielmehr die Rückgabe des katholischen

Seminars an den Bischof nahe bevorstand (1823), war man einen Augenblick darauf bedacht, die academischen Lehrcurse von dort in das «Hôtel du Commerce» zu verlegen. Auch das größere Publikum ist mit der endlichen Verlegung der Akademie in das ehemalige entlegene Arbeitshaus bekannt.*) Auf das Zweibrücker Hotel verzichtete die Stadt definitiv. Dagegen kam ihr die ganze Localität der Franziskaner zu gut.

Die Ankunft mehrerer Regimenter, die den unblutigen Feldzug in Spanien mitgemacht, wurde in Straßburg, wie billig, gefeiert, und als der greisenhafte Ludwig der XVIII. mit Tode abgegangen, lief an seinen Bruder Karl den X. die unterthänige Begrüßung ab (27. Septbr. 1824). Dessen Krönung und Salbung in Rheims (Mai 1825) gab zu neuen Festivitäten Anlaß.

Dies sind übrigens nur die äußern Seiten der Municipalverwaltung. Unter den Bourbonen, im ganzen Verlauf der fünfzehn friedlichen Jahre, war sie auf das Nützliche bedacht. So stimmte sie völlig mit dem beliebten Maire überein, als er einen chemischen Lehrstuhl für die Arbeiter und einen populären Katheder für Mechanik und Geometrie vorschlug.**) — Das Bildniß des Maires, von Guérin dem jüngern ausgeführt, und dem Stadtrath angeboten, wurde mit

*) Nachdem ein Theil der Kollegien eine Zeit lang im «hôtel de la prévôté» untergebracht war.

**) Prof. Brantôme besorgte den ersten; den zweiten besetzte Prof. Finck.

Dank angenommen und der Künstler mit einer Ehrengabe bedacht.

Es waren seit einiger Zeit mehrere neue Mitglieder eingetreten, worunter ich mich nicht enthalten kann, den Namen des Kolmarer Advokaten Kaspieler auszusprechen. Dieser ausgezeichnete gelehrte Jurist zog sich aus Familienrücksichten nach Straßburg zurück und brachte in den Rath eine noch rüstige Arbeitskraft und intelligenten Beistand mit. In den Streitigkeiten, die Straßburg mehrmals mit dem Kriegsdepartement auszufechten hatte, in Debatten über verwickelte Rechtsfragen, merkt man bei Einsicht in die Protokolle auf den ersten Blick, daß hier ein gewandter Jurist die Feder führte. Wir irren wohl nicht viel, wenn wir in diese Kategorie das Project eines Anleihens von Fr. 1,200,000 zur Durchführung des Rhein- und Rhonekanals (damals Canal Monsieur geheißen) innerhalb Straßburgs reihen.*) Ueber den Modus des Anleihens wurde ausführlich debattirt. Auch gegen die Weindistillirung in der Stadt wurde mit gewichtigen Gründen angekämpft. Es sind dies mustergültige staatsökonomische Debatten, die einer größern Versammlung zur Ehre gereichen würden.

Noch einmal wenden wir uns der königlichen Familie zu. Die vielgefeierte Reise Karls des X., seines Sohnes und bald darauf der Dauphine kosteten zwar der Stadt nah an Fr. 100,000; es wäre aber keine schlecht angewendete Summe gewesen, hätte sie dazu gedient, das Band zwischen dem König und dem Volke fester zu

*) Es sei denn, daß Humann diesen soliden Bericht verfaßte.

knüpfen. Leider vollzieht sich der vorausgesehene Bruch und Herr von Kentzinger tritt von der localen Schaubühne ab (Ende Juli 1830).

In den protocollirten Verhandlungen des Raths läßt nichts die Katastrophe ahnen; bis wenig Tage vor der Julirevolution gehen die laufenden Geschäfte fort, als ob keine Gewitterwolke am Himmel stände und wir erfahren blos beiläufig, durch eine vom Adjunkt Moris den 13. August präsidirte Sitzung, daß in Paris ein neue Regierung eingesetzt ist. Es werden in dieser selben Sitzung die Organisation der wieder ins Leben gerufenen Nationalgarde und die dazu benöthigten Geldmittel berathen und Feste für die Thronbesteigung Ludwig Philipps in herkömmlicher Form ausgeschrieben. Ein einziger Artikel in diesem Festprogramm bezieht sich direct auf die ungeheure Staatsumwälzung. Es wird nämlich eine Summe von Fr. 600 eventuell zur Belohnung irgend eines Elsässers bestimmt, der sich an den Julikämpfen betheiligt und dabei einen Schaden davon getragen hätte. Ob die Summe eine Anwendung fand, ist nicht bemerkt.

Für den scheidenden Maire kein Abschiedsgruß. Das ist der Welt Lohn.

Zwei Monate später, den 30. September 1830, präsidirt Herr Friedrich von Türckheim zum erstenmal als Maire den Gemeinderath. Keine Antrittsrede ist verzeichnet. Hat der neu eintretende Verwalter, der bis in den September als Deputirter in der Kammer saß, es für schwierig oder überflüssig gehalten, seinen Eintritt in das Bürgermeisteramt vor dem zum Theil royalistischen Rath durch ein Programm zu beleuchten?

Hat er die Protokollirung der etwa gesprochenen Worte verboten? Wir sind aufs Rathen angewiesen. Von den damals gegenwärtigen Mitgliedern lebt, glauben wir, nicht ein einziges mehr.

Die Geschäfte werden wieder aufgenommen und fortgeführt, als ob kein Riß zwischen den zwei Epochen gähnte. Herr von Türckheim war ein arbeitsamer einsichtiger Geschäftsmann, der sich mit Eifer der städtischen Verwaltung annahm und sich vor allem mit der Reorganisation der sogenannten Wohlthätigkeitswerkstätten befaßte. Die Julirevolution hatte in Straßburg vorerst nicht die besten Folgen; eine Zeitweile lag der Handel nieder; die Zukunft schien umflort.

Durch diese trüben Aussichten ließ sich indeß der neue Bürgermeister nicht von seiner intellectuellen Bestrebung abhalten. Gleich in den ersten Monaten seiner Amtsführung drang er auf die Errichtung eines Kathederѕ für Mineralogie an der wissenschaftlichen Fakultät. Dazu wurde der Ingenieur Voltz berufen, und bei einer Insicht in die Gebäulichkeiten der sogenannten großen Metzig, die einer Ausbesserung bedurfte, legte er, mit Professor Bibliothekar Jung die Hand auf eine Masse aufgeschichteter Notariatsakten und historischer Dokumente, welche zum Theil das Stadt-Archiv, zum Theil die öffentliche Bibliothek bereicherten.

Die bedeutungsvolle Aufnahme eines neuen Mitglieds in den Rath — wir meinen den Advokat Liechtenberger — fand am 18. Januar 1831 statt. Durch königliche Ordonnanz ernannt, bildete Liechtenberger nicht lange nachher den Kern einer republikanischen Opposition, welche dem Straßburger Municipalrath unter der Julidynastie einen ganz eigenen Stempel aufdrückte. Im Monat September desselben Jahres war man zu neuen städtischen Wahlen, nach den Verfügungen des Gesetzes vom 21. März 1831 geschritten, und deren Ergebniß brachte in den Sitzungssaal eine Reihe von Persönlichkeiten, die zum Theil der mittlern Bürgerklasse, zum Theil dem Advocaten-, Professoren- und Kaufmannsstande angehörten und die sich bald in distinkte Gruppen spalteten. Unter diese neuerwählten, die in den folgenden zwei Dezennien hier eine locale Rolle spielten, rechnen wir unter andern: Professor Rauter, Advocat Schützenberger, Anwalt Valentin Schneegans, Banquier Louis Ratisbonne, den begüterten Champy u. a. m. — Die Verhandlungen nehmen einen eignen, kritischen Charakter an. Bis zum Jahre 1830 wurden die Vorschläge der Verwaltung und die Anforderungen der obern Behörden nie oder doch sehr selten angegriffen; von jetzt an erliegt besonders jede financielle Vorlage einer genauen Untersuchung, nicht aus Mißtrauen gegen den Maire, welcher in den ersten Jahren seiner Verwaltung sogar eine persona grata war und in officiellen Installationsreden am 14. November 1831 und April 1832 sich rühmen konnte, Eines Herzens mit seinen Collegen zu sein; allein die Bekrittelung der gouvernementalen und administrativen Maßregeln lag und liegt im Charakter der Straßburger Bürgerklasse, die sich durch ihre Abkunft von den alten Reichsstädtischen gleichsam dazu verpflichtet glaubte und unter dem Kaiserreich, wie unter den Bourbonen, blos durch das stärkere Gewicht der centralen Autorität niedergehalten worden.

Rauter, ein scharfsinniger Jurist, und als solcher in der gelehrten Welt bekannt, neigte sich auf die Seite der Regierung, wußte dabei doch seinen liberalen Collegen sich genehm zu erweisen, und wurde in ernstern Angelegenheiten meist zum Berichterstatter gewählt. Schützenberger, damals noch eine jugendlich gährende, unruhige Natur, zeigte sich anfangs als ein puritanischer Republikaner, lenkte indeß bald in ruhigere Bahnen und suchte sich ebenfalls zwischen Sylla und Charybdis durchzuwinden. Chamby, ein Eisenwerksbesitzer, war im Grunde ein ehrlicher, beschränkter Kopf, der sich durch die Schmeicheleien der Republikaner auf die linke Seite hinüberziehen ließ. — Schneegans, der Vater des Archivars, ein befähigter Mann, fungirte eine gute Zeit lang als Schriftführer des Raths. — Die Majorität der bürgerlichen Mitglieder war im Lokalpatriotismus befangen, hatte keine Einsicht in die höheren, politischen und geschichtlichen Gesichtspunkte und folgte den Eingebungen des Straßburger Kuriers und der radikalen Presse in Paris, die gleich von allem Anfang den sogenannten schlauen „Bürgerkönig" verdächtigte und als einen Feind der öffentlichen Freiheiten verschrie. Der widerhaarige Charakter der Straßburger Municipalität zeigte sich zum erstenmal in seiner unangenehmen Gestalt im November 1832. Ein Schuß war auf den König, der über den Pont Royal zur Eröffnung der Kammer sich begeben, abgefeuert; der Thäter war verhaftet. Von allen Seiten wurden Adressen an das Oberhaupt des Staates gerichtet; man beglückwünschte den König und in seiner Person das von neuen Unfällen bewahrte Frankreich. Straßburgs Maire konnte nicht umhin, dem Beispiel der Mehrheit der großen Städte zu folgen und dem Municipalrath das Project eines sehr mäßig gehaltenen doch für den König ausdrucksvollen Schreibens zu unterbreiten. Er stieß dabei auf heftigen, wohl unerwarteten Widerstand. Ein nicht mit Namen verzeichnetes Mitglied ereiferte sich über die beklagenswerthe Adreßmanie, die in Frankreich unter den autokratischen Regierungen aufgekommen und der man ein Ende machen müsse. Man ließ sogar den Verdacht durchschauen, das berüchtigte Attentat sei von der Polizei selbst veranstaltet zur Inscenirung dieser deklamatorischen Ergebenheitsadressen. Minderheftige Einwendungen gingen von andern Gruppen des Raths aus, und so sehr sich Herr von Türckheim bemühte, die Bedeutung des vorgeschlagenen Schriftstücks auf ein sehr bescheidenes Maß zurückzuführen, und nur den Abscheu zu betonen, welchen das Majestätsverbrechen jedem redlichen Gemüthe einflößen müsse, seine Stimme war die Stimme des Predigers in der Wüste. Von 27 Anwesenden erklärten sich 21 gegen die Adresse.

Diese Sitzung von 1832 wirft ein grelles Streiflicht auf den Standpunkt des Municipalraths. Nur konnten sich die Moderirten, die damals mit den Republikanern stimmten, auf das Prinzip stützen, daß politische Adressen nicht zu den Befugnissen eines Stadtraths gehörten. Herr von Türckheim nahm die Schlappe hin und blieb im Amte, mit vollem Rechte. War er doch der Mittelsmann zwischen den Extremen und führte die Geschäfte gewissenhaft, legte sogar persönlich Hand ans Werk. So enthalten die Protokolle sehr viele längere von ihm selbst kalligraphisch eingerückte Berichte und Vorschläge. Sein Billigkeitsgefühl gebot ihm ebenfalls die Verdienste seines Vorgängers hervorzuheben, als derselbe im Laufe von 1831 um eine Pension einkam; denn Herr von Kentzinger war unbemittelt. Da nun dem Wortlaut des Gesetzes gemäß, der ehemalige Maire nicht pensionirt werden konnte, bewilligte man eine jährliche freiwillige Subvention, die nicht lange fortlief; der bescheidene Greis starb bald nachher.

In den beiden ersten Jahren seiner Verwaltung hatte Herr von Türckheim in mehreren Sitzungen sich eingehend mit den öffentlichen Arbeiten befaßt, die zur Beschäftigung der ärmern Klassen der Bevölkerung geeignet waren; der Beistand seiner Kollegen fehlte ihm bei Vorschlägen der Art nicht. Hieher rechnen wir schon die erwähnte Kanalisirung des linken Illarms im Innern der Stadt und die damit verbundenen Bauten; die Flußreinigung u. s. f. Ihm verdankte das Asyl für Vagabunden und arme Taglöhner Gründung und Fortbestand. Auf den Primärunterricht und die von ihm ins Dasein gerufene industrielle Schule verwendete er Zeit und Kräfte. In dieselbe Epoche fällt auch der Beginn der Streitigkeiten mit der Domänenverwaltung, als das ehemalige kaiserliche Palais von der Civilliste gestrichen wurde, und Stadt Straßburg das Gebäude als ihr Eigenthum wieder einzufordern sich gedrungen fühlte.

Fast mit jedem Jahr wiederholte sich die Verhandlung über den Stadtzoll und die lästige Getränkesteuer. In solcher Materie waren gewöhnlich Maire und Rath mit einander einverstanden. Als im Monat Juni die Brodtaxe aufschlug, vereinte man sich in der

Maßregel mittelst einer Vergütung an die Bäcker das Brod zu der vorigen mindern Taxe an die ärmeren Bewohner zu verabfolgen. Nicht weniger als neuntausend Individuen waren oder zeigten sich einer solchen Hülfe bedürftig.

Eine nicht unwichtige Debatte jener Epoche betrifft die Einnahme, welche die Stadt auf die Einfuhr von Brennholz, Getreide und Schlachtvieh erhob. Rath Striedbeck referirte hierüber in einem gründlichen Bericht. Neben der systematischen Opposition machte sich dagegen in derselben Versammlung eine patriarchalische Fürsorge für das materielle öffentliche Wohl und für die städtischen Interessen geltend. Herr von Türckheim legte ein Project zur Einrichtung einer Sparkasse vor, die denn auch einige Jahre später, nach sattsamer Erörterung beim Finanzministerium, zu Stande kam.

Auch die ersten Vorschläge zur Wiederherstellung der astronomischen Münsteruhr reichen in jene Zeit hinauf.

Türckheims thatkräftiges Einschreiten für das Wohl der Stadt wurde damals vollauf anerkannt. Und als man sich ernstlich mit den Bauten der neuen Staden neben dem sogenannten Canal des Faux-Remparts*) befaßte, trug, in einem für den Maire höchst schmeichelhaften Berichte, Dekan Rauter darauf an, daß der erste Abschnitt dieser Kanaleinfassung mit der Benennung Quai Türckheim geschmückt würde; die fortlaufende Serie der Staden sollte die Namen von Desaix, Lezay Marnesia, Kellermann, Kleber erhalten. Einstimmig wurde der Vorschlag angenommen.

---

*) d. h. dem Rhein-Rhone-Canal im Innern der Stadt.

Diese Beschlußnahme fällt in den September 1833; doch schon zwei Monate darauf fühlt sich der Maire gezwungen, nicht vorwurfsweise, aber doch mit kaum verhaltener Ironie und durchscheinender Muthlosigkeit eine Liste der Ansprüche vorzulegen, die er gleichzeitig bei den obern Behörden, Ministerien, Präfectur u. a. m. anbringen sollte. „Da bin ich nun", äußert er sich, „da bin ich nun von Ihnen beauftragt, den Proceß „gegen die Domänen, des Schlosses halber anzustrengen; „dann mit dem Kriegsdepartement anzubinden, wegen „den Gebäulichkeiten, worin die Militärbetten liegen; „dann mit dem Geniewesen mich zu verständigen, damit „der schon bewilligte, aber nun derselben Corporation „nicht mehr genehme Austausch von Gebäulichkeiten „Bestand habe; dann soll ich mit der Departemental-„verwaltung entweder die sofortige Einrichtung einer „Reitschule betreiben oder einen Miethzins für die Ge-„bäulichkeiten des k. Gestütes verlangen. Ich bin bei „Weitem nicht zu Ende: Dem Präfecten soll ich das „Wohnrecht in seiner jetzigen Behausung bestreiten, das „Gebäude, worin das Departementalarchiv aufbewahrt „ist, ebenfalls mit einem Miethzins belasten; dann auf „die Ausführung der k. Ordonnanz vom 9. Juli 1830 „halten, wodurch der Austausch des ehemaligen Wai-„senhauses gegen die Gebäulichkeiten von Sankt Mag-„dalenen gutgeheißen worden." Dann berichtet der bedrängte Maire über die einzelnen Verhandlungen, die er angeknüpft und bittet gleichsam für die schwierigen um Aufschub.

In einer andern Angelegenheit sieht er sich geradezu benöthigt, dem Rathe gegen den Kopf zu rennen. Ein

Jahr zuvor war der Oberaufseher des Stadtzolls (préposé en chef de l'octroi) auf eine, wie es scheint, unliebsame Weise durch das Finanzministerium seines Amtes entsetzt worden; und dieses eigenmächtige, ich weiß nicht auf welchen Fehl begründete Verfahren, hatte den Municipalrath, unter dem Einfluß eines Berichts von Valentin Schneegans, zu einer kecken, beinahe brutalen Gegendemonstration aufgestachelt. Als nun im Budget von 1834 der Nachfolger auf die Summe von Fr. 5000 angesetzt war, verlangte der Stadtrath vom Herrn Maire, er solle kein Zahlungsmandat über Fr. 3500 ausfertigen und somit die Unzufriedenheit, den Tadel der Municipalität officiell kund thun. Darauf hatte Hr. von Türckheim keine andere Antwort, als die bestehende Finanzverordnung und die ausgesprochene unwiderrufliche Verfügung der Centralbehörde.

Es ist leicht zu ermessen, welchen Eindruck solche Erklärungen in dem reizbaren Temperament der Hitzköpfe des Raths hinterließen.

Zu diesen gehörte in jenen Tagen der nachherige Maire, Hr. Schützenberger; er plänkelte, aus angebornem Trieb, bis er selber in das Innere der Veste, d. h. der Verwaltung drang und dort eine Verwerthung seiner unbestrittenen Thatkraft und intellectuellen Fähigkeit fand.

In einer Herbstsitzung von 1833 verlangte er die Gründung einer Klinik für die Chirurgie, drang aber mit seiner Forderung für diesmal nicht durch.

Unter die gemeinnützigen, wohlangebrachten Ausgaben dürfen wir wohl den Blitzableiter rechnen, der, nach eingeholtem Gutbefinden einer competenten Commission, vom Maire für den Münsterthurm gefordert wurde. Sehr häufig hatten in letzten Jahren die Gewitter an der Münsterpyramide Steine losgerissen; es galt dem künftigen Schaden vorzukommen, so viel in menschlichen Kräften stand.

Schon mehrmals haben wir auf die sorgsame Pflege des Maires für die Volksschulen hingewiesen. Das Junigesetz von 1833 sprach sich über diesen Theil des öffentlichen Unterrichts und dessen Bevormundung kategorisch aus. Nun bestanden in Straßburg, besonders für den protestantischen Theil der Bevölkerung treffliche Pfarrschulen unter Konsistorialaufsicht. Herr von Türckheim wollte nicht die Axt an die Wurzeln dieser wohlgepflegten Stämme legen und suchte zwischen dem Gesetz und den Konsistorien vermittelnd einzugreifen. Ein Theil des Municipalraths unterstützte ihn in seinem Bemühen; aber von der Regierung und den katholischen Rathsherren mußte dies sein Streben von einem ganz anderen Standpunkte aus beurtheilt werden. Hin und wider wurde der Boden unter seinen Füßen schwankend.

Ein sehr ernster Vorfall ereignete sich im Laufe des Sommers 1834. Urplötzlich wurde die Nationalgarde durch eine Regierungsordonnanz aufgelöst. Dem Gesetze nach war der Maire mit der Ausführung dieser strengen Maßregel beauftragt; er unterzog sich derselben weil er nicht anders handeln konnte; obgleich die Localpresse Gift und Galle gegen ihn spie und ihn als einen servilen Schwächling zu brandmarken suchte.

Die fatale Angelegenheit kam in der Sitzung des 3. Aug. zur Sprache. Ein Mitglied des Rathes erging sich in heftigem Bericht über das „autokratische, ungerechtfertigte" Verfahren der Regierung und verlangte von seinen Kollegen ein Tadelsvotum.

Gegen diese Aeußerung protestirte der Maire nicht direct; er hatte aber, von der Stimmung des Raths überrascht, eine Rede vorbereitet, woraus leicht zu ersehen, daß er einen geheimen Groll gegen einige seiner Kollegen und einen offenen gegen die verleumderische, perfide Journalistik hegte. „Er habe vergebens gehofft, durch seine der materiellen und intellectuellen Wohlfahrt gewidmete Verwaltung, dem Vorwurf zu entgehen, der ihn treffe; er habe sich stets von Politik fern gehalten und sei entschlossen ins Privatleben sich zurückzuziehen — und wenn er das unter gegenwärtigen Umständen nicht gethan, wenn er jetzt noch im Amte verharre, sei es einzig und allein, um seiner deutlich vorgezeichneten Pflicht zu genügen". Unumwunden ruft er seinen Kollegen ins Gedächtniß, daß in der Nationalgarde eine occulte Organisation bestand die sich erlaubte, nach eigenmächtigem Verfügen, einen Theil der bewaffneten Bürger zusammenzuberufen; daß dagegen die eigentlichen Obern und ihre Befehle hintangesetzt wurden; daß ihm, dem Maire, wie die Sachen ständen, 24 Stunden nöthig wären, um seine Anordnung an den Mann zu bringen und seine Befehle vollzogen zu sehen.

Dieser Zustand der Dinge war stadtkundig; republikanische oder revolutionäre Offizierswahlen hatten letzthin höheren Orts empört; die Auflösung war für die Regierung geboten; sie war es ihrer Würde schuldig.

So mäßig gehalten die Rede war, Herr von Türckheim vermochte das Tadelsvotum nicht zu hintertreiben. Es steht im Protokoll. Ihn zu begütigen, schlug ein Mitglied vor, öffentlich auszusprechen: „der Municipalrath habe mit Bedauern und Unwillen die Angriffe einer localen Zeitung gegen den ehrenwerthen Maire gelesen." Einstimmig wurde dieser Vorschlag berücksichtigt; der Maire dagegen bat, denselben nicht in den Verbalproceß der Sitzung aufzunehmen; „ihm genüge das Zeugniß des eigenen Gewissens." Es gibt in der That im Leben jedes rechtlichen Geschäftsmannes Augenblicke, wo die Angriffe der Gegner wie stumpfe Pfeile an seiner mit Verachtung gepanzerten Brust abprallen.

Noch ein Jahr verharrte indeß Herr von Türckheim im Amte und führte mehrere Differenzpunkte mit der Regierung zu nahem ersprießlichen Ausgange. Mit Recht beklagte sich der Rath, beim Austausch des Waisenhauses gegen das Magdalenenkloster, und bei den Erörterungen mit dem Geniewesen über die Bauten einer neuen Artillerie-Kaserne, daß, nach gebrachtem und gebotenem Geldopfer die Wünsche der Stadt nicht gehörig berücksichtigt würden. Mit intelligentem Eifer betrieb der Maire derlei Angelegenheiten. Unter seinem Regime wurde der Bau einer katholischen Kirche für den Neuhof beschlossen und der Chemiker Professor Persoz mit populären Vorlesungen über angewandte industrielle Chemie betraut und belobt. — Schützenberger macht sich mehr und mehr bemerkbar durch eingehende Finanz- und sonstige Berichte.

Ein frischer Schub von Municipalmännern wurde, nach stattgefundenen Wahlen, am 3. April 1835 eingeführt. Unter den ankommenden oder wiederholt gewählten bemerken wir drei homonyme, Karl, Wilhelm und J. Jacob Lauth, den Notar Lacombe, Carl, den Neffen Humanns und Staatsanwalt, den Anwalt Detroyes und den talentvollen, republikanischen Advocaten Eduard Martin, der sich bald auf einem größern politischen Schauplatze in der Deputirtenkammer hervorthat.

Am 7. August 1835 trat Herr von Türckheim officiell zurück und es wurde sein Nachfolger, Herr Lacombe, vom Präfecten Choppin d'Arnouville, mit den Adjunkten Bremsinger, Walther und Schützenberger eingesetzt.*)

Der Präfect balsamirte die abgehende Verwaltung mit Lobeserhebungen ein. Für Herrn von Türckheim war die Panegyrik nicht mehr als billig. Der eintretende Maire sprach mit ungeheuchelter Einfachheit von seinen unzureichenden Kräften, und Herr von Türckheim schied nach kurzen und bündig ausgesprochenen Worten. Sein letzter für die Mairie verfaßter Aufsatz war vermuthlich die Adresse an den König, nach dem schändlichen Attentat von Fieschi. Diesmal bewies der oppositionelle Rath einigen Takt, indem er keinen Einwurf gegen die loyale Rhetorik erhob.

War auch der Austritt des Herrn von Türckheim nicht ausdrücklich geboten, so läßt sich doch nicht ver-

*) Wenige Zeit darauf trat noch Herr Detroys als 4. Adjunkt in Reih' und Glied.

hehlen, daß er seit dem Tode seines Vaters zugleich als Präsident des protestantischen Directoriums an der Spitze dieser ausgedehnten halb geistlichen Verwaltung stand, und durch diese seine Doppelstellung sehr leicht mit der Stadt in Konflikt gerathen konnte. Diese Eventualität wurde leider zu einer bedauerlichen Wirklichkeit.

Lacombe's Verwaltung trägt keinen persönlich ausgesprochenen Charakter. Den öffentlichen Arbeiten schien in und außerhalb der Stadt ein neuer Impuls gegeben. Mit jugendlichem Feuereifer betrieb der Adjunkt Schützenberger, am Schreibtisch, sowie an Ort und Stelle, diesen ihm zugewiesenen Theil der Geschäfte. Er war dazu von Haus aus geschaffen, hatte sich selber in Bauten und Gartenanlagen geübt und übertrug die schon erworbene Erfahrung auf das Feld, das ihm seiner Collegen und Mitbürger Zutrauen anwies. Auf seinen Antrieb ward eine Summe von Fr. 12,000 für derartige Zwecke in das Budget eingetragen. Für den Plan neuer Anlagen in der nächsten Umgebung der Stadt hatte man einen Konkurs ausgeschrieben; mehrere versiegelte Packete liefen ein; die Architekten Klotz und Petiti erhielten die ausgesetzte Prämie, und nach wenig Jahren bekamen Contades, Orangerie und die dazwischen liegenden Räume auf dem Wacken, ein frisches, vielsprechendes, grünendes Aussehen. Im Innern der Stadt wird der Aufbau einer Gemüsehalle beschlossen und späterhin ausgeführt; aber die eingefleischte Angewöhnung der Marktweiber sträubte sich gegen das Uebersiedeln vom Gutenbergsplatz in die bedeckten wohlverwahrten Räume; lieber froren und

und schmorten sie im Freien nach althergebrachter Sitte und trugen mit bewundernswürdiger Ausdauer und Hartnäckigkeit einen unblutigen Sieg davon; man ließ die Widerspenstigen unbehelligt den Unbilden der Witterung ausgesetzt. In einem Theile seiner Einwohnerschaft ähnelte somit das werthe Straßburg der alten Griechenstadt Abdera; aber irgend ein Demokrit hätte sich wohl gehütet, durch ausgesprochenen Tadel die Angriffe der Betheiligten herauszufordern.

Ein anderes für Straßburg kapitales Geschäft fand, unter Lacombe's Verwaltung, durch den Adjunkten Schützenberger betrieben, seinen Abschluß. Wir meinen den jahrelang geführten Prozeß mit den Gemeinden Barr, Gertweiler, Gorweiler, Burgheim, Heiligenstein, um die Nutznießung und den Besitz der beträchtlichen, herrlichen Waldungen, die sich vom Andlauer Thal gegen die Höhen des Champ-du-Feu hinziehen und jetzt zum Gemeingut der Touristen und der Erholung suchenden Städter geworden. — Am 17. Dezember 1836 erließ der königliche Appellhof von Colmar einen Beschluß, kraft dessen die Stadt Straßburg sich des angefochtenen Besitzes nunmehr unwiderruflich erfreut. In der Sitzung des 10. Februars 1836 konnte der Maire den richterlichen Ausspruch dem Municipalrath in optima forma mittheilen und zugleich wie billig für den beträchtlichen Kostenaufwand des langwierigen Rechtsstreits eine Indemnitätsbill begehren. Dem ausgezeichneten Advocaten Ignace Chauffour, welcher in Colmar den mehrhundertjährigen Besitzstand gegen ungerechtfertigte Angriffe vertheidigt, wurden Fr. 10,000 zuerkannt; eine gleichmäßige Summe Herrn Raspieler, welcher mit wichtigen Gründen und dem Resultate seiner historischen Studien die Prozedur eingeleitet und seinem jüngern Kollegen mit Rath beigestanden; eine mindere Summe den Kolmarer Anwälten für Auslagen und Gebühr. — Dem Maire, dem Adjunkten Schützenberger, den Advokaten zollte der Rath wohlverdienten und ins Protokoll aufgenommenen Dank. Es war beinahe eine Iffländische Familienscene, wie solche nicht oft in den Sälen einer nur mit unerquicklichen Geschäften beladenen Municipalität sich ereignen mag. Die Stadt kassirte allein an rückständigen, seit dem Beginn der Prozedur mit Beschlag belegten Zinsen über Fr. 200,000 ein.

Aeußerte nun irgend ein wißbegieriger Leser den Wunsch, er möchte der Sache auf den Grund gehen, so müßte ich ihn auf die vor bald vierzig Jahren in Flugschriften, historischen und juridischen Aufsätzen geführte Polemik verweisen. — Hier haben wir noch einen langen Weg vor uns. — Dem gewissenhaften diene nur zur vorläufigen Beruhigung, daß Straßburg schon am Ende des 16. Jahrhunderts von der patrizischen Familie Ziegler den Besitz der großartigen Waldungen in optima forma an sich gebracht, und dann im Folgelauf der Zeiten mit Barr wegen bestrittenen Feudalrechten einen Vergleich eingegangen, wonach die angreifende, unbefriedigte Partei durch freiwillige Verzichtleistung auf ein beträchtliches Waldrevier zufrieden gestellt wurde. Historisch und juridisch blieb das Straßburgische Possessionsrecht unantastbar. Unter den Erinnerungen früherer Jahre muß ich eines Besuches bei dem greisenhaften, im Dienst der Praxis gealterten, ehrwürdigen Appellraths Mathieu erwähnen; ich fand ihn mit dem Studium der auf die Prozedur bezüglichen Schriften beschäftigt, und seine langgedehnte Laufbahn mit der gewissenhaften Untersuchung dieses merkwürdigen Rechtstreits schließend.

Schon seit einiger Zeit war Lacombe's Rücktritt beschlossen; er hatte sich die Stelle eines Verwalters der Einkünfte des Frauenhauses erbeten, und zog sich aus dem für ihn unerträglichen Strudel der Rathsdebatten auf den festen Boden der Scripturen zurück. Sein Nachfolger zollte ihn die wohlerworbene Anerkennung; hatte ihn doch Herr Lacombe ungestört und unbenergelt in seinem Wirkungskreise seit zwei Jahren belassen.

Schützenberger wurde den 4. April 1837 als Maire installirt. Die königliche Ordonnanz führt die Unterschrift des Ministers Gasparin, mit dessen vielbegabten und in der französischen Schriftstellerwelt berühmten Sohne Agénor der Maire sich später in der Deputirtenkammer befreundete.

Ich möchte, vielleicht etwas paradoxal behaupten, daß die schönste und angemessenste Zeit seiner Verwaltung in die Periode seiner Adjunktenstelle fiel. Damals wurden alle seine Entwürfe angenommen und früher oder später ausgeführt; es war die Zeit des Strebens, und das Streben ist reizender als das Erreichen des Ziels; er war noch Niemanden ein Dorn im Auge; nur zu schnell sollte die Lage sich anders stellen. Gleich in dem ersten Monate seines ersehnten Amtes widerfuhr ihm ein empfindlicher Widerspruch. Es war im Juni 1837. Der Herzog von Orleans heirathete die Prinzessin Helene von Mecklenburg, und überließ, bei diesem festlichen Anlaß, dem Maire von Straßburg eine Summe von 6000 Fr. zur Unterstützung für Kinder der armen Arbeiterklasse. Der Maire glaubte, es sei die fürstliche Gabe mit einem ähnlichen Geschenk der Bürgerschaft Straßburgs zu erwiedern; er schlug deßhalb dem Rathe vor, dreitausend Franken zum Ankauf von sechzig Inskriptionen in der öffentlichen Sparkasse für bedürftige Kinder zu verwenden; damit verband er den Antrag, „um einiges Geld unter den Luxushändlern der Stadt in Umlauf zu setzen, die Stadt möchte zu Ehren der fürstlichen Hochzeit einen Ball im Theater oder dem Stadthaus ankündigen, und die Unkosten mit 2000 Fr. bestreiten.“ Der zweite Theil der Anfrage wurde nicht allein unwillig aufgenommen; die Opposition erging sich dabei in trotzigen Aussprüchen über Höflingsfeste, und beantragte dagegen die Anwendung einer Summe von 3000 Fr. für das Jahrgeld armer Kinder. Der philantropische Wunsch wurde auf der Stelle berücksichtigt; der Maire mußte den seinen unterdrücken.

Beiläufig ist noch zu bemerken, daß von 24 bei der Verhandlung gegenwärtigen Mitgliedern nur 12 mehr oder weniger conservative ihre Unterschrift in das Protokoll eintrugen. Die Lage der politischen Partei konnte sich nicht schroffer zeigen, und das in einem Momente, wo der wohlgelittene Kronerbe sich bei den Einwohnern der großen halbdeutschen Grenzstadt, bei der Verbindung, die er mit einer deutschen Fürstentochter schloß, auf eine liebenswürdige Art einschmeicheln wollte. Von diesem Augenblick an konnte der neuernannte Maire voraussehen, daß der edilische Stuhl hier nicht mit

Rosen gepolstert, und daß der gehoffte Bürgerkranz von Eichenlaub auch welke Blätter berge.

Gegen Ende Juli 1837 betreten die neugewählten Räthe den Sitzungssaal; in ihrer Mitte sehen wir Charles Börsch, den Chefredakteur des Niederrheinischen Couriers, Cottard, den Rektor der Akademie von Straßburg, Steiner, den Agronomen. Mit dem erstgenannten erscheint für den Maire ein Rivale, ein Oppositionsmann, ein arbeitsamer Budgetexaminator; mit dem zweiten ein Stockfranzose; mit dem dritten, ein derber Oberländer, der stets der äußersten Linken sich anschließt, und oft die Initiative unliebsamer Vorschläge ergreift. Im folgenden October ergänzt sich die Municipalverwaltung durch die Einführung der Herren Detroyes, Reuß, Champy und Fririon als Adjunkten.

Der erste Vortrag des obgenannten Rektors fiel unglücklich für ihn aus; er bezog sich nämlich auf eine Straßenbenennung, die er zu Ehren des Literators und Dichters Andrieux angebracht wünschte. Andrieux, Verfasser der reizenden, versifizirten Erzählung des „Müllers von Sanssouci", gehört zwar Straßburg durch seine Geburt an; doch seine Erziehung erhielt er zu Paris und sah wohl nie die Mauern seiner nominellen Heimath wieder. Der Stadtrath ging einfach, ohne Debatte, zur Tagesordnung über.

In selbem Jahr (1838) wurde ein Uebereinkommen mit einer Gasgesellschaft (l'Union) abgeschlossen, und ein Jahr nachher die blendende Beleuchtung eingeführt. Es war damals für rechtsrheinische Kleinstädter eine Ueberraschung.

Mit dem Legat von 20,000 Fr. einer verstorbenen Frau Duperreux stiftete, dem Wunsche der Erblasserin gemäß, die Municipalverwaltung im Bürgerhospital einige Betten zur Nutznießung unbemittelter Pensionäre. — Nicht nur jedes Jahr, beinahe jeden Monat bezeichnet irgend ein gemeinnütziges Votum. Bei 100,000 Fr. wurden im Laufe von 1839 von dem Frauenhaus entliehen, zum Ankauf von Immobilien, auf deren Grund und Boden Kleinkinderbewahranstalten entstehen. — Von dem Gemeinwesen fordert man die Erweiterung des mittleren Brückenbogens am Ausfluß der Ill, mit dem ausgesprochenen Zwecke, den Rheindampfschiffen nicht länger den Eingang in die innere Stadt zu verschließen.

Allein die Hauptvorlage dieses 39er Jahres betraf die Gründung der Armencolonie in Ostwald. Am 23. Dezember verlas der Maire seinen ersten Bericht über diesen von ihm persönlich gefaßten und in der Folge glücklich durchgeführten Plan. Mit der Entwaldung der Oertlichkeit mußte der Anfang gemacht werden; der Rath ging willig in die Ideen des Bürgermeisters ein, und ernannte ohne Verzug einen Ausschuß von fünf Mitgliedern.*) Noch mehr als einmal werden wir auf dieses im Ursprung gewagten Unternehmens zurückkommen.

Mit dem Jahre 1840 wurde zum erstenmal die Einrichtung einer Omnibuslinie von den Thoren der

*) Steiner, Fritz Ehrmann, Friedolsheim der Gärtner, Champy, C. Boersch.

Stadt an die Rheinbrücke besprochen. Schritt für Schritt näherte sich die noch mäßig bevölkerte Stadt den Gewohnheiten und Bedürfnissen größerer Centren. — Innerhalb der Mauern sah man durchaus nicht die Nützlichkeit oder die Ertragsfähigkeit solcher Transportmittel bevor. Der Maire erhielt den Auftrag, in Paris, Lyon, Rouen Erkundigungen über den Verkehr und die Regulirung solcher populären Gesammtwagen einzuziehen. Jedenfalls wollte man den Betrieb der freien Concurrenz überlassen. Die großartige Ausdehnung, welche seitdem die Omnibuslinien nach allen Richtungen der umliegenden Dorfschaften nahmen, konnte man freilich vor drei Decennien kaum ahnen.

Ein anderes gemeinnütziges Project wurde ebenfalls angeregt, kam aber nicht zur Ausführung; wir meinen die Versorgung der Stadt mit reinem, reichlichen, von außen zugeführten Berg- oder Flußwasser. Mehrfache Studien sind schon zu diesem Zwecke vor Jahren angestellt worden; aber die ungeheuern Kosten schreckten bis jetzt die Municipalität zurück — und doch wären wenig Städte so sehr als Straßburg für die öffentliche Gesundheitspflege eines hydraulischen Systems bedürftig. Die jetzige Verwaltung würde sich ein nicht genug zu erkennendes Verdienst erwerben, durch die Wiederaufnahme früherer Studien über diesen Gegenstand, und durch die Realisirung irgend eines ausführbaren Planes. Es wäre dies der Schlag des Mosisstabes an den Fels der Wüste.

Um diese Zeit betrieb der Maire eine städtische Anleihe von nicht weniger als 600,000 Fr., womit der Ankauf einer Reihe von Gebäulichkeiten und die systematische Fortsetzung der Verschönerungen im Innern der Stadt betrieben werden sollte. Damals betrugen die

Einnahmen in runder Summe	1,100,000 Fr.
die Ausgaben	900,000 „
mithin eine Ersparniß von .	200,000 Fr.

Der Maire suchte den Beweis zu führen, daß mit diesem Ueberschuß der größere Plan nicht ausgeführt werden konnte, und beruhigte den Rath über die Abtragung der vorgeschlagenen Anleihe durch die Aussicht auf die Ergebnisse der Barrer Waldungen. Die bedeutende Summe wurde durch Aktien, jede zu 1000 Fr., gedeckt und ist seitdem ganz abgetragen.

Mit minder beträchtlichen Kreditbegehren wurde nie gemarkt. Zur Gutenbergsfeier (Juni 1840) steuerte der Rath freigebig bei, und bedachte durch ein reichliches Geschenk den französischen Künstler, welcher die etwas nüchterne Statue des Mainzer Edelmanns erdacht und ausgeführt.

Gegen Ende des Jahres 1840 unterhielt der Rektor Cottard den versammelten Rath von der nahe bevorstehenden feierlichen Einsegnung Sr. Hochwürden des Koadjutors Räß. Er betonte den eigenen Umstand, daß der künftige Bischof von Straßburg dem Elsaß angehöre, was sich schon seit Jahrhunderten bei den hiesigen Bischofswahlen nicht zugetragen. Er zeigte seinen Collegen an, daß der Erzbischof von Besançon und zwei andere Bischöfe sich zur kirchlichen Ceremonie hieher begeben, und wohl eine Woche lang aufhalten würden. Achttausend Franken schienen ihm für die Ausgaben der Feier nicht zu hoch gegriffen.

Der beinahe zur Hälfte aus Protestanten bestehende

Rath beeilte sich dem Wunsche des strenggläubigen Collegen zu entsprechen, und es diene hier zur Erinnerung, daß im Februar 1841 die Feierlichkeit in der Kathedrale, und in Gegenwart einer von beiden Rheinufern herbeigeströmten frommen Zuschauerschaar pomphaft und würdig vor sich ging. Der eingesegnete Bischof in partibus nahm seine Residenz im ehemaligen Palaste der Rohan, welcher durch königliche Ordonnanz des 24. Juni 1839 der Stadt wieder zuerkannt worden war. Die Räume des Erdgeschosses blieben, auf den Antrag des Maires, für städtische Feierlichkeiten und artistische Ausstellungen vorbehalten, und leisteten bei dem wissenschaftlichen Congresse von 1842 treffliche Dienste.

Mit weniger günstigem Erfolg forderte die Munizipalität die Wiedereinsetzung in den Besitz des sogenannten Gouvernementsgebäude, welches Ludwig XIV. während seiner Anwesenheit in Straßburg bewohnte.

Am Jahresschluß (1840) entspann sich eine höchst wichtige Streitfrage zwischen dem Stadtrath und Herrn Nicolas Koechlin, dem Unternehmer der Eisenbahn von Basel nach Straßburg; vorerst wurde sie nicht endgültig abgewickelt. Herr Koechlin erklärte durch seinen Ingenieur Chaperon, daß er sich nicht verbunden halte, die Bahn bis in das Innere der Mauern zu führen; er wollte sich nur bis Königshoffen verpflichten. Damit war dem Rathe nicht gedient; diesmal fand er für gut, an den Minister der öffentlichen Arbeiten, d. h., an die oft verwünschte Regierung sich zu wenden und er ertheilte dem Maire die nöthige Vollmacht zum Betreiben der ernstlichen Angelegenheit an Ort und

Stelle, in Paris. Die Wirkung konnte nicht ausbleiben. Schon im März 1841 trat Ingenieur Chaperon mit neuen Vorschlägen hervor; es wurde eine Vereinbarung ermittelt. Im Princip, die Eisenbahn müsse die innere Stadt berühren, zeigten sich jetzt beide Parteien Eines Sinnes; nur über den Kostenantheil wurde noch verhandelt. Der Maire erhielt abermals die nöthige Vollmacht zur Vermittlung, und bei Eröffnung der ganzen Bahn im Monat September 1841 kam es zu einem Feste, wo sich die vorigen Gegner bei Bankett und auf dem Stadtballe herzlich die Hände drückten. Der Minister der öffentlichen Arbeiten, Herr Teste, war herbeigeeilt, dieser Versöhnungsfeier das Siegel der Centralbehörden aufzudrücken und das „herrliche" Elsaß mit Schmeichelworten zu überschütten. Der eloquente Minister unterlag, sechs Jahre später, nicht lange vor der Februarrevolution, einem furchtbaren Hauskreuze, und er mochte sich bei seinem ungeahnten, tiefen Sturze melancholisch an die Träume elsässischer Herbsttage erinnern, als er an der Spitze der Behörden zweier Departemente, der Municipalitäten mehrerer Städte, der industriellen Mülhauserfürsten und den Notabilitäten benachbarter Länder auf der ersten Haupteisenbahn Frankreichs einherdampfte.

Wir sind der chronologischen Folge der Municipalangelegenheiten Straßburgs unversehens etwas vorgeeilt, und kehren rückwärts vom Schienendampfrosse zum Dampfkessel der Rheinschiffe.

In den ersten Tagen des Maimonds (1841), nachdem die Wasserstraße für die Kölnische Gesellschaft in das innere Straßburg offengelegt, begrüßte man die

Ankunft der deutschen Delegirten auf dem ersten angelangten Schiffe durch ein würdiges Entgegenkommen. Eine unzählige Menschenmasse besetzte die Gestade der Ill oberhalb des ehemaligen Pont-Royal; Reden wurden zwischen den Kölner-, und dem Repräsentanten der Straßburger Mairie und Handelschaft gewechselt; die Tochter des niederrheinischen Präfecten, eine liebliche Erscheinung, zerbrach am Steuerruder des Glückschiffes die herkömmliche Flasche zur Einweihung; und während bei eintretender Dunkelheit das bengalische Feuer die Münsterpyramide verklärte, sammelten sich in den Räumen des Schlosses, um die gefeierten nordischen Gäste, die Notabilitäten des Handels, der Industrie und des Gemeinderaths.

Die Ergebnisse dieser so lang und so eifrig herbeigesehnten Schifffahrtslinie erfüllten die gehegten Erwartungen nicht; eben so wenig der Traktat Frankreichs mit Holland (Juni 1840), wovon Straßburg sich goldene Berge für den nunmehr von lästigem Meerzoll befreiten Rheinhandel versprach, und wofür es der Regierung, durch den Stadtrath, officiell seinen Dank überreichen ließ. Die Concurrenz mit der badischen und elsässischen parallelen Eisenbahn ließ vorerst die auf dem Rheinstrom gehofften Resultate nicht in Erfüllung gehen.

Wir haben soeben mehrfache Festlichkeiten erwähnt, welche in den Jahren 1840 und 1841 die Einförmigkeit des Straßburger Lebens einigermaßen unterbrachen und den Debatten des Raths einen friedlichen, erfreulichen Anstrich gaben. Allein auch diese kurzen, halcyonischen Tage hatten ihre leidige Kehrseite. Das Ereigniß, worauf wir anspielen, wurzelte in der heikeln Steuerfrage.

Der eminente Finanzminister Humann, in der bestimmten Voraussicht kommender Gefahren für den Staatsschatz, hatte bei sich selber den festen Grundsatz aufgestellt: „Eine gesetzlich eingeführte Steuer müsse den vollen Ertrag einbringen, und es seien besonders alle Steuerpflichtigen einer unverrückbaren allgemeinen Gleichheitsregel zu unterwerfen.“ Nun war es eine, in Straßburg wie anderswo offenkundige Thatsache, daß die Grundsteuer, besonders von Gebäulichkeiten, nicht gleichmäßig vertheilt, und eine neue Abschätzung wonicht dringend nothwendig, doch den Billigkeitsgesetzen gemäß im ganzen Reiche durchzuführen sei. Man erhob sich allerseits, und absonderlich in dem zur Opposition instinktmäßig geneigten Straßburg gegen diese strenge „absurde“ Fiskalität und rüstete sich wenigstens zu positivem Widerstande. In hiesiger Stadt ging die Bewegung von der Municipalität selber aus, und der Bürgermeister blieb derselben nicht fremd. — Der Rath hatte einen Beschluß gefaßt, wodurch Delegirte aus seiner Mitte beauftragt, ja bestimmt ermächtigt wurden, dem Aufseher der directen Steuern während der Aufnahme und Abschätzung der Grund- und Häuserwerthe zur Seite zu stehen, nicht etwa nur stillschweigend, nein, kritisirend und protestirend. Die Departementalbehörde konnte solchem Verfahren nicht ruhig zusehen; solche Auflehnung mochte eventuell folgenschwer für das Staatsleben sich erweisen. Ein Beschluß des Präfecten vom 29. Juni 1841 erklärte das darauf bezügliche Protokoll des Gemeinderaths für null und nichtig und befahl dessen Ausmerzung. Es folgte eine leicht vorauszusehende Aufregung, die sich indeß nicht bis zur Widersetzlichkeit gegen das sogenannte recensement, d. h. zu irgend einer Thätlichkeit verstieg. Der Maire Schützenberger suchte in Abwesenheit des Präfecten den beauftragten Präfecturrath, den achtzigjährigen Professor Kern etwas einzuschüchtern, indem er mit einer Demonstration des Gemeinderaths und der Bürgerschaft drohte. Mit sanfter, gedämpfter Stimme erwiederte der greise Beamte, indem er seinem Kollegen — sie waren beide Professoren an der Rechtsfakultät — eine Feder vorhielt: „Mein werthester Kollege, hier ist meine Waffe."

Der Municipalrath murrte, ergab sich aber in das Unvermeidliche; die Abschätzung nahm unbelästigt ihren regelmäßigen Verlauf und die bisher zu niedrig angesetzten Steuerpflichtigen bezahlten ihre erhöhten Beiträge.

Wir wenden nicht ungern dieser charakteristischen Episode den Rücken, und kehren uns wieder einer leichtern Stadtatmosphäre zu.

Die Basel-Straßburger-Bahn war nicht die einzige Schienenverbindung, mit der sich die hiesige Stadt zu befassen hatte. Der Präfect L. Sers hatte das ganze Departement, mithin auch die größeste Stadt seines Bezirks für die directe Havre-Pariser-Bahn im eigentlichen Sinne begeistert: es war eine friedliche aber bedeutsame Aufregung, die weit über die Vogesen hinüber reichte. Der Stadtrath betheiligte sich thätig an dieser für ihn kapitalen Angelegenheit; er horchte mit steigendem Interesse auf den Bericht des Herrn

C. Boersch, welcher einen für ihn sehr nützlichen Einblick darüber in die Präfekturakten und die dahin einschlagenden manuskriptlichen Memoiren genommen, und nun mit vollen Segeln und gutem Proviant auf das vorgesteckte Ziel lossteuerte. Straßburg bot nicht weniger als eine Million, wenn der Staat die directe Bahn bewilligte, und nicht auf dem von Intriganten vorgeschlagenen Umweg über Dijon verharrte; man ernannte zugleich ein Comité*) mit dem Auftrag in den zwischen Havre und Straßburg gelegenen Hauptstädten Anfrage zu halten, und zur Befürwortung des Projects anzuspornen.

Die Regierung gab den eindringlichen Gründen des Finanzministers Humann Gehör, berief eine außerordentliche Versammlung des Generalraths, und von Instanz zu Instanz wurde endlich im Juni 1842 das ersehnte Gesetz erlassen. Schon in den letzten Dezembertagen 1841 hatte Herr Baron von Schauenburg, der Präsident des Generalraths, seine Kollegen, die Municipalcommission und die Hauptmitarbeiter an dem Plan zu einem Bankett geladen und den Erfolg des Unternehmens mit Zuversicht verkündet. Zu verschweigen bleibt hier nicht, daß der Hinblick auf Deutschland und die dort ausgeführten oder in Angriff genommenen Schienenwege nicht wenig zum Gelingen der elsässischen Forderung beitrug, und die triftigsten Gründe zur baldigen Ausführung des Schienenstrangs der „Elsaß unwiderruflich an Frankreich schmieden sollte“, darbot.

*) Es bestand aus den Herren Nebel, Boersch, Liechtenberger, Carl Schneegans, C. Lauth und Ratisbonne.

Im Jahre 1842 bieten die laufenden Geschäfte in der Municipalität keine bedeutende Neuerung; sie bewegen sich in dem vorigen Geleise; nur schreitet Herr C. Boersch als Adjunkt selbstständiger ein. Der Maire war zum Deputirten des Niederrheins erwählt und befaßte sich vorzüglich, fast ausschließlich mit Ostwald; Boersch hatte sich das Feld des Primärunterrichts erbeten und con amore nach und nach bis in das einzelne die Organisation der Kleinkinderanstalten und der Communalschulen betrieben. Es liegt aus dem Jahr 1843 ein Bericht von ihm vor, der errungenes und noch zu erstrebendes eingehend vor die Augen seiner Kollegen stellt. Wir ersehen daraus, wie schon damals in 13 «salles d'asiles» über 1500 Kinder versorgt worden; wie etwa 1000 die unentgeltlichen Primärschulen besuchen und in 21 Gemeindeschulen bei 2600 Zöglingen den Unterricht erhalten. Indeß blieben noch mehrere Waisen-Kinder in sehr unzulängliche Privatanstalten zerstreut und der Berichterstatter besteht auf der strengen Ausführung des Gesetzes über den Primärunterricht; etwa 8000 Kinder sollten die Schule besuchen und für Schulbauten trug er auf eine Ausgabe von 300,000 Franken an.

Auch für Ostwald ging er dem Maire zur Seite, sprach aber nur mit Emphase von dieser Schöpfung und verkündete, wie sein Chef, für die junge Kolonie eine befriedigende Zukunft.

Die Spezialität der Feste und des Theaters fiel fast immer einem andern Mitgliede des Raths anheim: Herr Silbermann eignete sich besonders zur Pflege dieses Verwaltungszweiges. Ein ausgedehnter Bericht, den er im Laufe des Jahres 1842 über den Zustand des Schauspielhauses, den Director und das Publikum ablegte, deckt unverhohlen mehrfach eingeschlichene, unerträgliche Mißbräuche auf, giebt praktische Rathschläge zu deren Abstellung und wünscht, da in jener Zeit die Stadt noch nicht mit dem Apffel'schen Legat reichlich bedacht war, den Ausschluß der kostspieligen großen Oper, des Dramas und der höheren Komödie. Dies war ein Mißgriff, und so viel uns erinnerlich, ging man nicht auf diesen Vorschlag ein.

Eine verdienstvolle Beschäftigung ward Herrn Silbermann zu Theil bei der Organisation des wissenschaftlichen Congresses im Spätsommer 1842. Im Laufe des Augustmonds hatte Professor Hepp, der Schriftführer (Secrétaire général) der bevorstehenden Versammlung bei dem Munizipalrath um hinreichenden Kredit zum würdigen Empfang der fremden gelehrten und ungelehrten Gäste angehalten; sein Begehren wurde auf die liberalste Weise gewährt und obgenannter Herr Silbermann mit der Ausführung beauftragt. Es war keine leichte Aufgabe. Die früheren szientifischen Congresse im inneren Frankreich, unter des ohnlängst verstorbenen, trefflichen Hrn. v. Caumont's Leitung, waren sehr mäßig besucht. Diesmal kündeten sich zahlreiche Vertreter der überrheinischen Wissenschaft an; einheimische elsässische und transvogesische Subskribenten lösten schon Monate lang vor der Eröffnung der zehntägigen Session ihre Zutrittskarte; man hatte sich auf wenigstens 600 Theilnehmer bereitzuhalten. Das Ministerium des Innern fand bereits den Zudrang etwas bedenklich. Genug, der Elsässische Congreß wurde zu einem Ereigniß. Es bereitete und vollzog sich ein friedlicher Austausch der Errungenschaften beider Nationen auf allen Gebieten der Wissenschaft und der Literatur, ein Bestreben, sich gegenseitig gerecht zu werden, das leider seit drei Jahren in ein schnödes Zurückweisen von Westen her sich umgestaltete. Der wissenschaftliche Congreß von Straßburg schien die Morgenröthe eines schönen Sommertages zu verkünden; zum erstenmal, seit langen Jahren, gab eine Provinzstadt ein Lebenszeichen, welchem das stolze Paris Rechnung tragen mußte.

Auch der gesellschaftliche Theil des Programms wurde unter Silbermann's und seiner Gehülfen Leitung glücklich und glänzend durchgeführt. Die fremden Gäste schieden mit dem Ausdruck aufrichtigen Dankes für herzliche Gastfreundschaft. Die einheimischen Theilnehmer in allen Kreisen hielten eine Zeit lang fest an der Erinnerung, aber versanken bald darauf wieder in den morastigen Boden der lokalen Zerwürfnisse und der einreißenden geistigen Apathie.

Ende Oktober 1842 stattete Silbermann vor dem Gemeinderath seinen Bericht über die Anwendung des Kredits ab, wurde gebührend belobt und im folgenden Jahre sammelte der verdienstvolle Generalsekretär Hepp in zwei umfangreichen Bänden die Protokolle der verschiedenen Arbeitssektionen und die mitgetheilten Aufsätze der gelehrten Mitglieder. Noch jetzt hat für die Bibliotheken, Gelehrten und gebildeteren Leser diese Ausgabe einen unbestrittenen Werth.

An den Gelehrten-Congreß knüpft sich die Vollendung der astronomischen Uhr von Schwilgué. Der europäische Ruf des ingeniösen Mechanismus überhebt uns jeder weiteren Erwähnung. Schwilgué berief die Hauptrepräsentanten der mathematischen Wissenschaften als Zeugen seiner glücklich durchgeführten Berechnungen; es war im Leben des alternden Mechanikers ein feierlicher Augenblick.

Im folgenden Jahre legte der Maire die Berechnung der materiellen Ausgaben vor; sie überstiegen den ersten Kostenanschlag, aber von spießbürgerlichem Markten konnte hier die Rede nicht sein und wenn je, so war hier auch eine größere Summe gerechtfertigt. *)

Ein Besuch der Armenkolonie füllte einige Nachmittagsstunden der Congreßgäste, wobei der Maire auf befriedigten Gesichtern und bei reichlich gespendetem Lobe einige Genugthuung finden konnte, denn es hatte ihm an geheimen und offenen Widersachern nicht gefehlt und gegen die versprochenen oder blos gehofften einträglichen Resultate ließ sich freilich manches einwenden.

Wenn wir früher bemerkt, daß die Durchführung dieser Lieblingsidee für Schützenberger zur Hauptbeschäftigung geworden, so ist unser Ausspruch doch cum grano salis zu verstehen. Gerade um dieselbe Zeit wurde der von ihm aufgefaßte Plan eines diplomatischen Kodex von Straßburg realisirt; der erste Prachtband, Kloseners Chronik enthaltend, erschien mit Silbermann'schen Lettern gedruckt im Beginne von

*) Sie betrug ungefähr Fr. 70,000. — Wir werden in einem nachfolgenden Aufsatze die wissenschaftliche Seite des Congresses berücksichtigen.

1843; der Gemeinderath bezahlte, nach angehörtem Berichte, mit gewohnter Liberalität die auf Fr. 10,000 sich belaufenden Kosten. Zu diesem vaterländischen gelehrten Werke hatte der Maire eine historische Einleitung über die altreichsstädtische Verfassung von Straßburg geschrieben; es ist keine leichte anziehende Lektüre, allein der Ueberblick ist richtig und mag noch jetzt zu erster Orientirung in jenem konstitutionellen Labyrinthe dienen.

Die relative Ruhe, die während den folgenden Jahren auch in Frankreich herrschte, machte sich sogar in den Lokalgeschäften fühlbar. An die Protokolle des Straßburger Gemeinderaths knüpfen sich a. 1844 und 1845 wenig Haltepunkte.

Unter den frischeingetretenen oder wiederholt gewählten Mitgliedern bemerken wir die Herren Theodor Humann, Kratz, Linder; die ersteren waren bestimmt thätiger in das Räderwerk der Stadtmaschine einzugreifen. Ein Bericht des Advokaten Liechtenberger über das Budget von 1844 lautet im Durchschnitt äußerst günstig, blos die Industrieschule in ihrem damaligen Bestande wird angegriffen. Die Schülerzahl war im Abnehmen, der Unterricht unzulänglich, die Disciplin mangelhaft, die Rechnungen unregelmäßig; man rieth zu einem radikalen Eingriff in die Verwaltung.

An die Ernennung eines Unterbibliothekars in der Stadtbibliothek knüpften sich Erörterungen über die entgegengesetzten Ansprüche der städtischen Behörde und des protestantischen Seminars. Diese Streitpunkte wurden eigentlich nie kategorisch entschieden, die Augustkatastrophe von 1870 vereinfachte diesen historischen Familienzwist.*)

Auch mit der Verwaltungskommission des Bürgerhospitals zieht sich lange Jahre hin der Streit über das Recht von St. Marx, d. h. des Wohlthätigkeitsbureaus auf einen Theil der Hospitalgüter. Man bemerkt schon, in dieser weit von uns entfernten Periode, daß sich die Mairie auf die Seite des «bureau de bienfaisance» neigte.

Diesem letztern wurden während dem harten Winter von 1844—45 Zuschüsse bis auf Fr. 9000 von der Municipalkasse zugestanden; diese temporäre Hülfeleistung wurde, wie das zu geschehen pflegt, zum stehenden Artikel im Budget.

In der Kolonie von Ostwald lebte man noch unter dem Eindruck der hoffnungsvollen ersten Versuche. Ein Bericht (a. 1844) hebt besonders die moralische Besserung der dorthin verpflanzten Kolonisten hervor und bringt die gesteigerte Bodenverbesserung gegen die beträchtlichen Kosten der ersten Gründung in Anschlag.

Im Bereich der öffentlichen Sittlichkeit wünschte der Gemeinderath, oder wünschten doch einige puritanische Mitglieder desselben, eine Beschränkung der

*) In derselben Unglücksnacht, oder in der darauf folgenden, ging ebenfalls das anmuthige Bildwerk eines heimischen Künstlers zu Grunde; der Gemeinderath hatte dasselbe schon im Jahre 1844 um Fr. 8000 angekauft. Wir meinen das „Mädchen aus der Bretagne", welches gegenwärtig, nach dem Urmodell des Meisters, wieder in Erz und Marmor auferstehen soll.

Volksbälle vor den Thoren der Festung; sie wurden aber in ihrem lobenswerthen Eifer durch die Bemerkung besänftigt oder hingehalten, daß die Sittenpolizei nicht unter die legalen Befugnisse des Rathes gehöre.

Zu diesen flüchtigen, aus der Masse der täglichen Vorkommnisse herausgehobenen Notizen sei uns gestattet, in Erinnerung zu bringen, daß in den monatlichen Sitzungen der Rath sich nicht allein mit seinem eigenen städtischen Budget zu befassen hatte. Ihm war es beschieden, sich in das Rechnungswesen aller städtischen Wohlthätigkeitsanstalten zu vertiefen, d. h., sich die Skripturen des Hospitals, des «bureau de bienfaisance», der Sparkasse, des Leihhauses, des Frauenhauses vorlegen zu lassen und dabei die Pflichten und Befugnisse eines hohen Rechnungshofes zu üben.

Mit dem Jahre 1846 trübt sich der Horizont, hier und im innern Frankreich, auf viele Seiten hin. Die ersten Zeichen des nahenden Unwetters traten im Municipalrathe bei bevorstehender Ankunft des jüngsten Königsohnes an den Tag. Im Laufe Augusts hatte der Maire seine Kollegen benachrichtigt, es werde der jugendliche Herzog von Montpensier, Obrist eines Artillerieregiments, mehrere Wochen hier seinen Aufenthalt nehmen; es wäre erwünscht gewesen, die Anwesenheit des Prinzen durch irgend ein städtisches Fest zu begrüßen, doch, bei steigender Theuerung, nach durchaus unergiebiger Ernte, sei ein Ansinnen dieser Art nicht vorzubringen, er bitte den Rath um eine Summe von Fr. 10,000 zu Liebesgaben, z. B. zum Brodankauf für arme Familien zu verwenden. Dieser Antrag fand williges Gehör. Zwei Monate später fühlte man sich gedrungen, eine Summe von Fr. 20,000 für zeitweilige Werkstätten, sogenannte ateliers de charité zu verwenden, mit dem ausgesprochenen Zwecke der Beschäftigung brodloser Arbeiter, und da überdies aus dem mittleren Frankreich bedauernswerthe Nachrichten über die Verheerungen der Loire in zehn Departements angelangt, wurde, mitten in der heimischen Noth, dennoch eine Unterstützung für die dortigen unerhörten Leiden votirt.

Aber im Lauf des Winters 1846—1847 verfinsterten sich die Aussichten immermehr. Zu der obenerwähnten Summe von Fr. 20,000 kommen noch Fr. 40,000 für die improvisirten Werkstätte, Fr. 10,000 für außerordentliche, nicht speciell angegebene Hülfeleistung, eine bei den wohlhabenden Bürgern zu erhebende Beisteuer und eventuell eine Summe von Fr. 80,000 zum Bau einer zweiten Artilleriekaserne im sogenannten Austerlitzerquartier.

Diese selbst für Straßburg nicht unerheblichen Anstrengungen reichten indeß nicht hin zur Beruhigung für die allernächste Zukunft. Die Versorgung des Getreidemarktes lief augenscheinlich Gefahr; die schon hoch gestellten Preise konnten in's Unerschwingliche hinaufgetrieben werden. Zuvörderst wandte sich der Maire an die Centralbehörde um schleunige Hülfe; dann bildete er auf seine eigene Verantwortlichkeit hin ein Comite von sieben Mitgliedern zur Beschaffung der Subsistenzmittel. In einer merkwürdigen Sitzung vom 6. Februar 1870 zeigte er vorläufig an, er wolle sich an die Spitalverwaltung wenden und dort von dem vorräthigen Getreide 3000 Hektoliter Weizen entlehnen; auch ein Ankauf außerhalb, in Seehäfen, sei gerathen, obgleich voriges Jahr ein ähnliches Verfahren von der Regierung getadelt worden. Zum Schlusse theilte er einen vom 5. Februar datirten Brief des Präfecten mit, worin dieser sich weigerte, an die Regierung irgend ein Begehren zu stellen und die „reiche Stadt" auf ihre eigenen Hülfsquellen verwies. Die Depesche war in strengen Ausdrücken abgefaßt; sie enthielt einen unverblümten Tadel über die bisherige Haltung der Mairie in diesen kritischen Momenten.

Der Eindruck auf die Mehrzahl der Mitglieder war im höchsten Grade peinlich; der etwas rasche heißblütige Herr Sers hatte nicht jedes Wort abgewogen; genug, der Unwille, der Widerstand sprach sich in kaum gezügelter, unparlamentarischer Weise aus; es wurde beschlossen, sich direct an den Minister, an den König selber zu wenden.

Auf einen der nächstfolgenden Tage wurde der Rath wieder einberufen. In einem musterhaften, wohldurchdachten Berichte erging sich Herr Julius Sengenwald, der Vorstand des soeben gebildeten Comite's, über die nächstzuergreifenden Maßregeln: „Bei der Aufspeicherung von 6000 Hektoliter Weizen in den Hospitalmagazinen seien von dort wohl 3000 zu entleihen; ebenso könne sich der Maire an die Militärbehörden wenden; in Mannheim werde man 4000 Hektoliter für die Verproviantirung während dem März ankaufen und ebensoviel in den Seehäfen, in Rotterdam oder Marseille, je nach dem Stand der Preise. An jedem Wochenmarkt seien 1000 Hektoliter zum directen Verbrauche der Bäcker zu verwenden und diese Letzteren müßten sich verpflichten, dafür taxirtes und gestempeltes Schwarzbrod und Hausmannsbrod zu liefern." — Wir können uns unmöglich hier in das Einzelne der Vorsichtsmaßregeln einlassen, die jedem Mißbrauche vorbeugten. Das Anerbieten der Mitglieder der Commission*) zur Beschaffung des Weizens wurde bereitwillig angenommen und dadurch unstreitig die Ruhe der Grenzstadt gesichert, dahingegen in Frankreich, wo die Getreidepreise doch nicht auf dieselbe Höhe gestiegen, mehrere Aufstände des Pöbels in bedauernswerthe Gewaltthätigkeiten ausarteten. Die Februarrevolution gährte schon in den gereizten Massen.

In Straßburg waren überdies wohlthätige Bürger zusammengetreten und hatten die Austheilung ökonomischer Suppen besorgt. Zu diesem Werke steuerte der Gemeinderath ebenfalls bei.

Und als nun im Hochsommer eine segensreiche Ernte aller Wahrscheinlichkeit nach bevorstand, als die Stunde der Berichtigung schlug, da waltete wieder im Rath ein weises, väterliches Verfahren. Man hatte 20,000 metrische Centner Weizen, zu Fr. 41 das Hektoliter, angekauft; die Stadt hatte immer zu Fr. 8, 9, 10 unter dem Markt verkauft; so hatte sie auf dem Markte des 25. Juni allein bei Fr. 10,000 eingebüßt und für den Absatz des noch vorräthigen überflüssigen Getreides berechnete man einen Verlust

*) Diese Commission bestand aus den Herren Sengenwald, W. Lauth, J. J. Lauth, Clog-Mertian, Strohl, Kratz, Striedbeck, Heim, Schmidt und J. J. Boersch.

von Fr. 72,000. Fast einstimmig belobte der Rath das Verfahren der Kommissare und des Maire. In einer Junisitzung fiel nichtsdestoweniger eine heftige Scene zwischen dem Bürgermeister und einem einzelnen Mitgliede des Ausschusses vor. Wir verschweigen dessen Namen, obgleich er im Protokoll verzeichnet steht. Gleich an allem Anfange hatte dieser mißliebige College den Sitzungen nicht beigewohnt und sich in der Stadt ehrenrührige Anklagen gegen die Commission erlaubt. Der Maire setzte ihn persönlich zur Rede und schleuderte ihm die Anklage der Verläumdung ins Gesicht. Ruhigere Mitglieder verhinderten den weiteren Ausbruch. Es war ein dramatischer, aber unliebsamer Auftritt.

Zur Tilgung der Schuld wurden vom Maire mehrere Mittel und Wege vorgeschlagen. Man entschied sich zuvörderst für den Verkauf der dreiprocentigen Staatspapiere, mit der Aussicht, das Kapital von Fr. 500,000 durch Holzversteigerungen im Hochwald wieder zu ersetzen; dann beschloß man zuletzt eine temporäre Anleihe bei der Bank von Frankreich.

In Mitte dieser Störungen auf ökonomischem Gebiet fiel ein anderes, wesentlich verschiedenes Ereigniß, das in gewissem Sinne als erfreulich gelten konnte. Durch ein eigenhändiges Testament vermachte Herr Apffel von Weißenburg sein ganzes Vermögen der Stadt Straßburg, mit der angeknüpften Hauptbedingung, die Einkünfte an das Theater zu verwenden. Der Erblasser, der im Laufe des Winters 1846—1847 das Zeitliche gesegnet, bezweckte mit dieser Verschreibung ein ästhetisches Bildungsmittel im Elsaß zu schaffen. In der Municipalsitzung des 24. März 1847 konnte der Maire seinen Collegen das Testament, dessen Inhalt schon bekannt war, officiell mittheilen und sich die Ermächtigung zu jedem juridischen Vorgehen erbitten. — Dabei mochte er nicht verschweigen, daß ein Theil der Seitenverwandten schon Einsprache eingelegt. — Zur Führung der Procedur votirte selbstverständlich der Rath die benöthigten Gelder.

Auf dem Gebiete der Gefängnißpflege und der Besserung der Sträflinge trafen sich Präfekt und Maire, einträchtig, dem gleichen Ziele zugewendet. Im Laufe des Sommers 1847 schlossen sie einen Traktat, Kraft dessen ein Theil der minderjährigen im Zuchthause eingesperrten Knaben in die Ackerbaucolonie von Ostwald verpflanzt wurden. Zur Bestreitung der Unkosten wies der Präfekt dieselbe Summe an,*) welche die Regierung für den Unterhalt der erwachsenen Gefangenen vergütet. Die erste Uebersiedelung beschränkte sich Anfangs auf 20 Knaben, wurde aber in den folgenden Jahren, da der Versuch gut ausschlug, nach und nach bis auf 250 gebracht. Noch jetzt besteht diese Sträflingscolonie, doch auf minder ausgedehntem Fuße. Selbstverständlich wurden bei dieser Organisation die ursprünglichen Bewohner der Colonie nach und nach verabschiedet.

Wir stehen nun am Vorabend einer für Straßburg verhängnißvollen Epoche. Die officiellen Sitzungen des Raths in den zwei ersten Monaten des Jahres 1848 ließen kein Ereigniß erwarten. Urplötzlich, am 25. Februar Nachmittags, erscheint das Protokoll einer

*) 82 Centimes per Tag und per Kopf.

ex abrupto zusammenberufenen Sitzung; eine telegraphische Depesche hatte die ungeheure Umwälzung in Paris verkündet. Vom ersten Augenblick an griff der Municipalrath und an seiner Spitze Liechtenberger dictatorisch ein. — Er war der Mann der Lage. — Der bisherige Maire blieb noch provisorisch sechs Tage lang im Amt; dann zog er sich zurück: „seine Stellung sei aus einer administrativen zu einer politischen umgewandelt"; gleich am ersten Tage waren ihm die Herren Charles Börsch und Kratz als Adjunkten beigegeben worden.

In dieser Umsturzperiode hielt der Rath Anfangs täglich Sitzung und berief in seine Mitte einen Kreis von Republikanern, welche die öffentliche Stimme, d. h. die Stimme der herrschenden Partei, zu dieser provisorischen Funktion bezeichnete.*) Den ausgestoßenen Präfekten zu ersetzen, ernannte der Rath eigenmächtig eine Departementalcommission mit Liechtenberger an der Spitze.**) Noch bevor die Bestätigung dieser revolutionären Gewalten von Paris ankam, hielt sie die Zügel des über Stock und Stein gejagten Wagens mit straffer Hand. Sie beugte der Einsetzung einer allgemeinen Volksversammlung vor; die Hand-

*) Es waren: Advokat Beyer, Professor Victor Chauffour, Dr. Eissen, die Advokaten Engelbach und Heinrich Engelhardt, die Professoren Fargeaud und Heimburger, Dr. Küß, Kaufmann Gloxin.

**) Wilhelm Lauth, Gloxin, Eissen, Ott waren die andern Mitglieder. — Lauth wurde alsbald zum provisorischen Maire ernannt.

habung der öffentlichen Ruhe organisirte sie im Fluge, der Bürgergarde verbot sie das Tragen der phrygischen Mützen und sonstiger rothen Abzeichen, votirte die nöthigen Geldmittel zur Beschäftigung der unruhigen Arbeiterklassen, nahm zum Schutz der Gemeindewaldungen die geeigneten Maßregeln und befolgte, mit einem Worte, die Linie, die Lamartine in Paris einhielt. Die Wahlen für die Nationalversammlung wurden am Ende Aprils mit Einsicht vorbereitet und ruhig durchgeführt. Wenn das systematische Auflehnen mehrere dieser Männer gegen die Juliregierung vom Standpunkt der unparteiischen Geschichte sehr tadelnswerth erscheint, muß dagegen ihr Verdienst in der Beschwichtigung und Regelung der aufgestachelten Leidenschaften anerkannt werden. Mit anderen Provinzialstädten Frankreichs, mit Lyon z. B., verglichen, bot Straßburg während der stürmischen Zeit von Februar bis über die Junitage hinaus das Bild einer nur an der Oberfläche beunruhigten Commune. Es hatten sich nach dem Ausbruche der Revolution einzelne Klubs von allen Schattirungen gebildet, einzelne terroristische Anwandelungen oder Vorschläge drangen aber nicht in die größere Oeffentlichkeit, noch weniger in die Praxis. Die Hauptverlegenheiten entsprangen aus der Proletariermasse, die man mit Aufwendung großer Kosten auf der Rheininsel und anderswo mit Bodennivellirung zu beschäftigen suchte. Doch kam man glücklich über die schwerste Zeit hinaus.

Herr Wilhelm Lauth ward in die Nationalversammlung gewählt; an seine Stelle trat, als provisorischer Maire, Herr Kratz (Anfangs Mai 1848) und wurde dieser Letztere durch Dekret des Präsidenten Cavaignac im Monat August zum definitiven Stadtverwalter eingesetzt. In den Municipalrath waren durch die neuen Wahlen einige conservative Elemente gekommen. Der Einfluß der Junitage, welche dem anarchischen Treiben in Paris ein Ende gemacht, wurde ebenfalls auf hiesigem Terrain fühlbar.

Liest man die Protokolle des Gemeinderaths in der zweiten Hälfte von 1848 und den nächstfolgenden Jahren, so würde man schwerlich glauben, daß es einige Schritte außerhalb, bisweilen auf den Straßen, oder in den Reihen der Nationalgarde, oder im Nachbarlande Baden gährte. Regelmäßig, wie in der friedlichsten Zeit, folgt Berathung auf Berathung über gemeinnützige Stadtgeschäfte; nur hie und da erinnert inmitten der Budgetverhandlungen oder sonstiger farb- und interesseloser Beiträge, irgend ein Incidenzpunkt, daß eine neue Zeitperiode begonnen. So wurde, um nur Eines vorzuführen, im Laufe Oktobers 1848 die Erinnerung an den westphälischen Frieden, der Elsaß an Frankreich brachte, mit großem Aufwand und Prunke gefeiert. Doch als im Rathe vorläufig die Kosten zu der Festlichkeit bewilligt wurden, erhob sich Eine Stimme, die von Schützenberger, dem ehemaligen Maire, dagegen — „aus ökonomischen Gründen"; und in der Allgemeinen Zeitung ergoß sich Ludwig Schneegans in einer eloquenten Threnodie. Aber das waren ganz vereinzelte Aeußerungen, übertäubt von der „patriotischen Begeisterung", die damals noch von einer nahen wünschenswerthen Annexion des linken Rheinufers sich die glänzendsten Luftgebilde vorspiegelte.

Kurze Zeit zuvor hatte ein regelmäßiger Präfekt den republikanischen Commissar Dr. Eissen im Amte ersetzt. Dem Municipalrath war indeß der neue hohe Beamte in mehr als einem Punkte sympathisch. Herr Renauldon hatte unter den Bourbons sich an Verschwörungen betheiligt; er behandelte und vertuschte die Aufwallungen des Raths und der Bürgergarde nicht wie ein Zauberlehrling; auch wurde ihm von der Reaktion des Palais de l'Elysee und von seinem alten jetzt aber widerhaarigen Freunde Odillon Barrot bereits im Juni 1849 das Handwerk gelegt.

Mit dem Minister des Innern gerieth die Municipalbehörde in eine unliebsame Erörterung über den Pensionspreis der jungen Sträflinge in Ostwald. Schon von allem Anfang war dieser Kostenpunkt sehr niedrig gestellt. Als die Centralbehörde den Preis auf 70 Cents. täglich herabsetzen wollte, spie die Mairie mit Recht Feuer und Flammen, stellte aber dagegen eine Apothekerrechnung auf, wodurch der tägliche Aufwand für jeden Zögling sich auf 1 Fr. 50 C. belaufen sollte. Inbegriffen waren dabei die Ausgaben der Mairie für das ganze Personal der Aufseher, des Schullehrers, des Almoseniers u. s. f. Man einigte sich in einem Vergleich. Der „infallible" Minister bestand auf der Herabsetzung der täglichen Pension; verstand sich aber zu einer generösen Spende für Hemden, Kleider und Beschuhung.

Il est avec le ciel des accomodements.

Zu einer wichtigeren Debatte mit dem Staatsrath (conseil d'État) gab das Legat Apffel die Veranlassung. Der erwartete Angriff der nächsten Verwandten des Erblassers war heftig und nicht ganz grundlos. Die Municipalität hatte eine schwierige Stellung zu vertheidigen und zeigte sich, von Haus aus, zu einer Vereinbarung erbötig; nur konnte man sich über den Modus und die Quotität der Theilung nicht verständigen. In einer Sitzung von 1849 ließ sich Schützenberger tadelnd vernehmen: „die Unterhandlungen in Paris seien nicht mit hinlänglichem Eifer geführt worden;“ wogegen der Maire die politischen Begebenheiten vorschützte. Endlich, am 20. Juni 1849, erschien das Dekret des Präsidenten der Republik, wodurch der Straßburger Stadtrath ermächtigt wurde, die drei Viertel des Legats anzunehmen. Auch so war die Errungenschaft keineswegs zu verachten; sie sicherte der Stadt eine jährliche Einnahme von ca. 50,000 Fr., wovon jedoch, dem Willen des Testators gemäß, nicht die Totalität für das Theater bestimmt war. Der Verstorbene hatte sehr intelligente Freigebigkeiten für Liebeswerke mit seinem letzten Willen verbunden und wird deßwegen sein Name, obgleich sein Bildniß im Brande des 10. September 1870 zu Grunde ging, doch in Ehren gehalten werden.

Mit dem öffentlichen Unterricht beschäftigte sich der Rath fortwährend in diesen Uebergangsjahren von der Julireglerung zum zweiten Kaiserreich. Die Primärschulen intra muros wurden, im Großen und Kleinen, im Personale und in den materiellen Anlagen vervollkommnet; extra muros traten junge Schöpfungen ins Leben. Mit der Industrieschule ging es schon lange auf die Neige. Gegen Ende 1850 schritt man nach lebhafter Debatte zu deren Aufhebung.

Eigentlich hatte man sich nie recht darüber verständigt; die Einen fanden den Unterricht zu gelehrt, nicht für die Söhne der Handwerkerklasse berechnet; wogegen Andere — und der verständige, eminente Schulinspector Willm war dieser Meinung — behaupteten, man habe zu sehr die Arbeiterklassen im Auge gehabt und den eigentlichen höheren industriellen Unterricht vernachlässigt. Da nun zur selben Zeit im Lyceum Klassen für diese letztere Spezialität eingeführt worden, beschloß der Gemeinderath eine jährliche Subvention und kleine Stipendien für Bürgersöhne in dieser neuen Anstalt zu verwenden. An die Stelle der bisherigen Industrieschule traten abendliche Vorlesungen in naturhistorischem Fache, in der Linearzeichnung u. s. f. für jüngere und ältere Arbeiter.

Der Empfang des Prinzen Louis Napoleon, Präsidenten der Republik, bildet wohl einen Hauptabschnitt in der Municipalgeschichte Straßburgs, im Sommer 1850. — Durch den Einfluß des Maires hatte man sich zu Ball und Bankett, mittelst einer Suscriptionsliste, verständigt; aber zu größeren Ausgaben hatte man es nicht gebracht und mißliebige Aeußerungen von einem Theile der Nationalgarde konnten auch nicht ganz vermieden werden. Als der Prinz im Hofe der Präfektur vom Pferde stieg, donnerte ihm von den in Reihe und Glied aufgestellten Artilleristen ein einmüthiger Schrei: Vive la République! entgegen.

Nichtsdestoweniger behielt das Staatsoberhaupt den Maire von Straßburg in gutem Andenken: im Ganzen war der Empfang ein günstiger, sobald man die Scenen, in der Franche-Comté und im Oberrhein, während derselbe Reise des Präsidenten, dagegen hielt.

Die letzten Tage der Nationalgarde waren aber gezählt. Bereits am 24. Februar hatte sie sich bei einer officiellen vom Präfekten besuchten Parade sehr ungeberdig betragen, und gegen die Regierung Louis Napoléon gewissermaßen Protest eingelegt; ähnliche Scenen wiederholten sich am 24. Februar 1851; die höheren Beamten wurden, als sie aus dem Münster, nach der officiellen Feierlichkeit traten, mit höhnischem Rufe empfangen und verfolgt. Die Nationalgarde bezahlte die Zeche durch ihre Auflösung. Der Maire und zwei seiner Adjunkten, die Herrn Charles Börsch und Liechtenberger, Sohn, glaubten sich solidarisch mit diesem Theile der Bevölkerung verknüpft, oder doch der öffentlichen Meinung, bei den reaktionären Regierungsgelüsten nicht die Stirne bieten zu dürfen. Sie reichten am 12. März ihre Entlassung ein. Herrn Kratz ersetzte provisorisch der letzteingeschriebene Adjunkt, Herr Châtelain, ein ehemaliger Notar; und mit ihm übernahmen vorläufig die Verwaltung die Herren Julius Sengenwald, Preis und Picquart. Es war eine bedeutsame Schwenkung zur rechten Seite hin.

In einer Julisitzung 1851 wurde von der oberen Behörde ein Begehren der barmherzigen Schwestern der Congregation von Sankt Vincens de Paula beim Municipalrath eingereicht; es bezweckte die Vergrößerung ihrer hiesigen mildthätigen Anstalten; die bisherige Lokalität zu Sankt Barbara in der Weißenthurmvorstadt sollte durch eine Sukkursale in der

Allerheiligenstraße vermehrt, und zum Ankauf mehrerer Immobilien geschritten werden. Darüber war gesetzmäßig das Gutachten des Rathes einzuholen. Selbstverständlich erließ man einen einstimmigen günstigen Bericht.

Geschäftliche Sitzungen füllen die übrigen Monate des Jahres 1851. Noch am 2. Dezember, dem Momente des Napoleonischen Staatsstreiches, hatte man sich versammelt, und nichts, im Protokolle, läßt die sich vollziehende weltgeschichtliche Begebenheit errathen. Die nächste Versammlung ward am Anfang Februar 1852 zusammenberufen, und zwischen beiden dehnte sich eine Scheidewand, über welche keine Leiter hinwegführte, oder will man einen anderen Vergleich gestatten, zwischen beiden lag ein Abgrund, ohne Verbindungsbrücke.

Daß eine kolossale Veränderung vorgefallen, daß die frühere Stimmung in einen anderen Grundton umgeschlagen, war aus einem Vortrag des Herrn Charles Börsch ersichtlich. Dieses thätig eingreifende Mitglied hatte vor bald einem Jahre seine Entlassung nur als Adjunkt eingereicht, sich aber wohl gehütet der möglichen Handhabung der lokalen städtischen Interessen zu entsagen. Es bot sich ihm von selbst die Gelegenheit ein Wort der Anerkennung an die — ich hätte fast gesagt: kaiserliche — Regierung auszusprechen. Die schon Jahre lang nachgesuchte Concession der Eisenbahnlinie zwischen Straßburg (bzw. Vendenheim) und Weißenburg an die bayerische Grenze war soeben der Straßburger-Basler Gesellschaft zugesichert; der Staat gab drei Millionen dafür her; Charles Börsch zeichnete in präzisen Umrissen die oft hervorgehobene, völkerverbindende Wichtigkeit dieses Schienenweges, und trug bei seinen Kollegen auf ein warmes Dankvotum an. Dieses erfolgte einstimmig.

Als aber am 3. März 1852 die Eidesleistung an die neue Konstitution und das Staatsoberhaupt verlangt wurde, reichten zehn Mitglieder des Raths — die äußerste Linke — ihre Demission ein. Es war ein ernster Schritt, der bei ihren bisherigen Kollegen einen unerquicklichen Eindruck hinterließ. Zählte man doch unter den trotzig abtretenden die Namen von Liechtenberger und Steiner. Dieser Mißklang wurde in einer folgenden Sitzung vom 20. Juni übertäubt und verschlungen von nahe bevorstehendem Festgeräusch und Jubiliren. — Die direkte Eisenbahn von hier nach Paris lag nun ununterbrochen dem Verkehr geöffnet. Seine kaiserliche Hoheit, der Prinz-Präsident — so nannte man jetzt den Präsidenten der confiscirten, hinsiechenden Republik — sollte durch eine Delegation des Stadtrathes gebeten werden, die Feier mit seiner Gegenwart zu beehren. Zu dieser Sendung waren die Herrn Schützenberger, Châtelain und Preis ausersehen, und eine Summe von Fr. 25,000 zum Kostenaufwand der glänzenden Feste bestimmt. Kein Entwurf erhob sich gegen den Vorschlag, und die Festtage selber gestalteten sich — jede, auch die günstigste Aussicht übertreffend, — zu einem für das Staatsoberhaupt enthusiastischen Empfang.

Am 2. Juli hatte man im Rathe die bevorstehenden neuen Municipalwahlen zu besprechen. Der Rath wurde von oben her um seine Meinung über die hier vorzunehmende Art und Weise befragt. — Da befürwortete

Herr Ch. Börsch die Wahlen „mit allgemeiner Namenliste", und die Vertheilung der Wähler in mehrere städtische Sektionen. Seinen Standpunkt vertheidigte er auf eine klare, eindringliche Weise; auch fand seine geäußerte Meinung Anklang und wurde befolgt.

Als am 30. Oktober 1852 die Einführung der neugewählten Räthe und des vom Prinz-Präsidenten ernannten Maire's Coulaux feierlich durch den Präfekten im Rathhaussaale vor sich ging, war auch dem trübsten Auge deutlich, welch' ungeheuerer Umschwung im öffentlichen Leben seit zehn Monaten sich vollzogen. Unter den Einziehenden fanden sich wohl mehrere der alten, traditionell eingebürgerten Namen vor; aber auch ein Schub von rein konservativen, worunter wir z. B. nur die Herren Alfred Renouard de Bussierre und Theodore Humann anführen. Die Adjunkten des Maire's — eines ehemaligen Zöglings der polytechnischen Schule — waren die Herren: Lacombe, ein Sohn des einstigen Maire's, Strohl, ein neu emporgekommener intelligenter Handelsmann, de la Porte, ein bejahrter, braver, stocktauber Militär, und Traut, ein bekannter Anwalt.

Herr Cäsar West, der Präfekt, nahm das Wort; seine Rede war bedeutungsvoll und prägnant; sie drehte sich um die Parallele zwischen der Vergangenheit Straßburg's und der Gegenwart. Der Seitenblick auf die historische Würde der Reichsstadt war dieser letzteren nicht günstig; dagegen hob der eifrige, vor dem Morgenstern des jungen Kaiserreichs sich neigende Verwalter die Wohlthaten hervor, die Straßburg von der französischen Centralregierung empfangen und noch zu gewärtigen habe. „Das erste Kaiserreich beförderte euer Wohlergehen durch den Krieg; das zweite wird euch durch den Frieden beglücken."

Damals durfte er diese Prophezeiung wohl aussprechen, mit dem vollen, berechtigten Hoffen, nichts werde seine Worte Lügen strafen. Die schreckliche Antwort auf seine wohlgemeinte Rede liegt, betreffs Straßburgs, in den August- und Septembermonden 1870, heraufbeschworen durch den unseligen, sich selbertäuschenden oder belügenden Fatalisten, der in Bordeaux mit Posaunenton angekündigt: l'Empire c'est la paix.

Nicht minder bedeutsam als des Präfekten Oratio pro domo in der Rathssitzung des 30. Oktobers, war die Anrede Herrn Coulaux an seine „Kollegen." Er hob, im Gegensatz mit den Edilen, seinen Vorgängern hervor, daß die Municipalverwaltung die Repräsentantin der Regierung seye; denn von dieser entlehne sie ihre Befugniß; sie seye ein Abfluß aus jener Quelle. Mit der Centralverwaltung habe die Municipalität sich in Einklang zu halten. Selbstverständlich gelobte er ebenfalls für die Interessen der Stadt einzutreten; „denn es liebe die jetzige Regierung in den ergebenen Beamten die freimüthigen Gedanken", mit anderen Worten, eine nichtpolitische, lokale Initiative.

Eine Dankadresse an den „Retter der gesellschaftlichen Ordnung" wurde sofort beschlossen, nicht ganz einstimmig. Herr von Wangen wollte „die Interessen der Zukunft gewahrt wissen." Kurze Zeit darauf trat er aus dem Rath.

Auf die Dankadresse folgte in der Sitzung des 23. Nov. 1852 ein bereitwilliges Anerbieten: das ehemalige bischöfliche Schloß seye dem Staatsoberhaupt zu einem kaiserlichen Palaste zu überlassen; es seye dies ein Aufnehmen früherer Verhältnisse, da Kaiserin Josephine während dem glorreichen Austerlitzer Feldzug jene historischen Räume bewohnt, und durch ihre Gegenwart eingeweiht. Im Laufe des Decembers, zwei Tage nach der Proklamation des Kaiserreichs, nahm Napoleon der dritte die Huldigung der Straßburger Municipalität entgegen, und antwortete in gleichem Tone: „Es seye dieser Antrag für ihn ein Diplom ertheilten Bürgerrechts." — Das radikale Straßburg war damit aus dem Felde geschlagen und begab sich fast jeder ferneren Einmischung in die Oeffentlichkeit.

Kaum war das Kaiserreich angekündigt und bewillkommt, da ward schon wieder dem Rathe zugemuthet, einen loyalen Glückwunsch für die Verlobung und bevorstehende Verheirathung des Kaisers abzusenden. Das lief denn auch ohne Bemerkung ab.

Das Einverständniß des imperialistischen Rathes mit dem Maire war indessen nicht von langer Dauer. Herr Coulaux hatte schon im Laufe des Jahres eine Anleihe von Fr. 600,000 zu mancherlei Bauten beantragt. Im letzten Quartal wurde dieses Ansinnen auf Fr. 1,200,000 hinaufgetrieben. Nur oberflächlich deuten wir an, daß die beträchtliche Summe, unter anderen Projekten, bei der Schöpfung eines neuen Stadtquartiers zwischen der Eisenbahn- und der Kronenburgerstraße ihre Verwendung finden sollte.

Dieser Vorschlag stieß in der Untersuchungskommission und im Rathe auf einen heftigen Widerstand. Notar Zimmer, vor allen, erhob Einwendungen mannigfacher Art, financielle, architektonische; er bekämpfte systematisch, artikelweise, fast alle vom Maire verzeichneten Unternehmen; besonders wünschte er Straßburg mit frischem Trinkwasser und öffentlichen Fontainen bedacht zu sehen. In ähnlichem Sinne, doch weit kürzer, ließen sich die Herren de Bussierre, Sengenwald, Imlin, vernehmen. Der Berichterstatter der Kommission, Professor Rau, glaubte in dem vorgelesenen Schriftstücke des Maire's Ausdrücke, die ihn persönlich beleidigten, zu entdecken; er wurde bitter. Herr Coulaux suchte, mit vieler Gewandtheit, die Einwendungen seiner Gegner zu entkräften. Die zuerst geforderte Summe ward freiwillig auf die Hälfte heruntergesetzt. Umsonst — bei der Abstimmung wurde sein Vorschlag verworfen.

Die stürmische Sitzung fiel in die zweite Hälfte Decembers (1853); bald darauf erfolgte die Auflösung des Municipalraths, durch einen Präfectoralbeschluß (vom 27. Januar 1854), und die sofortige Einführung einer ex officio ernannten Municipalcommission. Was nun hatte diesen von oben her gebotenen lokalen Staatsstreich veranlaßt?

Die Rede, welche Herr West bei der Einsetzung der eben erwähnten Commission hielt, eröffnet uns einen Einblick in die Motive. Der Präfect hatte sich mit seinem Generalsecretär, beide kostümirt, in den Rathhaussaal begeben; er bemühte sich, die ernannten Mitglieder zu überzeugen, daß ihre Befugnisse durchaus dieselben seien, wie die Attribute der verabschiedeten, aus der freien Wahl ihrer Mitbürger hervorgegangenen Räthe; daß ihre Unabhängigkeit unantastbar; nur erlaubte er sich zu erinnern, daß bei dem großen Umschlag aller Dinge der Stillstand einem Rückschritt gleichen würde, daß in der Hauptstadt und in den meisten Städten des Kaiserreichs großartige Bauten im Betriebe seien, um einerseits den steigenden Ansprüchen des Handels und der Industrie zu genügen, andererseits den edelmüthigen Absichten des Kaisers für die Arbeiter zu entsprechen. „Vom alten Straßburg haben wir den Patriotismus und die commercielle Thätigkeit zu entlehnen, aber seine Winkelstraßen zu erweitern."

Es hieß dies mit andern Worten: die kaiserliche Regierung erwartet von Straßburg, wie von Lyon, Bordeaux oder Marseille, eine Anstrengung aller Kräfte, damit, bei steigender Theuerung der Lebensmittel, der Handlanger und der Werkmeister sich nicht nur nicht unbehaglich fühlen, sondern die spendende Schutzhand des Kaisers errathen möge.

Der Aufruf konnte nicht ungehört, wie von tauben Ohren, abprallen, um so weniger, da in Straßburg ein Theil der vorgeschlagenen Bauten und Verschönerungen unumgänglich geboten war.

Wir haben nun die Commission, die sich am 28. Januar 1854 auf den Stühlen ihrer regelrechten Vorgänger niederließ, des Nähern zu betrachten. Sie umfaßte folgende Namen;

Die HH. E. Caillot (Eigenthümer), den Ober-Ingenieur Coumes, den Handelsmann Hasenclever, Prof. Dr. Stoltz, Prof. Oppermann, den Anwalt Detroyes, Moritz Ehrmann (Eigenthümer), Hirsch, den Direktor des Anno 1848 gestifteten und von der

Mairie beschützten Bureau d'escompte, den Kaufmann Hecht, den Bauunternehmer Laugel, Professor Marschal, Karl Mühl (Eigenthümer)*), Lippmann (Eigenthümer), Advokat Destrais.

Nachträglich wäre zu bemerken, daß die Majorität der Commission dem katholischen Bekenntniß zugethan war; auch zwei Israeliten befanden sich in diesem Ausschuß.

Der Präfekt hatte sich nach gehaltener Anrede und nach abgenommenem Eide verabschiedet; sodann ergriff der Maire das Wort und kündigte seinen künftigen Mitarbeitern die Reihe der kapitalen Geschäfte**) an, die er, zu ihrer Untersuchung, vorlegen werde. — Wie der Präfekt, betonte er die Unabhängigkeit seiner Gehülfen, deren Rath und Beistand er einzuholen gedenke. — Unter diesen von der Verwaltung sorgsam Gewählten befanden sich in der That mehrere sehr intelligente Männer, deren Uneigennützigkeit nicht bezweifelt werden konnte. Allein diese in camera caritatis gebildete Municipalität trug den Unsegen und den Stempel ihres Ursprungs an der Stirne und konnte sich deßhalb nicht einer franken Popularität erfreuen.

Die vom Maire angesprochene Summe von 1,200,000 Fr. wurde, nach sachverständiger Untersuchung, ohne Widerspruch gewährt, und man schritt sofort zur Ausführung der großartigen Verschönerungspläne. Im Laufe

---

*) Herr Karl Mühl legte schon am 10. Februar seine Demission in die Hände des Präfecten nieder.

**) questions vitales.

von zehn Tagen hatte man abgeschlossen; die nach Hause geschickten Räthe hatten das Nachsehen. — Dies begab sich im Februar 1854. — Im April erfolgte für das Bürgerhospiz die Ermächtigung zum Ankauf der Gebäulichkeiten des Herrn Renouard de Bussière, zu dem Preis von 150,000 Fr. und damit eine schon lange ersehnte, nothwendige Erweiterung der großen Anstalt.

Im Laufe des Sommers 1854 kam die Reihe an eine schon lang hingehaltene Prozedur, die nicht nur metaphorisch viel Staub aufwirbelte; wir meinen die Angriffe auf die sogenannten St. Thomä-Stiftungen. Seit achtzehn oder zwanzig Jahren hatte der Generalrath des Niederrheins den Streit über das Urbesitzrecht und die Verwaltung dieser historischen Güter angeregt. Den leitenden Gewalten im Departement und in der Stadt schien der günstige Augenblick für einen directen Angriff gekommen. Maire und Präfect hatten specielle Aufträge beim Eintritt in ihre resp. Aemter erhalten und wurden gedrängt oder gingen aus eigenem Antrieb vorwärts. In beiden Lagern, dem katholischen und dem protestantischen wurde der Krieg mit Flug- und Schmähschriften schon seit Jahren geführt. Gelehrte, juristische Abhandlungen über den Ursprung der Güter, das historische Anrecht oder die Usurpation des protestantischen Seminars hatten die Streitfrage nicht geklärt. Confessionelle Leidenschaften fachten das im Geheimen glimmende Feuer zu heller Flamme an. Je nach dem Standpunkt der Parteien verschob sich Recht und Unrecht. Der Maire hatte sich durch eine juridische Finte, indem er als Stadtverwalter auf die Grundrenten mehrerer zu St. Thomä gehörigen Güter Beschlag gelegt, vergewissert, daß sich das protestantische Seminar und dessen Oberhaupt, der Präsident des Directoriums, die Eigenschaft als Verwalter jener Güter zusprachen. Er wußte nun, gegen wen er vor Gericht sich zu wenden habe.

In einer Sitzung vom 14. October (1854) ersuchte er die Municipalcommission um die Ermächtigung, vor dem Präfecturrath in erster Instanz die Zurückforderung der sog. St. Thomästiftungen als altes Stadteigenthum anzubringen. Den Mitgliedern waren die dahin einschlagenden Memoires schon vorher mitgetheilt worden. Man ging zur Abstimmung über.

Es war eine ernste Stunde. Der Adjunkt Traut, ein Protestant, erhob sich direct gegen den Antrag des Maires; er fühlte sich gedrungen, seine persönliche Ueberzeugung auszusprechen. Sicherlich war dies, in jener Umgebung, der Act eines gewissenhaften, muthigen Beamten; durch seine Aeußerung konnte er die Gunst seines Chefs und noch höher stehenden Beamten verscherzen. — In demselben Sinne, aber bei Weitem nicht so eindringlich und präcis, sprach Herr Strohl, auch ein Protestant: „Er habe die contradiktorischen Denkschriften über den Stand der Frage sorgsam gelesen und gegen einander abgewogen, sei aber zu keiner bestimmten Ueberzeugung pro oder contra gelangt; er stimme für den Antrag des Maires, damit endlich von oben, durch ein unabhängiges Tribunal Recht gesprochen werde und ein klares Licht in die verdunkelte Streitigkeit falle.“

Auch diese Aeußerung konnte noch für ein unabhängiges Zeugniß gelten. Bei der Abstimmung fanden sich 15 Vota für den Maire, 3 gegen seinen Antrag. Die Einleitung der Prozedur war somit eine beschlossene Sache.

Damit war aber auch der Gipfelpunkt des unerquicklichen Verfahrens erreicht. Die Sache zog sich in die Länge, und kam im Laufe von 1855 vor den Präfecturrath, welcher, fast gegen jede Erwartung, eine unparteiische Stellung einnahm. Er verweigerte dem Maire die geforderte Ermächtigung, einen Prozeß anzustrengen; und als am 11. December 1855 derselbe von einem nun wieder regelmäßig erwählten Municipalrath verlangte, den Streit in zweiter Instanz vor den Staatsrath zu bringen, kam es zu einer geheimen Abstimmung, wobei sich 14 Mitglieder für, 19 contra erklärten. Woher dieser Umschwung?

In dem seit Oktober 1854 verflossenen Zeitraume war eine erhebliche Veränderung in der innern Verwaltungsgeschichte Straßburgs vorgefallen. Die Centralregierung, ungeduldig immer nur beunruhigende, sich widersprechende Berichte über die Aufregung zwischen dem Stadtrath und der protestantischen Gemeinde zu erhalten, hatte sich zur Entfernung des Departementschefs entschieden, und ihn nach Toulouse verpflanzt; der Nachfolger kam aus derselben Stadt, mit ausdrücklichen Verhaltungsregeln; die Besänftigung der Gemüther war befohlen, und die Munizipalcommission wurde durch einen aus der Wahl der Bürger hervorgegangenen Rath ersetzt. — Am 24. August 1855 ward dieser Akt vollzogen. In der verjüngten Versammlung saßen zwar noch einige Mitglieder der entlassenen Commission, aber die Mehrzahl stammte aus dem vor Jahr und Tag verabschiedeten Rathe; auch einige neue Elemente kamen dabei zum Vorschein; wir erwähnen nur zwei Groß-Gärtner aus der westlichen Vorstadt. Somit hatte sich die lokale Schaubühne wie durch einen Zauberschlag umgewandelt.

Wir sind, halb freiwillig, und zum Theil durch den Raum beschränkt, nicht in den eigentlichen Kern der Streitfrage gedrungen. — Die Rechtsansprüche der protestantischen Kirche Straßburg, durch eine dreihundertjährige, geschichtliche, direkte und indirekte Attribution geheiligt, kamen uns von jeher begründeter vor als die Forderung der modernen Munizipalität, die sich an die Stelle des alten Straßburger Magistrats stellte, und dabei zu vergessen schien, daß, wäre der Anspruch auf die Güter begründet, nicht sie, sondern die französische Regierung als rechtsmäßige Erbin auftreten mußte.

Wenn dieser Ausgang als Hintergedanke der angreifenden Partei bezweckt war, so ließe sich dagegen nur erwidern, daß die öffentliche Ruhe und die wenigstens oberflächliche Einigkeit zwischen den zwei Confessionen schwerer in die Wagschale fiel, als die spitzfindigen Erörterungen über den Ursprung und die Anwendnng des verjährten Patrimoniums von St. Thomä. Mit den Rechten hätte die Centralregierung auch ins schwere Geld fallende Verpflichtungen übernommen, und für den Staatssäckel wäre zuletzt wenig oder kein Gewinn aus dem Klingelbeutel der heterodoxen Kirche geflossen.

In der Privatgeschichte des modernen Straßburg

finden wir wenig Seiten, die mit schwärzerer Farbe anzustreichen sind, als diese unselige Prozedur. Es wurde dabei unendlich viel historische und juristische Gelehrsamkeit als Waffe und als Pinsel verbraucht; aber es floß auch viel Galle in die Tinte, und die Waffen — hätte der Streit unter südlichem Himmel gespielt — wären nicht bloße Flederwische geblieben.

An die Loyalität und Freigebigkeit des Rathes wurden wiederholte Ansprüche gemacht bei der Geburt, dann bei der Taufe des kaiserlichen Prinzen (Juni 1856), bei der Ueberschwemmung der Loire und der Rhone; auch für die Restauration des Theaters notiren wir die ersten beträchtlichen Ausgaben, wozu das Apffelsche Vermächtniß die Spesen hergab.

Mit dem Departement lag die Mairie in theoretischem Streite wegen dem Ankauf der Präfektur; unbestritten war das alte Eigenthumsrecht der Stadt; nur konnte man sich über die definitive Kaufsumme nicht einigen; die früher vom Maire fixirten 150,000 Fr. schienen den Vätern der Stadt viel zu nieder gegriffen; so blieb alles im statu quo, bei der auf 99 Jahre abgeschlossenen Miethe.

Im Laufe des Jahres 1857 wurde das israelitische Hospice Eliza, nach eingeholter Meinung des Stadtraths, zur gemeinnützigen Anstalt erklärt. Es war eine Stiftung der Familie Ratisbonne, die somit, durch ein öffentliches Diplom, in die Reihe der wohlthätigen Anstalten Straßburgs eintrat. Die Congregation „des guten Hirten — für Reuerinnen hätte man im Mittelalter gesagt — wurde ebenfalls im selben Jahre anerkannt. — Bei diesen loyalen Beglaubigungsscheinen, die an obige und andere religiöse Institute ausgeliefert wurden, hatte der Gemeinderath zwar nur ein Gutachten abzugeben, allein seine Meinung fiel ins Gewicht.

Mit der Bildung der Wahllisten für die Ernennung der Deputirten hatte man sich in derselben Versammlung zu befassen. Der hartnäckige Kampf der Candidaten wurde indeß außerhalb ihres Bereichs ausgefochten (1857). Die imperialistische Stimmung der Majorität der Mitglieder bewährte sich als Napoleon III. das Lager zu Chalons inspizirte, und von dort zu einem Abstecher nach Straßburg und das südliche Deutschland sich anschickte. Der Empfang des kaiserlichen Ehepaars in hiesiger Stadt war, dem äußerlichen Anschein nach, derselbe, welcher den Prinz-Präsidenten im Bahnhofe fünf Jahre zuvor beglückte, und mit Jubelrufen begrüßte; allein dem in die Coulissen Schauenden konnte nicht verborgen bleiben, daß die Polizei sich ungemein rührig im Ueberwachen und Abschließen jedes feindlichen Elements erwies. Im folgenden Winter gab das Attentat des Orsini den Commentar zu dieser nicht zwecklosen Vorsicht.

Für einheimische Künstler hatte sich der Straßburger Rath von jeher nach Kräften günstig gezeigt. So beschloß er (Juli 1858) den Ankauf eines großen historischen Gemäldes von Theophil Schuler. Es hatte sich der befähigte, produktive Künstler diesmal die Ankunft des Zürcher glückhaften Schiffes mit dem Hirsbrei zur Ausarbeitung gewählt; das Süjet selber wies auf ein bewegtes Volksgemälde hin. Enthusiastische befreundete Kenner priesen die farbenreiche Ausführung als eine äußerst gelungene. Ob Schuler den Ansprüchen der höhern Kunst genügte, wagen wir nicht zu entscheiden, um so weniger, als das leider im Augustbrande mit dem Museum zu Grunde gegangene Werk dem ruhig abwägenden Urtheil entzogen ist.

Das Jahr 1859 brachte wieder zwei Festlichkeiten mit sich, wovon die eine das Interesse der ganzen städtischen und ländlichen Bevölkerung des Unter-Elsasses in Anspruch nahm, die zweite sich nur in wissenschaftlichen Kreisen bewegte, die eine und die andere aber von dem hiesigen Municipium mit gewohnter Liberalität bedacht wurde. Im Mai und Juni strömte zu dem großen sogenannten Concours régional, woran zehn benachbarte Departemente sich zu betheiligen hatten, eine beträchtliche Fremdenschaar herbei, obgleich der Krieg in Italien ein erkaltetes Verhältniß mit den deutschen Nachbarstaaten herbeigeführt und manchen Besucher von diesem ländlichen Ausstellungsfeste der Bodenkultur zurückgehalten. Mit einer beträchtlichen Summe war die Stadt bei der Vorbereitung und der Aufstellung der Produkte betheiligt.

Auf diese idyllische Inscenirung folgte Ende August der französische archäologische Congreß, zu welchem der verdienstvolle und illustre Herr von Caumont, der Stifter dieser jährlichen wissenschaftlichen Vereine, die Gelehrten und dilettirenden Alterthümler zusammenberufen. Selbstverständlich hatte sich ihm die elsässische archäologische Gesellschaft angeschlossen und die einleitenden Geschäfte zur Augustsession betrieben. Die Stadt übte eine gerade nicht großartige, aber doch zuvorkommende Gastlichkeit. Auf ihre Kosten wurden

Ausflüge zu einigen Punkten der Vogesen organisirt, und absonderlich auf Hohkönigsburg die Ruine gemustert, hierauf, wie bei mittelalterlicher Tafelrunde, pokulirt. Doch gegen die Druckkosten der Session hatte der Stadtrath zum Voraus Protest eingelegt.

Es folgen nun, in dem Verlauf der städtischen Verwaltung, mehrere Jahre nicht der Unthätigkeit, aber relativer Ruhe. Die laufenden Geschäfte gehen ihren regelmäßigen Gang; mehrere große Gebäulichkeiten entstehen; wir weisen nur auf die neue medizinische Fakultät, die in der Nähe des Bürgerhospiz untergebracht worden, und auf das große Gebäude am Domplatz, für die Zöglinge der medizinischen Militärschule. Zu dem großen elsässischen Gesangvereine (Juni 1863) steuert die Munizipalität, wie schon im Jahr 1856, auf splendide Weise bei; diesmal gingen bei 40,000 Fr. dabei auf die Neige und mußte noch, im folgenden Jahre, durch Supplementarkredite nachgeholfen werden. Vielleicht ließ sich gegen kostspielige Festlichkeiten dieser Art einiger Einwand erheben; traf man doch in der Umgebung der Stadt auf manchen Sänger, der eher vor den Altären des heidnischen Bacchus als in den Hallen der keuschen Muse Polyhymnia geopfert hatte. — Mißklänge dieser Art wurden jedoch überhört in dem allgemeinen Festjubel; hatte doch Straßburg eine splendide Gastfreundschaft ausgeübt; hatte man doch Berlioz als Orchesterdirigenten gesehen, und Meisterwerke der Tonkunst bald in freudiger, bald in gesammelter Stimmung vernommen und genossen.

Erst im Jahre 1864 ersehen wir, bei Durchlesung der Protokolle, daß sich hinter den Coulissen eine große

Umwandlung in den inneren Verhältnissen der Mairie vollzogen. Noch am 5. August präsidirt, wie gewöhnlich, Herr Coulaux den Rath; hierauf folgt eine zweimonatliche Unterbrechung der Sitzungen; von Anfang Oktober bis gegen Ende Dezember fungirt Herr Adjunkt Lippmann als Vorstand, und wird zuletzt am 22. Dezember (1864) durch den Maire Herrn Theodor Humann abgelöst. Letzterer kündigt an, daß er kein Programm mitbringe, indem sein Mandat, wie dasjenige mehrerer Räthe, nur bis zu den nächsten Municipalwahlen (1865) fortlaufen könne; er hoffe aber, daß „alle jetzt gegenwärtigen sich wieder zusammenfinden würden; dann erst könne man sich über fernere Pläne aussprechen. Unterdeß sei die erste Pflicht der Verwaltung: „die Wahrung der religiösen und moralischen Interessen."

Die Entfernung Herrn Coulaux im Laufe Augusts war nicht bedeutungslos. Bereits anderswo haben wir die Hauptursache angezeigt. Er war höheren Orts in Ungnade gefallen, weil er sich im Jahr 1863 bei den Wahlen zur Deputirtenkammer gegen den Kandidaten des Kaisers für einen Mitbewerber, der als Orleanist verschrieen war, unumwunden erklärte. Es war eine symptomatische Spaltung im Lager der Regierungsfreunde eingetreten. In Straßburg war Herr Coulaux, der ein großes Haus machte, von hochstehenden Beamten beneidet; er zog sich mit Würde zurück und behielt im Rathe mehrere treue Freunde.

Der neuen Verwaltung floß gleich in den ersten Monaten eine unerwartete Gabe zu. Die Liberalität, worauf wir anspielen, erhob sich zwar nicht znr Höhe des Apffelschen Vermächtnisses, war aber nicht schief anzusehen. Ein zu Paris am 14. März 1865 verstorbener Elsässer Gelehrter und Naturalist, aus Cuviers Schule, Herkules Strauß-Türkheim, — ein imposanter Name! — hinterließ der Stadt Straßburg durch sein Testament ein Vermögen von etwa 250,000 Fr. zur Erziehung oder Unterstützung blind geborner oder erblindeter Kinder. Der Erblasser selber nämlich hatte im Dienst der Naturwissenschaften, speciell der Entomologie, durch langjährigen Gebrauch des Mikroskops nach und nach das Augenlicht eingebüßt, und war somit natürlich auf den Gedanken gerathen, sein Vermögen zur Erleichterung der grausamen Infirmität in seiner Heimath zu verwerthen. Einen Theil von liegenden Gütern in Fröschweiler, etwa 20,000 Fr. an Werth, legirte er dieser seitdem welthistorisch gewordenen Gemeinde zu wohlthätigen Zwecken und zum Unterhalt seines Grabsteins. Nächste Kollateralerben hinterließ er nicht; zwei seiner Brüder waren ihm ins Jenseits vorangegangen.

Der Maire von Straßburg trug auf Annahme des Legats an, und ebenso ertheilte der Rath ein einstimmiges Gutachten mit dem Aussprechen des Dankes für den großmüthigen Testator.

Eine Einsprache sollte indeß nicht ausbleiben. Von mütterlicher Seite blieben dem Verstorbenen noch Erben im fünften Grade und zwar wohlbekannte, achtbare Männer, die vier Gebrüder Eckebrecht von Dürkheim, wovon die drei älteren in Baden, Bayern und Florenz, der jüngste im neuerbauten Familienschlosse von Fröschweiler, ansässig waren. Dieser jüngste, Graf Ferdinand von Dürkheim-Montmartin, vordem französischer Präfect zu Colmar und vom Jahre 1865 an Inspector der telegraphischen Linien, erklärte in seinem eigenen und seiner Brüder Namen, daß er zwar nicht gegen den letzten Willen seines verstorbenen Vetters einkomme, aber den Nachlaß einer Summe von 19,000 Fr. verlange, die er der Erbschaft des Herkules Strauß schulde. Aus den freimüthigen Erörterungen, die er dabei zu geben sich veranlaßt fühlte und die, wie er mit Recht behauptete, landeskundig waren, mußte der Ursprung der Schuld einem so noblen Familienmotive zugeschrieben werden, daß der Gemeinderath, auf den Antrag des Maires, ebenso einstimmig auf einen Vergleich einging.

Am 5. August und 8. September erfolgte die gesetzliche Installirung des Maires und des aus den letzten Wahlen hervorgegangenen Rathes; es traten beinah ausschließlich die vorigen Mitglieder ein. Bald darauf konnte man aus den eingebrachten Vorschlägen ebenfalls einsehen, was der Maire in seiner Decemberrede unter den religiösen und moralischen Interessen verstanden. Es lag gar nicht in seiner Rolle und in seinem Charakter als Puritaner aufzutreten. Er hatte aber bei seinem Eintritt die heikle Mission, entweder für den katholischen Cultus die Gesammtkirche zum jungen St. Peter, Chor und Schiff zu verlangen, mit bereitwilligem Anerbieten eines Neubaus für die protestantische Gemeinde, oder im Falle der Weigerung von protestantischer Seite, den Neubau einer katholischen Kirche. Die hierüber gepflogenen Unterhandlungen zerschlugen sich; wir glauben in Folge eines Mißgriffs des protestantischen Consistoriums, welches bei der vorgeschlagenen Entschädigung nur gewinnen, durch eine abwehrende Haltung nur verlieren und dabei blos ein abstraktes historisches Recht wahren konnte. Diese Zwistigkeiten fallen dem unerquicklichen Capitel der confessionellen Zerwürfnisse anheim.

Mit einem ähnlichen Vorschlage für die Kirche zum alten St. Peter hatten sich Maire und Gemeinderath ebenfalls zu befassen. Hier aber wurde beiderseits die Cession der protestantischen Kirche von allem Anfang an verworfen und eine Vergrößerung der katholischen Kirche (des Chors) beschlossen. Leider nöthigte unbedingt die Oertlichkeit den Architekten zu einem Nichtbeachten der traditionellen kirchlichen Regeln der Orientirung und — was seinem Kunstsinn bei Weitem noch schwerer fallen mußte — zu einem Umbau, welcher das neue Gotteshaus in einer bizarren, perpendikulären Lage mit der älteren Kirche verbindet.

Andererseits gelang dem Maire die Schlichtung eines Streitpunktes, der in die verwickelte Geschichte der St. Thomä-Stiftung hinüber spielte. Die lang hingehaltene oder verweigerte Schadloshaltung für abgetretenes Terrain vor dem im Jahr 1860 abgebrannten Gymnasium wurde endlich bewilligt und das protestantische Seminar mit 50,000 Fr. abgefunden; nur hütete sich der Gemeinderath in dem juridischen feinabgefaßten Akte letzteres als „Eigenthümer" anzuerkennen. Wir dürfen jetzt über solche Spitzfindigkeiten lächeln; damals erhitzten sich die Parteien pro und contra.

Das Jahr 1866 führte eine neue Festlichkeit herbei, welche die Municipalität zu einer tüchtigen Beisteuer verpflichtete. Wir meinen den sogenannten Concours régional der benachbarten 10 Departemente. Es war nicht sehr lange vor dem Ausbruch des Krieges zwischen Preußen und Oesterreich. — Napoleon III. hatte sich im Frühjahr mit Gattin und Söhnlein in Straßburg ankündigen lassen; dann aber wurde diese Reise abbestellt. Es herrschte schon in den Gemüthern eine gewisse Spannung. Bei der Eröffnung des großartigen Ackerbauconcurses hatte man in der Präfektoralrede eine Phrase bemerkt, welche Zutrauen in die umfassende Vorsicht des Kaisers verlangte. Bei dem von der Municipalität in der Orangerie veranstalteten Bankette, wozu die Notabilitäten des umfassenden Ackerbaubezirks und einige höhere Militär- und Civilbeamte des Nachbarstaates geladen waren, erging sich der Divisionsgeneral Ducrot in einer für die rechtsrheinischen Gäste höchst unpassenden Panegyrik der französischen Tapferkeit und kriegerischen Ueberlegenheit. Taktlos, wie sich derselbe General vier Jahre später während der Belagerung von Paris zeigte, erwies er sich jedenfalls hier; der bezweckte Applaus wurde ihm indeß von vielen Bankettirenden zu Theil; andere senkten verlegen die Köpfe.

In den drei letzten Jahren vor der Umwälzung von 1870 beschäftigte sich der Gemeinderath meistentheils in den gewöhnlichen Tagesfächern; die vorzüglichsten Berathungen bezogen sich auf das Bewässerungssystem der Stadt — wobei man der Kosten wegen zu keinem Resultat kam, — und auf die Militärarzneischule, wofür der Kriegsminister eine größere Gebäulichkeit verlangte. Bereits war der Rath auf dem

Punkte durch unsinnige Geldopfer die Beibehaltung dieser Pflanzschule der lokalen Immoralität und Ungebundenheit zu erkaufen, als der Krieg ausbrach.

Am 1. Juli 1870 hatte sich der Rath unter dem Vorsitze eines Adjunkten versammelt, ohne nur von fern an die Möglichkeit einer so fürchterlichen und so nahen Katastrophe zu denken. Dann folgt in den Protocollen eine Lücke von zwei Monaten; am 30. August beruft der Maire seine Collegen mitten unter den Schrecken der Belagerung und nach der fürchterlichen Feuersbrunst der kaum verflossenen Tage.

Die Schilderung dieser historischen Begebenheiten liegt nicht, darf nicht in unserem Plane liegen. Vom militärischen, politischen und analistischen Standpunkt aus ist dies seit drei Jahren mehrfach, zum Theil von befugten Federn unternommen und ausgeführt worden. Von beiden feindlichen Parteien liegen mehrfache Berichte vor; eine Bibliothek von Flugschriften und umfassenden Werken über die merkwürdigen Straßburger Episoden im Jahre 1870 hat sich schon gebildet. Unseres Amtes ist es, nach dem vorgesteckten Ziele so schnell als möglich zu streben und uns auf das Zeichnen der Rolle zu beschränken, welche der Gemeinderath von Straßburg in diesem Kampfe ums Dasein nicht unrühmlich abspielte.

Am Schlachttage von Wörth sollten im ganzen Lande die Wahlen zur Ernennung der Municipalitäten vor sich gehen. In früher Morgenstunde zeigte sich hier in Straßburg eine unbedeutende Zahl von Wählern; es konnte im Laufe des Tages noch kein Resultat erzielt werden; am Abend schon und am folgenden

Sonntage verkündeten die flüchtigen und verwundeten Soldaten wie die Kriegswürfel gefallen. In Straßburg ward der Belagerungszustand erklärt; man erwartete, im ersten Augenblick von panischem Schrecken ergriffen, von einem Augenblick zum andern den Feind vor den Thoren. Von Wahlen konnte vorderhand nicht mehr die Rede sein. Eine Verordnung des Präfekten ertheilt, unter dem Eindruck der übermächtigen Umstände (15. August) dem bisherigen Gemeinderath die Befugniß zu fernerem Fortbestehen. Von dieser Erlaubniß ward kein Gebrauch gemacht; der Maire mit seinen Adjunkten suchte den laufenden und den gebotenen Pflichten zu genügen; dieser Municipalausschuß war im Grunde nur ein willenloses Werkzeug in den Händen des Gouverneurs und des Präfekten.

Während der ersten Augustwoche war man indeß, unter dem Drang der sich überstürzenden Begebenheiten, zur Neubildung einer Nationalgarde geschritten, nur unwillig von obenher. Der Präfekt ernannte, proprio motu, die Offiziere; verrostete altmodische Flinten wurden ausgetheilt, genug etwa zur Bewältigung eines Brodauflaufs, Spottwaffen dem Feinde gegenüber. Man mißtraute der Bevölkerung, obgleich sie, nach der ersten Ueberraschung, sich zur Vertheidigung und Aufrechthaltung des Bestehenden bereitwillig zeigte. Als die Umzingelung der Stadt in das Dominium der Thatsachen übergegangen, als die ersten Bomben und Granaten in den Vorstädten und an einigen Häusern der inneren Stadt zerplatzten, organisirten sich zwei Compagnien Freischützen mit doppelter Bemannung; die zweite verdankte ihr Dasein der Initiative eines der Stadtadjunkten (Mallarmé) und wurde bald mit ihrem Chef, dem Professor Liès-Bodart, anerkannt.

Ebenso bethätigte sich die Mairie bei der Organisation der freiwilligen bürgerlichen Nachtwachen und Patrollen, nachdem mehrfach in verschiedenen Quartieren ausgebrochene Brände und frevelhaft begangene freche Diebstähle die absolute Nothwendigkeit einer strengen Aufsicht erwiesen. Die heldenmüthige Feuerwehr (Sapeurs-Pompiers) konnte unmöglich allen Anforderungen genügen.

Man hat den Maire vielfach getadelt wegen der Unzulänglichkeit der ergriffenen Schutzmaßregeln, besonders mehrerer öffentlicher Gebäude. Es läßt sich nicht läugnen, daß er, z. B., die Vorsteher der öffentlichen und der Seminarbibliothek unwirsch empfing, als sie von ihm einen regelmäßigen Posten von Löschmannschaften und Feuerspritzen in Anspruch nahmen. Aber schon damals — etwa vom 18. zum 20. August — war der günstige Augenblick verstrichen. Mit dem ungeheuern Apparat der Bücher- und Manuskriptensammlung, mit dem antiquarischen Museum u. s. f. mußte gleich bei der Kriegserklärung, oder doch in den ersten Tagen des Augusts begonnen werden, aber damals hätte Jedermann die unnöthige Vorsicht bekrittelt; wer wagte es, an der französischen Ueberschwemmung der Rheinprovinzen zu zweifeln! auch das Geschrei: nach Berlin! nach Berlin! war von Straßburger- und ausländischen Gassenjungen ausgestoßen worden und hatte die Stimme der Bedächtigen übertäubt.

Die Vorboten einer schmerzlichen Periode mehrten sich von Tag zu Tag; die Sterblichkeit wurde größer, hin und wieder fielen einige Opfer der Belagerungsgeschütze. Von den drei größeren Kirchhöfen Straßburgs waren zwei von den Vorposten der Belagerungstruppen besetzt, der dritte beinahe unter Wasser. Am 20. August wurde vom Maire die Beerdigung in dem Pflanzengarten befohlen. Dort fanden, am Anfang, die Todten noch einzelne Ruhestätten; bald aber waren gemeinsame Gruben nöthig, und die Geschosse von außen fielen mehrmals auf die Todtengräber oder die Leidtragenden. Die Verordnung über diese wichtige Sanitätspflege war von dem Maire allein ausgegangen; in einer am 23. August erlassenen Proklamation verkündigte der Divisionsgeneral Uhrich, Gouverneur der Stadt, und der Präfekt das nahe Bombardement; den Bewohnern sprachen sie Muth ein, „weil die Augen des Vaterlandes auf sie geheftet seien"; diese etwas pompöse Anrede wurde von Herrn Humann nur in dritter, letzter Linie unterzeichnet. Hierauf folgten die Schreckenstage und die noch schrecklicheren Nächte des 24., 25., 26. Augusts. Die Hauptgebäude der Stadt lagen in Schutt und Asche; einzelne hohe Mauergiebel allein standen noch aufrecht —

Und des Himmels Wolken schauten
Hoch hinein.

Seit einem Monat war die Munizipalverwaltung in den Händen des Maire und der Adjunkten gelegen*), nun aber glaubte Herr Humann nicht mehr allein mit seinen Gehülfen die Last der Verantwortlichkeit tragen zu müssen; er berief die noch in Straßburg gegen-

*) Mallarmé, Kampmann, Leuret, Strohmeyer.

wärtigen Mitglieder — etwa 20 — auf den 29. August, nachdem er vorher die Lokalitäten bezeichnet, wo die obdachlosen Verunglückten ein zeitweiliges Asyl finden würden. Auch hatte er versprochen, es sollte, vom 30. an, Brod unentgeldlich an die gänzlich Verarmten ausgetheilt und ökonomische Suppen für einen Spottpreis verabreicht werden. — Der Bürgermeister mit seinen Helfern hatte gethan was seines Amtes; nun konnte er mit Recht verlangen, daß noch andere Mitbürger sich zu ihm in das Fegefeuer gesellten und jeder, in einem begrenzten untergeordneten Bezirke der Stadt, die Ausführung der vorgeschriebenen Hülfsmittel überwache. Dies war der Hauptzweck der so lange ausgesetzten Zusammenberufung. Zu den 27 noch auf der Liste stehenden Räthen wurden zwanzig andere — fünf aus jedem der vier Stadtkantone — gezogen, ihre Namen dem Präfekten unterbreitet, selbstverständlich gut geheißen, der gegenwärtige Rath aufgelöst und eine Munizipal-Commission von 47 Mitgliedern (worunter alle, pro forma soeben ausgetretenen) auf den folgenden Tag in das Rathhaus beschieden.

Unter den neu aufgenommenen zählte man mehrere durch ihre republikanische, oder doch anti-imperialistische Gesinnung wohlbekannte Bürger; eine rationelle Popularität sich zu beschaffen, lag in der Absicht der oberen Behörde; es war ein voraussichtiges Abschwenken auf die linke Seite hin. Einzelne abschlägige Antworten erfolgten; die Renitenten wurden auf der Stelle ersetzt.*)

*) Aus folgenden Mitgliedern war definitiv die Munizipal-Commission zusammengesetzt:

Aus dem bisherigen Rath: Charles Boersch, J. Burger,

Zum zweitenmal im Laufe von 22 Jahren war die Munizipalität aus ihren gesetzlichen Befugnissen getreten. Im Jahre 1848 hatte sie während vier Monaten das Heft in Händen, nur in weit beschränkteren Verhältnissen und in weit gefahrloseren Stunden als diesmal. Jetzt ging die Noth an den Mann, das Wasser an die Kehle, oder es brannte vielmehr das Feuer an Sohlen und Fersen. Mit wenig Ausnahmen konnte man wohl behaupten, daß kein persönlicher Ehrgeiz zu diesem temporären, gefahrumsponnenen Interimsamte trieb.

Gleich in der Sitzung vom 30. August — von jetzt an folgten die Berathungen täglich — des Morgens in dem Kabinette des Maires zwischen ihm, den Adjunkten und dem Generalsekretariat — Nachmittags im Rathhaussaale — gleich in der Sitzung vom 30. August wurden Ausschüsse ernannt, zur Beschaffung der Nahrungsmittel und der Asyle für die Obdachlosen, Abgebrannten, zur rechtzeitigen Abschätzung erlittener Verluste, zur Kapitalfrage der Lebensmittel für die Gesammtzahl der Bewohner. Eine ernste Stimmung herrschte in diesen Zusammenkünften, unter

Amadäus Caillot, Clog, Destrais, Flach, Goerner, Charles Grün, Henry, Hoerter, Huck, Humann, Imlin, Kablé, Kampmann, J. Klein, Ed. Klose, Kolb, Kratz, Küß, E. Lauth, Lauer (Sohn), Lemaistre-Chabert, Leuret, Lichtenfelder (Sohn), Lipp, Mallarmé, Momy, Oberlin, Ruhlmann, A. Saglio, Schott, Ch. Schützenberger, Silbermann, Stoltz, Strohmeyer.

Neu hinzugetreten: Weyer (Sohn), A. Schneegans, Füllhart, O. André, Kreitmann, Wolf, Lips, Belley, Bergmann, (Handelsmann).

dem Donner der Kanonen, dem Zischen und Zerplatzen der Granaten. Es ist nur ein der Wahrheit gemäß ausgestelltes Zeugniß zu berichten, daß die unregelmäßig ernannten Mandatare, von ihrem Pflichtgefühl getragen, durch die großartig furchtbare Lage wie auf Zauberfittigen gehoben, sich regelmäßig aus den fernsten Quartieren der Stadt einfanden und daß auf der Stirne der vom Brand heimgesuchten, oder von Haubitzensplittern auf ihrem Hin- und Herwege begrüßten sich nur die ruhige Ergebung ihres inneren Gemüthes abspiegelte.

Doch Ein Gefühl war schwer niederzuhalten, eines machte sich von verschiedenen Seiten und zu wiederholtenmalen Luft: das Abgeschnittensein von der Welt jenseits der Wälle, jenseits der Vogesen, jenseits des Rheins lastete wie ein Alp auf den Anwesenden. Auf den Vorschlag eines Mitgliedes wurde der Maire ermächtigt, eine Prämie von 500 Fr. dem Ueberbringer irgend einer authentischen Botschaft, einer französischen Zeitung zu versprechen. Jeder Versuch, den Eisenring der Belagerungslinie zu durchbrechen, blieb fruchtlos.

Nicht in allen Schichten der Bevölkerung, nicht in allen Reihen der Garnison, war dasselbe Pflicht- und Ehrgefühl in den Tagen der Gefahr, nicht dieselbe Resignation vorherrschend. Ohne Rückhalt oder diplomatisches Vertuschen wurden in der improvisirten Gemeindekommission Stimmen laut gegen frevelhafte Entwendungen während den Feuersbrünsten, gegen das Einbrechen verworfener Soldaten in verlassene oder schwachvertheidigte Wohnungen. Man hat diese letzteren — zahlreich waren sie jedenfalls nicht — richtig mit dem Schimpfnamen der „Flüchtlinge von Fröschweiler" gebrandmarkt. Der Gouverneur wurde zum Einschreiten gegen diese verbrecherischen Vorfälle gebeten, und that, was in seinen Kräften, mit der geringen verfügbaren Gendarmerie.

Aus der Tabakmanufaktur bezog die Subsistenz-Kommission mehrere Dampfmaschinen zum Mahlen der Getreidevorräthe, denn bei der künstlichen Ueberschwemmung der Südseite der Stadt befanden sich Fluß und Kanäle wasserarm und verbreiteten Pestgerüche in die nahegelegenen Wohnungen. Am 2. September konnte ein neuernanntes Mitglied über den Zustand der Subsistenzmittel ziemlich befriedigenden Rapport erstatten und für die nächste Zukunft beruhigen. Allein die fieberhafte Qual bei der Todtenstille in der politischen, auswärtigen Atmosphäre, bei dem ununterbrochenen, oder doch nur vorübergehend schweigenden Donner der Geschütze, steigerte sich von Tag zu Tag. Der Maire gab die Versicherung ab, daß der Präfekt und der General keine Nachricht von außen hätten; man glaubte nun einmal den Worten des ersteren nicht: eine Deputation mehrerer Mitglieder begab sich, im Auftrage aller Kollegen, zu dem verschwiegenen Oberverwalter des Departements, das sich jetzt nur an den Fuß der innern Ringmauern erstreckte. Sie wurde mit der vermutheten, lakonischen und vielleicht sehr wahren Antwort abgewiesen, daß keine Spur irgend einer äußeren Nachricht durch die feindliche Wagenburg bringe.

So mußten sich während der zehn ersten Septembertagen die Ungeduldigen vor der eisernen Nothwendigkeit beugen. Die täglichen, stündlichen Vorkommnisse waren übrigens der Art, daß sie die Thätigkeit der Jüngsten und der Aeltesten beanspruchten. Mehr als alles Andere bei den fortwährend aufflammenden Bränden beunruhigte die Erklärung des Hauptes der Feuerwehr, des Commandanten Goerner, daß seine zusammengeschmolzene Schaar ihrer Verbindlichkeit nicht mehr genügen könne und er sich zur Berufung von wenigstens hundert neuen Gehülfen gezwungen fühle. In den Protokollen findet sich keine Anzeige, wie er sie zusammengebracht. Das Unzulängliche der angestrengten Mannschaft ist jedenfalls durch die spätern grausamen Unfälle erwiesen. Von Tag zu Tag steigerte sich die Gefahr. Das Gemeindehaus, unaufhörlich von den Geschossen auf der Nordseite durchlöchert, in den Prachtsälen und in den Arbeitszimmern durchfurcht, ward in den Morgenstunden des 9. September noch schwerer heimgesucht. Mit Mühe unterdrückte man in den höheren Räumen wiederholt ausgebrochene Flammen; mehrere lebensgefährliche Verwundungen wackerer, heldenhafter Aufseher, die ihre Pflicht mit seltener Todesverachtung erfüllten, wurden von dem Maire in der Abendsitzung seinen Collegen mitgetheilt und am nächstfolgenden Morgen (10. September) wälzte das brennende Theater seine Rauch- und Feuerbogen dem beschädigten Gebäude zu. In den untern Sälen, wo der Rath seine Sitzungen während dem ersten Monate des Bombardements hielt, waren schon mehrere Granaten zerplatzt und mit Gleichmuth vom Maire auf „seinem kurulischen Stuhle" aufgenommen worden; doch fand man gerathen, die ferneren Zusammenkünfte in einem verpolsterten südlichen Archiv-Behältniß abzuhalten und zuletzt in die Räumlichkeiten der Handelskammer am Gutenbergplatze, der bisher weniger heimgesucht war, mit der ganzen Verwaltungsmaschine überzusiedeln. Doch vor diesem unfreiwilligen Exodus sollte das Gemeindehaus noch Zeuge einer historischen, großartigen Scene werden. Im Laufe der merkwürdigen und langgedehnten Sitzung des 10. September hatte man mehrere unerläßliche Vorsichtsmaßregeln besprochen; so sollten z. B. zur Sicherung der Bürger, die im Civilstandsregister Erklärungen über Geburt und Tod ihrer Angehörigen oder Nachbarn einzugeben hatten, in mehreren Quartieren der Stadt Supplementarregister eingeführt werden. — Dann wurde eine Anklage gegen den Central-Polizeicommissär laut: „Es seien von ihm, oder von seiner Umgebung aus, Gerüchte über Siege des französischen Heeres verbreitet und bald darauf als falsch befunden und widerlegt worden.“ Herr Boersch beantragte einen officiell ausgesprochenen Tadel des unwürdigen Beamten. Man war im Lauf dieser unerquicklichen Debatte begriffen, als der Maire eine vom General Uhrich übersandte Depesche aufbrach und den bedeutungsschweren, diesmal freudigen Inhalt seinen Collegen mittheilte. Es war der wohlbekannte Brief des Bundesraths der Schweiz, mit dem Datum des 7. Septembers, worin das menschenfreundliche Anerbieten der helvetischen Regierung in den einfachsten und deshalb umsomehr ergreifenden Ausdrücken eingeschrieben stand: „Die Auswanderung der Frauen, Kinder und Greise und ihre Unterbringung in die Schweiz zu leiten,“

nachdem die Ermächtigung zu diesem Schritt bei dem Feldherrn der Belagerungsarmee eingeholt worden. — Die Depesche trug die Unterschrift des Präsidenten Dubs; die Namen der Biedermänner, welche die schwierige Mission übernommen, — die Herren Roemer, von Zürich, Büren, von Bern, Bischoff, von Basel — waren schon bezeichnet; in einer Zuschrift kündigten sie selber ihre Ankunft an: auf den folgenden Morgen in Eckbolsheim, zu Straßburg um die Mittagsstunde. Die That folgte dem ausgesprochenen Versprechen mit Blitzesschnelle nach. Der Schweizer hielt an dem alten Wahlspruch fest: Ein Mann, ein Wort.

Die Mittheilung dieser Botschaft war kaum beendet, da ertönte, laut und dröhnend, wie aus einer einzigen Brust, der Jubelruf aller gegenwärtigen Mitglieder des Bürgerrathes: „Es lebe die Schweiz! die Schweiz lebe hoch!" — War es doch die erste Freundesstimme von außen, die seit Wochen nur an Kanonendonner gewöhnten Ohren wie mit Morgenglockenklang überraschte! War es doch von außen her der erste Hoffnungsstrahl, der in die graue, verpestete Pulveratmosphäre des schwer heimgesuchten Straßburgs fiel! War es doch in arger Prüfungsstunde eine Erinnerung der historischen Bünde zwischen der alten Reichsstadt Straßburg und den freien Städten am Fuße der himmelhohen freiheitgekrönten Alpen! Glücklich sind sie, die vierzig Männer, denen es vor Allen gestattet war, diese Friedenstaube mit dem Oelzweig sich niederlassen zu sehen auf den Sitzungssaal! glücklich sie, denen es zukam, die allerersten, ihrer Familie, ihren Freunden ihren Mitbürgern allen das lang ersehnte Wort zu verkünden: „Man vergißt uns nicht!“

Hoch lebe die Schweiz! O! dieser Dankruf bricht noch hervor aus der Brust so vieler von dem herrlichen Nachbarlande aufgenommenen Bewohner Straßburgs! er tönt noch jetzt aus allen Gauen Frankreichs, deren todesmüde letzte Vertheidiger vier Monate später in denselben gastlichen Räumen der helvetischen Städte und Dörfer Pflege fanden für ihre wunden Glieder und aufrichtende Trostesworte für ihre wunde gebeugte Seele.

Die Schweizer Delegirten haben über ihre Aufnahme zu Straßburg und über ihr Verfahren in einer eignen interessanten Broschüre Bericht erstattet . . . . Aus den unteren Räumen waren die Bewohner herbeigeeilt, Zeugen zu sein, am Weißenthurmthor und in den Straßen, des Einzugs der „Freunde der Schweiz“. Beim Niederlassen der Fallbrücke erschallte aus tausend und abertausend Kehlen derselbe Ruf, welchen die Vertreter der Gemeinde des Abends vorher ausgestoßen; Händedruck um Händedruck wurde gewechselt; die etwas lange, pomphafte, aber doch herzliche Dankrede des Maires wurde von den Schweizern mit wenigen spartanischen Worten erwiedert und im Erdgeschoß des Hotel de Commerce die einleitenden Maßregeln zur Auswanderung besprochen. Bereits um fünf Uhr Abends mußten die Delegirten, von Segenswünschen begleitet, die bedrängte Stadt verlassen, aber sie hatten, mit Erlaubniß des deutschen Obercommandanten, den Sturz des Kaisers, die Katastrophe von Sedan und die republikanische Umwälzung in Paris mitgetheilt.

Aus den lang verschlossenen Fenstern flatterte im Nu die Tricolore und von der neuen Regierung erwarteten die Bedrängten wundervolle baldige Rettung. Den Fernsehenden konnte das Endergebniß nicht zweifelhaft sein.

In einer Abendsitzung der Municipalität (11. September) wurde ohne Verzug die praktische Ausführung des schweizerischen Anerbietens berathen; schon am folgenden Tage hatten sich 1500 Auswanderungslustige auf der ausgelegten Liste eingeschrieben und nach einer geheimen politischen Debatte begab sich, am 12. September, eine Bürgerdeputation zu General Uhrich; Frankreichs Lage war selbstverständlich der Hauptgegenstand dieser wichtigen Unterredung.

Die freimüthige Antwort des greisen Kriegers ließ sich in wenig Worten fassen: „Er könne die Republik nicht anerkennen, bevor ihm der directe Befehl seines Oberen, des Kriegsminister, zugekommen; doch sträube er sich nicht gegen die unwidersprechliche Thatsache; denn auch bei dem Präfekten waren Berichte aus der Hauptstadt hinterlegt worden. Er, der Gouverneur von Straßburg, werde auf seinem Posten verharren und die Vertheidigung der Festung, so lange sie haltbar, fortsetzen.

An demselben Tag meldete sich der Departementalchef, Baron Pron, bei dem Gemeinderath, und theilte seine Depeschen mit: „Er sehe sich nicht mehr als Präfekt der republikanischen Regierung an, werde aber, im Landesinteresse, bis auf weitere Instruktionen, seine Stelle versehen." Eiskalt wurden seine Worte aufgenommen: in den Mienen fast aller Anwesenden konnte er sein Schicksal lesen; im Verlauf von zweimal vierundzwanzig Stunden sollte es sich entscheiden.

Der Rath wollte nähere, bestimmte Erkundigung einziehen. Es wurde beschlossen, zwei Delegirte nach Paris zu senden. Küß und Kablé waren zu dieser Mission bezeichnet und erbötig (13. September). General von Werder verweigerte die Erlaubniß zur Abreise (14. September).

Auf den Centralpolizei-Kommissar entlud sich die seit Wochen zurückgehaltene Entrüstung. Im Rath wurde seine unverzügliche Absetzung verlangt. Die Departementalverwaltung sagte nicht auf der Stelle zu, und ließ dem Unwürdigen Zeit, mit den bald eintreffenden Geleitscheinen für die Auswandernden nach Willkür zu verfügen.

Auch die Demission des Präfekten wurde beim Gouverneur verlangt. Herr Humann weigerte sich standhaft der Ueberbringer dieser Forderung zu sein.

Aus dem deutschen Generalquartier von Mundolsheim entsendeten unterdeß die Schweizerdelegirten ein Schreiben, mit den Bedingungen und Vorschriften für die Auswandernden. Vierhundert Personen, womöglich Begüterte, sollten auf der ersten Linie stehen. Der Brief wurde in der Sitzung des 13. Septembers verlesen, die Bestimmung der Kategorien und der Maßregeln an eine Kommission verwiesen.

Den Schluß dieser Sitzung bildete eine unerwartete Erklärung des Maire: „Er lege sein Amt nieder; er dürfe bei seiner wohlbekannten Zuneigung zu den Orléans, und als bisheriger Napoleonischer Maire, keine politische Stelle unter dem neuen régime versehen.“

— Vergebens bekämpften einige Mitglieder den Entschluß des Abtretenden; er beharrte darauf und wurde, sonderbar genug, vom republikanisch gesinnten August Schneegans, mit gewichtigen Gründen unterstützt. Mit dem Maire traten gleichzeitig die bisherigen Adjunkten von dem Schauplatz ab.

Der Entschluß dieser Municipalbeamten war, wo nicht durch die Umstände geboten, so doch auf natürlichem Wege durch dieselben herbeigeführt. Man schritt unverzüglich zu der Wahl ihrer Nachfolger. Der anerkannte Chef der republikanischen Partei, Dr. Küß, wurde einstimmig zum Bürgermeister ernannt, und ihm die Herren Leuret, Flach, Weyer und Zopf als Adjunkten beigesellt. Letzterer leitete mit Umsicht und unverwüstlichem Humor die Auswanderung; er hatte sich im Laufe der Belagerung, hauptsächlich mit der Speisebereitung und Vertheilung befaßt, und in diesen ernsten Augenblicken eine lokale Rolle gespielt. Dabei vergaß er nicht einen gewissen Anstand zu bewahren, zeigte sich immer sehr korrekt gekleidet, und stand auf höflich-freundlichem Fuße mit den deutschen Geleitsofficieren, die er bei vier oder fünf Auszügen der Emigrirenden, vor den Thoren oder in den nächsten Militärstationen zu bearbeiten sich bemüßigt fühlte; denn nicht ohne Störung und vorläufige Mißverständnisse liefen diese Operationen ab. Es war ein gewisser Grad von ungestörter, jovialer Gemüthsruhe, und improvisirter diplomatischer Gewandtheit erforderlich, zur Abwickelung des complicirten Geschäftes. In dem Gemeinderath referirte sodann Abends der Heimkehrende mit naturwüchsiger Eloquenz über das

Vollbrachte, und erntete, befriedigt, den Beifall seiner Kollegen.

Allein der volle Ernst der Lage drückte immer noch auf die Gemüther des Raths und der Bürger. — Durch die Entfernung von etwa 2500 Personen erwuchs der Gesammtheit der Bevölkerung, für den täglichen Unterhalt, eine geringe Erleichterung; das Beschießen der Stadt und der Wälle wurde nicht unterbrochen; die in Paris improvisirte Republik konnte nicht Wunder wirken, noch eine Armee zum Entsatz der umzingelten Festungen aus der Erde stampfen. Lorbeer und Blumenkränze legte man wohl in endlosen Processionen zu den Füßen der Bildsäule Straßburgs auf dem Ludwigsplatze nieder; ja, an theatralischer Inscenirung ließ man's nicht fehlen; durch ein Dekret der Regierung de la défense nationale wurde Herr E. Valentin zum republikanischen Präfecten des Niederrheins, und Herr Moritz Engelhardt — nicht zu verwechseln mit dem Herausgeber der Herrad von Landsperg *) — zum Maire von Straßburg ernannt.... Beiden Beamten war es anheim gegeben, sich auf eigene Faust durch die Vorposten und Batterien der Belagerungsarmee durchzuschleichen; aber es ward ihnen keine spartanische dreihundertköpfige Heldenschaar beigegeben, sich einen Durchbruch in die bedrängte Stadt zu erkämpfen.

Unwillkürlich bin ich den sich überstürzenden Begebenheiten etwas vorausgeeilt; ich kehre zum Gemeinderath zurück.

*) Er war dessen Neffe.

Am 15. September hatte der neue Bürgermeister über eine mit General Uhrich gepflogene Unterredung berichtet; er hatte von dem alten Haudegen die Anerkennung der Republik errungen und beiläufig die Zusicherung erhalten, der Präfect werde freiwillig abtreten und nur den Generalsecretär für die laufenden Geschäfte zurücklassen.

Diese Erklärung fand der Gemeinderath unzulänglich: er wollte durch ein Mitglied aus seiner eigenen Mitte in der Präfectur Posto fassen und wählte zu diesem temporären Amte einstimmig den Chefredacteur des „Niederrheinischen Kuriers", Herrn Charles Börsch, der sich Anfangs gründlich und aufrichtig gegen diese Ehre sträubte, die er, in früheren Zeiten, als Schmuck und willkommene Last getragen hätte. Auch auf ihn war das Sprüchwort anwendbar: Was man in der Jugend wünscht, hat man im Alter die Fülle.

Da man nun einmal in die Republik übergesiedelt, fand sich der Rath gedrungen, aus der Klasse der Gewerbe sich noch vier Mitglieder beizugesellen.

Die Sitzung des 16. September eröffnete mit einer Trauerbotschaft. Von den vor wenig Tagen in der Mairie Verwundeten waren zwei erlegen; *) auch Commandant Goerner hatte den Tod einiger Feuerwehrmänner zu berichten. Ueber den Gesundheitszustand der Stadt gab dagegen der Adjunkt Zopf bessere Nachricht. In sieben für die Volksklassen geöffneten

*) Die Namen der pflichttreuen Diener waren: Legler und Desroches.

Räumen waren seit mehreren Wochen 126,000 Rationen unentgeltlich, und in den sogenannten „ökonomischen Küchen" gegen eine unbedeutende Vergütung, ebenso eine Masse von Suppen mit Zubehör und Wein ausgegeben worden. — Auch General Uhrich stellte der Subsistenzkommission auf 14 Tage hinaus Brodrationen, Bettdecken und Schuhe zur Verfügung.

Inmitten dieser Sorgen fand der Rath dennoch Zeit und Muth, sich mit einer theoretischen Frage zu befassen. Der Augenblick schien günstig für eine Geltendmachung des Eigenthumsrechts der Stadt auf das sogenannte „kaiserliche" Schloß. Man legte die Revendication des Maires in das Protokoll nieder und zwar in einem Momente, wo der ganze Prachtbau von einer Stunde zur andern nur noch als Trümmerhaufe bestehen mochte. Es kostet einige Anstrengung, sich zu diesem spartanischen Gleichmuth und zu der Höhe dieser juridischen Ansprüche zu erheben.

Mit dem 20. September trat die Gemeindecommission in einen neuen Bezug zu der Präfectur. Der verwegene Valentin hatte mit fabelhafter Kühnheit und Ulyssischer Schlauheit durch die deutschen Truppen hindurch, zu Land und schwimmend, einen Weg gefunden, war von den Schüssen der französischen Vorposten unbeschädigt geblieben und zum General Uhrich geführt, vor welchem er sich als künftiger Kollaborator an dem Vertheidigungswerke Straßburgs entpuppte. Er wohnte, stante pede, einer Gemeindesitzung im Hotel du Commerce bei. Der erste Eindruck war ihm nicht günstig; er glich eher einem Handlungsreisenden, sagte dem Schreiber dieser Zeilen ein Rathsmitglied, als einem homerischen Helden; bald aber imponirte er durch ein felsenfestes Benehmen. Zum Willkomm schossen ihm — unbewußt — die deutschen Batterien das Präfecturgebäude über dem Haupte zusammen; der aufwirbelnde Brand verscheuchte ihn aus dem officiellen Kabinette und dem nicht übel für Damen eingerichteten Keller in das Nebengebäude der Schreibstuben, während der Rest der Mobilien in das gegenüberliegende Archiv geflüchtet und in verpesteten Krankenräumen mit Skripturen und anderm Zubehör aufgestapelt wurde.

Der interimistische Präfect legte seine Stelle nieder; nicht so der Maire von Straßburg. Auch er war nominell durch Herrn Moriz Engelhardt ersetzt. Dieser letztere hielt sich in Schlettstadt auf; er hatte sich nicht, wie Valentin — und verübeln kann ihm das Niemand — durch die deutschen Truppen und französischen Flintenschüsse hindurchgewagt, und wäre er auch in Straßburg per tot discrimina rerum gelandet, es hätten ihm dort Widersacher mit geistigen Waffen entgegen gestanden.

Die Sitzung des 12. September wurde durch einen stürmischen Protest gegen die „unpatriotische" Ernennung eingeweiht; Dr. Küß war augenscheinlich der Mann der Lage. In einem Briefe an General Uhrich verlangten seine Kollegen für ihn die Bestätigung des Bürgermeisteramtes in seiner treuen, kräftigen Hand. Der General erwiederte den folgenden Tag, „es habe Küß während und nach der Belagerung Maire von Straßburg zu bleiben." Mit Bravorufen wurde die Antwort aufgenommen und dem greisen, heldenhaften General ein Ehrendiplom des „Bürgerrechts von Straßburg" überreicht.

Noch vier schwere Leidenstage waren durchzukämpfen. Die noch aufrecht stehenden Häuser in der nördlichen Vorstadt waren nun fast sämmtlich niedergebrannt, ebenso die Kasernen im Quartier St. Niklaus. Die Zahl der Obdachlosen und Verwundeten stieg täglich, stündlich; in der Sitzung des 26. drang der ehemalige Maire Herr Kratz auf die Anlage von Succursalen zur Pflege der Verstümmelten, aber wo und wie? Die Rathlosigkeit stieg mit der Noth. In einer folgenden Sitzung wurde beschlossen, die Verwaltung des Bürgerhospitals anzusprechen, oder für Aufnahme der Verwundeten die Kirche Saint Nikolai zuzurichten. Mehrere Stimmen verlangten in gegenwärtigen anormalen Umständen, von der Hospizverwaltung die Anstrengung aller Kräfte, und nöthigenfalls eine Verwendung der zurückgelegten Kapitalien oder der Grundwerthe.

Ueber die Unzulänglichkeit der polizeilichen Aufsicht wurde gerechte Klage geführt; ein Mitglied des Raths bestätigte das Auftauchen einer Bande von Missethätern, die auf systematische Plünderung ausgingen. Unabweisliche Fakten wurden von anderen Mitgliedern als Belege angezeigt. Es war hohe Zeit, daß die Prüfung zu Ende ging, obgleich einige hyperpatriotische, meist von Außen stammende, mithin unbetheiligte Matamore auf die fortgesetzte Vertheidigung der Stadt drangen. Es war darauf blos zu erwiedern, daß eine doppelte Bresche geschossen und das Vertheidigungscomité den General Uhrich zur Kapitulation bestimmte. Uhrich und Küß hatten das Herz auf dem rechten Fleck und glaubten sich indeß nicht verpflichtet, der Stadt Straßburg das Loos von Magdeburg oder Sarragossa zu bereiten.

Der Rath hatte sich in den Nachmittagsstunden des 27. September getrennt, in voller Unkenntniß der kritischen Lage, welche in demselben Momente den Gouverneur bewog, auf dem Münsterthurm die weiße Parlamentärfahne aufzuhissen.

Eine heftige Gährung, das Symptom eines nahen Aufstandes trat zu Tage; zur Beschwichtigung der gereizten Massen schlugen der Maire und seine Gehülfen ihre Popularität in die Schanze. Diesmal siegten die Besonnenen über die Feuerköpfe. Die Nacht verstrich ohne Empörung und in früher Morgenstunde konnte sich Dr. Küß mit den Herren Börsch und André in das Generalquartier nach Mundolsheim begeben und dort die unumgänglichsten Verhaltungsregeln für die nächsten Tage einziehen. Während ihrer Abwesenheit tagte die Gemeindecommission unter dem Vorsitze eines Adjunkten; sie vernahm mit ziemlicher Fassung den Bericht über die mit General Uhrich gepflogene Unterredung des Maire und die unabweisliche Nothwendigkeit der nächtlich abgeschlossenen Kapitulation. Als Dr. Küß von seinem Ausflug nach Mundolsheim in die Rathsversammlung zurückkehrte, beschwor er seine bisherigen Kollegen, ihm in der dornenvollen Laufbahn, die er nunmehr einzuschlagen hätte, fernerhin beizustehn. Neue Pflichten, und nicht die leichtesten, ständen jetzt bevor. Schon des Morgens hatte Herr Alphons Saglio den präsidirenden Adjunkten über die künftige Stellung und Existenz der Gemeindecommission befragt und die vorläufige Antwort erhalten, daß sie vermuthlich fortbestehen solle und müsse, bis geregelte Zustände eingetreten. Dr. Küß sprach in demselben Sinne und trug blos auf die sofortige Wahl neuer provisorischer Adjunkten an. Die Herren André, Eissen, Kablé und Schneegans wurden zu dem nicht beneidenswerthen Posten ernannt (30. Sept.). Von nun an hörten die täglichen Sitzungen auf.

Der Maire berief seine Kollegen nur, wenn ihre Gegenwart dringend geboten war.

Für Straßburg begann mit den drei letzten Septembertagen 1870 eine neue Aera, wie Tag für Tag, gerade vor 189 Jahren, das politische Wesen der alten Reichsstadt einer fast totalen Metamorphose unterlag. Seltsame, nicht ganz unvorhergesehene, aber doch betäubende Umwandlung der Geschicke!

Welche Pflichten hatte jetzt ein Maire von Straßburg zu erfüllen? Wie er in Friedenszeit die Interessen seiner Vaterstadt wahrte, so lag ihm unter dem neuen Regiment ob, vermittelnd einzutreten zwischen seinen Mitbürgern und den unabweislichen Forderungen des Krieges; denn Alles blieb noch monatelang in der Schwebe oder auf der Degenspitze ruhend. Er hatte Fügung unter das Schlachtenloos zu predigen und bei dem Sieger an das Billigkeitsgefühl zu appelliren, wenn dem Repräsentanten des lokalen Gesetzes und Rechts die Forderungen allzuhoch gestellt erschienen, oder wenn an einem Scheidewege die eine Straße ebener und fahrbarer als die andere, vom nunmehrigen Gebieter gewählte, sich darbot.

Die Hauptangelegenheiten wurden in der ersten Zeit durch die Einquartierung und Beherbergung der deutschen Truppen herbeigeführt. Mit der gewissenhaftesten Vorsicht konnte bei der Vertheilung derselben nicht jedem einzelnen Mißstand vorgebeugt werden. Zu bestimmen, wie viel Mann jedem einzelnen Hause anzuweisen, war im ersten Augenblicke ein schwer zu lösendes Problem. Man verfuhr, mit genauer Berücksichtigung des verfügbaren Raumes, der anwesenden Bewohner und der muthmaßlichen Vermögensumstände; den partiellen Ungerechtigkeiten und Fehlgriffen wurde abgeholfen; doch mußte täglich für 12,000 Mann Quartier beschafft werden; der Beistand einzelner Glieder des Raths wurde selbstverständlich in Anspruch genommen und leistete unverkennbare Dienste. Auch wurden sofort in den ersten Octobertagen Kommissare für Abschätzung der erlittenen Verluste und Schäden an Mobilien und Immobilien ernannt. Ein Mitglied beantragte die Wiederaufnahme des Octroi an den Stadtthoren, denn „es sei nicht mehr als billig, der Stadt in ihrer jetzigen pekuniären Bedrängniß durch diese Maßregel eine Erleichterung zu verschaffen."

Am 9. October wohnte der erste deutsche Präfekt, Graf von Luxburg, mit seinem Generalsekretär, Herrn Flad, und einem Assessor, Dr. Löning, der Sitzung des Raths im Gemeindehause bei, und besprach sich, als Jurist, über den Schadenersatz und die dringlichsten Maßregeln zur Wiederherstellung eines regelmäßigen Ganges in der lokalen Verwaltung. Auch in den Straßen der Stadt, wo Trümmerhaufen die freie Bewegung hemmten, auch in den beschädigten, oder halbzerstörten Häusern mußte rasche Ordnung geschaffen werden; nur fehlten die Arbeiter; denn im ersten Augenblick nahm die Militärbehörde alle verfügbare Kräfte in Beschlag; daß auf telegraphischem Wege sechshundert Werkleute aus Berlin verschrieben seien, verkündete Graf Luxburg, und dankte in herzlichen Ausdrücken der Versammlung, die sich einer nicht leichten Verpflichtung so bereitwillig unterzöge.

Eine Sitzung am 24. Oktober wurde fast ausschließlich mit Kreditbegehren ausgefüllt.

Für Belagerungskosten forderte der Maire	100,000 Fr.
für den Unterhalt der Garnison . . .	80,000 „
	180,000 Fr.

Da während drei Monaten an den Stadtthoren nichts eingegangen, und jedes andere Einkommen sistirt war, mußte der bedrängte Verwalter auf das natürlichste und zur Hand gelegene Hülfsmittel greifen. In der Banksuccursale hatte die Stadt 676,000 Fr. zu Gute; aber das Sequester lag auf diesem Deposit, wovon der Maire zu augenblicklicher Zahlung der angedeuteten Tagesbedürfnisse begehrte. Die provisorische deutsche Verwaltung hob für diese Summe das Sequester auf. Dann war aber auch für die erste, bescheidenste, vorläufige Reparatur der abgebrannten Münsterbedachung eine Summe nöthig, wofür das Frauenhaus Rath zu schaffen hatte.

In den späteren November- und Dezembersitzungen kamen diese benöthigten Ausgaben wieder im einzelnen und oft in größerem Maßstabe vor; es waren unvermeidliche, unerquickliche Tage. Einigen Mitgliedern wurde die undankbare Arbeit der Vertheilung der Lasten nicht nur unbequem; sie glaubten noch vor Ende des Jahres sich der zuerst freiwillig übernommenen Pflicht entziehen zu müssen. Es läßt sich mit den Ermüdeten nicht rechten; zum Festhalten an solcher Aufgabe gehörte eine gute Dosis von Resignation und unermüdlicher Thätigkeit. Dem damaligen Maire bleibt das seltene und unbestrittene Verdienst, jene Bürgertugenden in der schweren Zeit bewahrt zu haben.

Gegen Ende des Jahres wurden neue beträchtliche Summen für den Antheil der Stadt an Festungs- und Kasernenbau und Unterhalt der Garnison verlangt. Das Angreifen des Grundvermögens der Stadt wollte man um jeden Preis vermeiden; so schlug denn der Maire ein Anlehen bei der Bank vor, kam aber zugleich bei der obern Behörde gegen jene Ausgaben ein. Die Stadt wurde von dieser Bürde entledigt und die schon erfolgten Ausgaben ersetzt.

Im Laufe Octobers hatte der Generalgouverneur des Elsaß eine Kommission von Sachverständigen — Einheimische und Deutsche, Geistliche und Laien — für die Münsterreparaturen eingesetzt, und von diesem Vereine war ein Aufruf für Beisteuer an Deutschland ergangen. Gegen diese Maßregel protestirte Herr Charles Börsch leidenschaftlich in einer Novembersitzung; die Intervention der Verwaltungsbehörde schien ihm ein Eingriff in das sechshundertjährige Eigenthumsrecht der Stadt. Im Gemeinderath konnte sein theoretischer Protest nicht weiter berücksichtigt werden; doch höheren Orts lenkte man, proprio motu, in andere Bahnen ein.

Das Münsterbaucomité wurde nur wenigemale zusammen berufen; die auswärtigen Beiträge flossen spärlich zu; somit blieb der Verwaltung und Kasse des Frauenhauses die fernere Sorge für das Riesenmonument überlassen.

Fortwährend, der ganzen Sachlage gemäß, blieb die Municipalverwaltung mit Geldangelegenheiten beschäftigt. Noch bevor sich Küß verabschiedete, gab der Wiederaufbau der Präfectur zu einer Streitfrage mit dem deutschen Präfecten Anlaß; erst später, nachdem eine beträchtliche Indemnitätssumme bestimmt war, konnte der theoretische juridische Zwist geschlichtet werden. — Mit der französischen Banksuccursale war die Gemeindeverwaltung zu derselben Zeit in beständigem Verkehr; es galt ein Anleihen von einer halben Million abzuschließen, denn bereits am Schluß des 70ger Jahres waren die Ausgaben und Verpflichtungen der Stadt für Militär-, Departemental- und Kommunalbeamte, und sonstige Erfordernisse auf 914,000 Fr. angeschwollen.

Unter dieser Sorgen kam der Tag der Deputirtenwahl, der 7. Februar 1871; nicht nur hatten die deutschen Behörden dieser Aeußerung der öffentlichen Meinung in Elsaß-Lothringen kein Hinderniß in den Weg gelegt; sie wollten augenscheinlich bei dieser officiellen Gelegenheit dem Zustand der Gemüther auf den Grund sehen.

Im Niederrhein ging der Name des Dr. Küß fast einstimmig aus der Wahlurne hervor. Angegriffen im tiefsten Lebensmarke, gewarnt, gebeten von treuen Freunden sich nicht vom heimathlichen Boden zu entfernen, bereitete er sich in stiller, stummer Resignation zur Abreise. Er folgte einer innern Stimme, die ihn auf das Kranken- und Sterbebette, an den Ufern der Gironde rief, und von dort in die Heimath zurück sein Sarggeleite zu einem Triumphzuge erhob.

Am 10. Februar präsidirte er zum letztenmale den Gemeinderath in seiner Vaterstadt und setzte sich hierauf mit einigen seiner Kollegen auf die Eisenbahn, die ihn nicht mehr lebend zurückbringen sollte. Herr Julius Klein wurde von ihm zum Stellvertreter delegirt und als solcher vom Rath und vom Präfecten anerkannt. Am 2. März gab dieser interimistische Vorstand beängstigende Nachricht über den Zustand des in Bordeaux erkrankten Freundes; unwillkürlich ahnte der versammelte Rath, ahnte die besorgte Stadt den tragischen Ausgang. Bereits am 4. März war die Hiobspost von dem Hinscheiden des allseits geachteten und gepriesenen Bürgermeisters hier angelangt und seine Kollegen im Gemeindehause konnten ferner nur die Anstalten zum bevorstehenden Leichenbegängniß besprechen.

Bereits sind mehr als drei Jahre verstrichen seit dem Trauertage, zu dessen ernster Feier die tiefergriffene Bürgerschaft sich herbeidrängte; es war ein Leichenzug, wie er wenigen Großen dieser Erde beschieden, ohne Prunk, einfach und würdig, den Charakter des Verstorbenen abspiegelnd.

Die Municipalität sorgte für seine Wittwe, seine Kinder und sein Grab. „Ich beneide meinen Nachfolger", so hatte sich Herr Humann in der Sitzung des 10. März ausgedrückt: „ich beneide ihn um sein Ende; auch ich, während der Belagerung, wollte sterben; aber dies schöne Loos ward mir nicht zu Theil." Der Vorgänger von Küß hatte wahre Worte gesprochen; es ist nicht jedem Hochstehenden vergönnt, zu rechter Zeit, auf dem Gipfelpunkte des Lebens, zu sterben, ehe er verkannt wird, ehe die wandelbare Volksgunst ihm den Rücken kehrt oder ihn ins schattenhafte Reich der Vergessenheit zurückstößt.

Herr Klein suchte in die Fußtapfen seines Freundes zu treten, zu vermitteln, wie er, zwischen den neuen Behörden und der Einwohnerschaft. Sein Standpunkt, auch seinen Kollegen gegenüber, war im höchsten Grade schwierig und undankbar. Während seiner temporären Geschäftsführung stellte er an die Regierung zu wiederholten Malen das Begehren, neue Gemeindewahlen zu gestatten und von einer täglich schwerer werdenden Last die in Tagen der Noth eingesetzten Verweser zu befreien. Erst im Laufe des Juli (1871) konnte willfahrt werden. Nach bisherigem französischem Gesetze wurde zur Renovation des Rathes geschritten. Bevor Herr Klein mit seinen nächsten Mitarbeitern schied, glaubte er sich berechtigt, in einfachen Worten summarisch die Leistungen, die unter mancherlei Hemmnissen und Anfeindungen von ihm vollbracht wurden, in's Gedächtniß zurückzurufen. Mit Fug konnte er betonen, daß auf die verheißenen Indemnitäten schon eine bedeutende Abzahlung erfolgt, daß die Auslagen der Gemeindekasse zum Theil schon zurückerstattet, zum Theil gesichert seien, daß die Einwohnerschaft von der Last der Einquartirung befreit und die zerstörten Gebäulichkeiten bereits theilweise aus ihrem Schutte neu erstanden.

Zum Voraus gab er die Erklärung ab, daß er den Funktionen des Maires entsage.

Am 6. September folgte die Installirung des aus den Juliwahlen hervorgegangenen Gemeinderaths *) und am 9ten desselben Monats die Wahl eines Maires. Von dreiunddreißig gegenwärtigen Votirenden gaben siebenundzwanzig ihre Stimmen dem Herrn Ernst Lauth, der indeß eine Bestätigung der deutschen Behörden zu erwarten hatte; diese erfolgte im Laufe Oktobers; am 18. wurde der Neugewählte von seinem Vorgänger eingeführt, der abgehenden Verwaltung die obligate officielle Danksagung ausgesprochen und als Adjunkten die Herren Imlin, Weyer, Hueber und Goguel vom Maire bezeichnet. Am 27. Oktober präsidirte dieser zum ersten Mal; er hatte schon den Standpunkt umschrieben, den er einzunehmen gedachte, und sich auf das Andenken seines geehrten Vaters gestützt, der vor 23 Jahren (1848) während einigen kritischen Monaten das Bürgermeisteramt versehen.

Wir stehen hier am Eingang der Tagesgeschichte, welche den Tagesblättern, nicht der objektiven, ruhig abwägenden Erzählung anheimfällt. Schreiber dieser Zeilen fühlt sich nicht berufen, in die Mitte der vor unseren Augen sich abrollenden Begebenheiten einzubringen und sich ein Urtheil zu erlauben, das vielleicht in wenig Jahren als voreilig sich erweisen dürfte. Er hat sich beflissen, wahr zu sein, doch mit Vorliebe

*) Er war aus folgenden Mitgliedern zusammengesetzt: die HHrn. Klein, Hoerter, Weyer, Barth, Grouvel, Clog-Mertian, Huck, Destrais, Hueber, Schweighäuser, Schneider, Petiti, Humann, Hatt, Bergmann, Kablé, Goguel, Roethlisberger, Stromeyer, Seyboth, Ruhlmann, Burger, Himly, Lichtenberger, Wolff Sohn, Dietrich, Imlin, Touchemolin, Levy, Krafft, Brunswick, Eissen, Flach.

eher die Licht= als die Schattenseiten der Personen und Zustände hervorgehoben. Und so führte er denn vor den Augen seiner Leser die wichtigsten Momente des 70jährigen Bestandes unseres Gemeindewesens vorüber; seine ersten schüchternen Anfänge unter dem Konsular= und Kaiserregime, seine bisweilen an byzantinische Adulation streifenden Schmeicheleien vor dem allmächtigen Herrscher, seine progressive autonome Thätigkeit unter den älteren Bourbonen während der mit Unrecht verschrieenen Restaurationsepoche, seine systematische republikanische Opposition unter Ludwig Philipps milder Regierung, seine einlenkende Richtung, dem Socialismus von 1848 gegenüber, seine zeitweiligen, konfessionellen Eingriffe unter dem zweiten Kaiserreich, seinen von obenher angeregten und begünstigten Unternehmungsgeist in den öffentlichen Bauten unter demselben Regime und seine männliche Haltung in den Tagen und Nächten der Feuerprobe.

Der wissenschaftliche Congreß zu Straßburg
im September und October 1842.

Im Leben der Städte, wie der Individuen, gibt es Stunden oder Tage, worin ihr eigenthümlicher Charakter sich lebhafter und bestimmter ausspricht, als im gewöhnlichen Zeitenlaufe. Straßburgs intellectuelle und politische Bestimmung: ein vermittelndes Bindeglied zu sein zwischen den Nationen diesseits und jenseits des Rheins, trat unwiderleglich hervor während dem wissenschaftlichen Congreß im Spätherbst 1842. Es war ein Silberblick in hiesiger Localgeschichte, es war mehr als dies: friedselige, optimistische Gemüther konnten im Laufe jener flüchtigen Dekade — denn gerade zehn Tage dauerte der Congreß*) — an eine künftige, baldige Versöhnung der Gegensätze, an das Verschmelzen der Eigenschaften beider Völker glauben. Nicht nur an eine Emancipation der Provinzen von dem niederdrückenden, unheimlichen Einfluß der Hauptstadt an der Seine schien in der Begegnung so vieler ausgezeichneten, begabten Intelligenzen prophetisch und

---

Vom 28. September bis 9. Oktober.

symbolisch angedeutet; eingesunken schien die Scheidewand der Vogesen, der Rheinstrom in seinem mittleren Laufe überbrückt, und ein geistiges Band, wie von unsichtbaren Händen gewoben und gefestet, bildete von einem Ufer bis zum andern eine elektrische Kette der Verständigung, des Ideenaustausches, der gegenseitigen Toleranz, des neidlosen Anerkennens fremdartigen Verdienstes. Allein das Ganze war doch nur ein kurzer Silberblick, eine trügerische fata morgana. Dieser trostlose Ausgang soll indeß der Schilderung jener zehntägigen Conferenzen nicht den geringsten Eintrag thun; mit wenigen Worten werden wir beiläufig die Frage berühren: Warum die glänzende Morgenröthe sich so schnell in nebeligen Dunstkreis verbarg, oder, an einen herrlichen Vers von Racine anknüpfend:

Comment en un plomb vil l'or pur s'est-il changé ...
Wie sich in schlechtes Blei das feine Gold verwandelt ...

Daß wir nicht in's Blaue reden, nicht fabeln, indem wir dem wissenschaftlichen Congreß zu Straßburg eine so große Bedeutung beilegen, dazu diene als Beleg die Aeußerung mehrerer hochbegabten Männer — aus Deutschland, Frankreich, England, Italien, welche sich entweder persönlich einfanden, oder mit aufrichtiger Anerkennung des vielseitigen, encyclopädischen Fragenprogramms, an die versammelten Mitglieder*) ihren Glückwunsch übermittelten. So schrieb z. B. der ehrwürdige, von Alter und Krankheit gebeugte Menschenfreund Degérando an den Schriftführer der Versammlung:

*) Etwa fünfzehnhundert Subscriptionen waren eingesandt worden, an tausend Mitglieder wohnten bei.

„In Gedanken bin ich bei Ihnen; Sie wissen es wohl; die intellectuelle Allianz Deutschlands und Frankreichs war das erstrebte Ziel meiner langen Laufbahn; Sie wissen, daß seit vierzig Jahren, nach dem Maß meiner schwachen Kräfte, ich dazu mithalf. Sie wissen, wie sehr ich wünschte, es möchte unsere theure Stadt Straßburg als Vermittlerin dieses Bundes auftreten; denn ihr gebührt diese Rolle. Und nun tritt der Gedanke, den wir so lange gehegt und gepflegt, er tritt in das Leben. Tausendmal Dank für Ihre Bemühung zur Anplanung dieses schönen Tages. Zweifelsohne wird die Festlichkeit viele deutsche Gelehrte, die mir gewogen, nach Straßburg führen; sprechen Sie denselben ebenfalls meinen Dank aus."

Die nämlichen Ideen und Gefühle, nur mit andern Worten umschrieben, wiederholten sich in Briefen, ausgehend vom berühmten Naturalisten Oken in Zürich, von Director Schadow aus Düsseldorf, von Mittermayer, Kreutzer, Zachariä aus Heidelberg, vom Geheimrath Wendt aus München, dem Archivdirector Friedmann aus Nassau, welcher Letztere, den Kosmopolitismus der Wissenschaft betonend, an die bekannten Verse von Lamartine erinnert:

Je suis concitoyen de tout homme qui pense.

Das Resultat selber überstieg die gewagtesten Hoffnungen. In's Leben gerufen durch den berühmten Archäologen, Herrn von Caumont, hatte dieselbe Gesellschaft (le Congrès scientifique de France) schon neunmal in verschiedenen Provinzialstädten Frankreichs, zuletzt in Lyon, getagt, aber nie war die Zahl der Theilnehmer auch nur auf den dritten Theil der

„Argentoratensischen“ Versammlung gestiegen, und nie hatten sich bis jetzt in einer französischen Grenzstadt in demselben Maße eminente Vertreter der Wissenschaft und Künste, von vier Nationen, zusammengefunden. Das gelehrte Paris, das von jeher das Todtschweigen der verachteten Provinzialen auf eine perfide Art zu handhaben gewußt, fühlte sich diesmal bemüßigt, in den Coulissen des „Instituts“ oder in den Bureau's der Ministerien gnädigst davon zu sprechen. Und zwei Bände, mit Denkschriften und interessanten Protocollen der Generalversammlungen und der acht Sectionen des Congresses befrachtet, konnten später Zeugniß ablegen für die Rührigkeit der Glieder und ihren soliden Gedankenaustausch in dem kurz abgemessenen Zeitraume.

Hier drängt sich uns vor Allem die Frage auf: wie und durch welche Arbeiten betheiligte sich Deutschland an dem wissenschaftlichen Congresse, an diesem internationalen Friedensvereine, der fürwahr nicht die achtundzwanzig Jahre darauf eingetretene beiderseitige Bitterkeit errathen ließ. . . .

Da stoßen wir denn zuerst auf die ideenreichen Aufsätze Schadow's, des damaligen Directors der Kunstakademie von Düsseldorf. Er war unstreitig eine der eminentesten Persönlichkeiten des Congresses. Er ließ sich über die Einflüsse des Christenthums auf die Monumente der Kunst vernehmen und charakterisirte, wie er allein es damals durfte und konnte, die Malerschulen von Düsseldorf und München. Seine Ansichten, die Organisation der Künstlervereine in Deutschland und deren Uebertragung auf französische Zustände, stießen indeß auf Widerspruch; sie wurden besonders von Dr. Bruch, dem Dekan der theologischen Fakultät, der sich viel mit Kunstgegenständen beschäftigt hatte, eingehend bekämpft.

Professor Schnaase, der seitdem in der Literatur der Kunstgeschichte eine ausgezeichnete Stellung errang, las über die artistischen Doctrinen der Renaissance, und Schmid über den mysteriösen Ursprung der Ogivalarchitektur. Geheimrath Baehr von Heidelberg theilte seine Ansicht über die Heidenmauer des Odilienberges mit und sprach über den Verfasser der Biographien, welche unter Cornelius Nepos' Namen cursiren. Der Philolog Fuchs aus Dessau erging sich über die Literatur der Volksdialekte, Dr. Lewald exponirte die Ideen Plato's und Aristoteles über den Ursprung der Sprache, Kreutzberg wagte sich an die damals schon zukunftschwere Frage des Arbeiterlooses und der Stellung der untern Klassen den Arbeitgebern gegenüber; die weltberühmten Heidelberger Juristen Zachariä und Mittermayer, Professor Buss von Freiburg, Warnkönig u. A. m. ließen sich über staatsrechtliche Fragen und über vergleichende Gesetzgebung hören; Dr. Loebell unterwarf Guizots Ansichten über den Einfluß der nordischen Barbaren auf die moderne Gesellschaft einer neuen Erörterung. Der Verfasser der Hexenprozesse, Professor Soldan, lieferte einen der lehrreichsten historischen Aufsätze über den Templerorden.

Wir müssen uns hier, wie immer in ähnlichen Skizzen, auf diese Andeutungen beschränken. In den Sitzungen der Morgenstunden, in den mündlichen, meist extemporirten Discussionen, bethätigte sich absonderlich die encyklopädische, in's Detail gehende Erudition der deutschen Congreßmitglieder und ließ nachhaltigen Eindruck und Gewinn bei den Hörern zurück. Die Professoren und gebildeten Dilettanten von Straßburg, Elsaß und Lothringen hatten sich vorzüglich auf Beantwortung der Fragen des Programms geworfen und mehr als einhundert derselben im medizinischen, naturhistorischen, mathematischen, philologischen, kunstgeschichtlichen, archäologischen und lokalhistorischen Fache mit eingehender Kenntniß beantwortet. Eine fast gleiche Zahl, die nicht eingeschrieben und erst im Laufe des Congresses eingereicht worden, erfuhr ebenfalls eine extemporirte Besprechung.

Die Einreichung dieser Aufsätze und Improvisationen in die Unterabtheilungen des Congresses kam in einer von Hrn. Silbermann während der Schlußsitzung vorgelegten statistischen Uebersicht zu Tage. Auch hier müssen wir verzichten, nur annähernd aus dieser reichen Vorrathskammer von wissenswerthen und gewichtigen Stoffen das Beste aufzugreifen. Es genüge, zu wiederholen, daß von den Gebildeten aller Stände und von den Fachmännern während dem Sommersemester 1842 das Bestreben Wurzel gefaßt, sich den fremden Gästen auf dem Gebiete des Wissens ebenbürtig zu erweisen.

Wir bescheiden uns hier auf die summarische Andeutung derjenigen Memoires, welchen, durch verständige Auswahl und Berücksichtigung des gemischten Auditoriums, die Ehre zu Theil wurde, in den Nachmittagssitzungen, das heißt in den «assemblées générales», vorgetragen zu werden.

Der Generalsecretär, Professor Hepp, hatte am 28. September die Sitzungen mit einer Rede eröffnet, worin er die wissenschaftliche, literarische und kulturhistorische Bedeutung des Congresses hervorhob und seine eigene Unzulänglichkeit bei der großen Aufgabe, die ihm mit der vorläufigen Organisation der Versammlung auferlegt war, zu betonen. Nun ist hier die Bemerkung unerläßlich, daß der modeste Schriftführer sich bereits seit acht oder zehn Monaten seinem ehrenvollen, aber anstrengendem Amte mit aufreibendem Eifer hingegeben, eine in's Maßlose anwachsende Correspondenz mit in- und auswärtigen Behörden, mit den gelehrten Vereinen im Innern Frankreichs und den angrenzenden Ländern geführt, die vorläufigen Wahlen und die Berathungen der acht Sectionen in Gang gebracht, die materielle Seite der künftigen Versammlungen, die Aufnahme der Gäste nicht nur berücksichtigt, sondern zum Voraus Mittel und Wege gefunden, wodurch Straßburg in günstigem Lichte erschien und den herbeiströmenden Fremden einen nachhaltigen Eindruck splendider und herzlicher Gastfreundschaft hinterließ. Zu diesem Zwecke hatte er sich intelligente, bereitwillige, aufopferungsfähige Kollaboratoren aus allen Ständen beigelegt, in der Straßburger Municipalität, bei Maire, Präfekt und oberer Militärbehörde Unterstützung gefunden und sich der großen Aufgabe allseitig gewachsen gezeigt. Ein Jahr unausgesetzter Thätigkeit und noch die folgende Beschäftigung mit der Ausgabe der Verbalprozesse und der Vorträge ... es war seines Lebens Gipfelpunkt. Seitdem trat Prof. Hepp nach und nach in gänzliche

Abgeschlossenheit und entschlummerte, achtzigjährig, nach der Belagerung.

Unter den literarischen Mittheilungen, die den Kongreß eröffneten, geruhte man einen Aufsatz von lokalhistorischem Interesse zu bemerken und günstig aufzunehmen. Es führt derselbe die Aufschrift: „Stadt und Universität Straßburg im Jahre 1770“, d. h. dem Jahre, in welches Göthe's hiesiger Aufenthalt fiel. Die augenscheinliche Absicht des Verfassers war die Vorführung der literarischen und wissenschaftlichen Celebritäten jener merkwürdigen Epoche und der Einfluß, den sie, Stadt und Land, auf dem 20jährigen, nachmaligen Großmeister der deutschen Dichtkunst ausgeübt. Ein kolorirtes Gemälde Straßburgs am Wendepunkt zweier Epochen, der alten, noch echt germanischen, der jüngeren, ins Französische übergehenden, bildete die Einleitung zur Schilderung der Universität. Beiläufig wurden auch die Institutionen der absterbenden Reichsstadt berücksichtigt.

Herr Julius Sengenwald las eine gründliche Abhandlung über die moderne Konkurrenz vor, über ihre Licht- und Schattenseite, ihre Vortheile und Nachtheile, die er in versöhnlichem Sinne gegeneinander abwog und zugleich praktische Verfügungen gegen den Mißbrauch andeutete. In würdigem und doch eleganten Style gehalten, wies dieser Vortrag dem Verfasser eine ausgezeichnete Stelle in diesem literarisch-wissenschaftlichen Turnier an. Auch Professor Buß von Freiburg hatte sich an demselben Gegenstand in der betreffenden „staatsrechtlichen“ Sektion betheiligt.

Ueber die Gründung und innere Einrichtung der

Kolonie Ostwald referirte Herr C. Börsch; er that, was der Gründer, Herr Schützenberger, in persona nicht wohl thun konnte; er panagyrisirte die erste Idee und deren Ausführung. Viele Mitglieder des Kongresses hatten die Lokalität selber, unter der Führung des Maires, in Augenschein genommen. Wie und warum diese Stiftung ihrem ursprünglichen Zwecke entfremdet und in eine Erziehungsanstalt für junge Sträflinge umgewandelt wurde, haben wir schon in früheren Aufsätzen hinlänglich angedeutet.

Eine völlig zeitgemäße, parallelisirende Abhandlung über die Elastizität der Dampfkraft und den Elektromagnetismus theilte Prof. Kopp — der nachmalige Volksvertreter — mit, und erntete von dieser gemischten Versammlung durch die Faßlichkeit seines Vortrags verdienten Beifall.

Unter den ausgesprochenen Wünschen, welche den verschiedenen französischen Ministerien übermittelt wurden und mehr oder weniger Berücksichtigung fanden, können wir hier keine Auswahl treffen; aber einen Vorschlag dürfen wir nicht übergehen, er ist um so bedeutsamer, gerade weil er es zu keiner Erfüllung brachte und wie ein todtgebornes Kind die auf den Kongreß gegründeten Hoffnungen Lügen strafte.

Man beschloß nämlich auf den Vorschlag der HHrn. Börsch und Buss, die Stiftung einer „encyklopädischen rheinischen Gesellschaft.“ Dieser Verein sollte gleichsam die periodische Fortsetzung des wissenschaftlichen Kongresses bilden, sich mit der Herausgabe einer gemeinschaftlichen Revue oder Zeitschrift befassen und jährliche Zusammenkünfte während einigen Tagen der Osterwoche in irgend einer deutschen oder französischen Stadt an dem Rheinufer halten. Eine Kommission war mit der Berathung der Statuten beauftragt. Nun wurde leider gleich von allem Anfang der unverzeihliche Fehler begangen, nur in Straßburg ansässige Professoren und Gelehrte zu Mitgliedern des Ausschusses zu ernennen.

Von vornherein war dies zwar eine unwillkürliche, doch unvorsichtige Abschwächung der Theilnahme, welche die Gelehrten des deutschen Nachbarlandes dem Unternehmen entgegenbrachten. Ein noch größerer Fehler lag in der Bestimmung, daß nur französische Aufsätze in die Revue aufzunehmen seien, mithin die deutschen Mitarbeiter sich einer Uebersetzung zu unterziehen hätten. Somit war von vornherein die Gesellschaft in ihrem Keime erstickt. In Straßburg selbst erschlaffte der Eifer aus mehr als einem Grund; es fand sich zuvörderst keine Arbeitskraft, die sich ausschließlich dem zeitraubenden, schwierigen Geschäfte widmen konnte; die materielle und moralische Unterstützung von obenher fehlte; und wer mag es der damaligen französischen Verwaltung verargen, daß sie an diesem halbgermanischen Unternehmen nicht einmal halbweg Gefallen fand.

Als sich der Kongreß am Abend des 9. October 1842 trennte, hatten wohl wenige bei der pathetischen Schlußscene die Verempfindung, daß sich der Ausführung des in begeistertem Momente gefaßten Entschlusses vielfache unvorhergesehene Hindernisse in den Weg stellen würden.

Man erging sich vor dem letzten Abschied in gegenseitiger Danksagung; die einen für empfangene gastliche Aufnahme, die andern für die wohlwollende Gesinnung der französischen, deutschen, schweizerischen und italienischen Gäste. Es war — ich bediene mich eines vulgären, aber hier wohl treffenden Ausdruckes — es war Allen wohl ums Herz. Die scientifische, ausgiebige Ernte war in der That nicht die einzige Frucht dieses temporären Zusammenlebens gewesen; eine nicht unbeträchtliche Zahl der eingeschriebenen Mitglieder war mit Frau und Kind nach Straßburg gekommen; es hatten sich allabendlich in den geräumigen Sälen des „Palais", in den Hotels der Notabilitäten, in den bescheidenen Wohnungen der Bürgerschaft und der gelehrten Welt mannigfache Cirkel gebildet, worin sich beide Hauptnationalitäten, wie im geistigen, so auch im Familienverkehr gegenseitig schätzen lernten oder mit inniger Zuneigung entgegenkamen. Wer hätte an jenen Abenden, auf Bällen, in Concerten, bei Banketten oder am einfachen patriarchalischen Imbiß je gedacht, daß nach kaum einer einzigen hingeschwundenen Generation sich die Liebe und Freundschaft in Haß und Antipathie verkehren, daß sogar auf dem neutralen Gebiete der Wissenschaft gebildete Männer sich in feindlichen Demonstrationen ergehen, daß sanfte weibliche Wesen in Schmähungen gegen Andersdenkende oder Andersprechende sich auslassen würden. Von höheren Mächten war dies unserer eitlen, in materiellen Genüssen versunkenen Zeitgenossenschaft vorbehalten. Wenn und wie es sich zum Bessern wenden dürfte, darauf bleibt der Friedliebende die Antwort schuldig ... nur schmerzt es, von Fortschritt sprechen zu hören, wo der Rückschritt so offenbar, und das neunzehnte Jahrhundert, dessen erste und mittlere Hälfte mit so großer Hoffnung sich trug, wie durch eine dämonische Kraft in den Abgrund der Anarchie und eines zwiefachen religiösen und politischen Fanatismus hinuntergeschleudert wird.

Mit so trostlosen Gedanken diese Skizze des wissenschaftlichen Kongresses zu schließen, fiele uns allzuschwer. Wir nehmen die Freiheit, in deutscher Uebertragung einen Nachruf wiederzugeben, der sich an die heimkehrenden Gäste wenden sollte, aber sich bescheiden vor den andern Abschiedsrednern in Schweigen hüllte. Der Schreiber hatte blos den Anspruch, in gedrängter Kürze die Hauptresultate der Versammlung vorzuführen, die Gipfelpunkte zu beleuchten. Dem mannigfachen Stoff gerecht zu werden, muß der Wißbegierige an die gedruckten Annalen des Kongresses selber die Hand anlegen; er wird mit der Ueberzeugung scheiden, daß in jenen Herbsttagen noble Gedanken und Gefühle zur Sprache kamen, und daß, sollte auch vielfache Täuschung mit untergelaufen sein, sich so zu trügen nicht zur Schande gereichen kann.

Der Nachruf, auf den wir anspielen, war folgendermaßen gefaßt: *)

„Ein Jahrtausend ist verflossen, seitdem zwei Könige, zwei Brüder sich unter den Mauern Straßburgs mit ihren Heerschaaren zusammenfanden. Es waren dies Ludwig der Deutsche und Karl der Kahle.**) — Mit dieser welthistorischen Beredung begann eine neue Epoche; die deutsche und die französische Nationalität war damit gegründet und abgegrenzt; beide Völker-

*) Congrès scientifique de France. Tom. I, p. 141 u. ff.

**) Die Zusammenkunft fand am 14. Februar 842 statt.

schaften, die unter Karl dem Großen und Ludwig dem Frommen noch zusammen gelebt, fanden sich von dort an, durch ihre Sprachen und ihre Interessen getrennt in zwei große Komplexe.

„In Gegenwart Ihrer Armeen, auf dem Boden der ehemaligen römischen Citadelle, leisteten jedoch beide Fürsten einen feierlichen Eidschwur, treu zu bleiben der gemeinsamen Abkunft. Ludwig der Deutsche sprach die Formel in französischer, Karl der Kahle in deutscher Sprache; der Zuruf beider Völkerschaften bestätigte den Eid der Könige.

„Von dort ab begegneten sich beide Nationen, bisweilen als Verbündete, öfters auf dem Schlachtfelde, als Gegner; der Eidschwur Ludwigs und Karls hatte den ephemeren Bestand der politischen Pakte.

„Heute, zehn Jahrhunderte nach dem Vertrage von Straßburg, begegnen sich wieder, in Straßburg's Mauern, die Delegirten zweier Nationen; es sind die friedlichen Sendboten der Wissenschaft, der Literatur, der Künste, die sich hier die Hand zum Bruderbunde gereicht; in ihren Reihen glänzte keine kriegerische Waffe; in den Schranken dieses Turniers war die Beredsamkeit allein zum Kampfe berechtigt; auf das Wetterleuchten der Intelligenz folgte hier kein zernichtender Blitzstrahl. Alle die wir hier versammelt, bestrebten uns die Diener, die Kämpen der Wahrheit zu sein. . . .

„Dem Versprechen eines gemeinsamen Strebens, abgelegt auf dem wissenschaftlichen Kongreß von Straßburg im Jahre 1842, wird eine längere Dauer gewährt sein als dem Königspakte von 842. (!!) Auf dem Felde der Wissenschaft ist nur Eine Rivalität wahrscheinlich: der erste das Ziel zu berühren; dem Gelehrten und dem Künstler ist die Ehrbegierde nur erlaubt, wenn sie sich mit Uneigennützigkeit paart. . . .

„Man darf wohl ungestraft an alle Theilnehmer der Verhandlungen in allen Sektionen des Kongresses, die Frage richten: wurden je im Laufe auch der lebhaftesten Improvisation die Schranken der gegenseitigen Duldung übersprungen? haben unsere deutschen Brüder nicht unseren transvogesischen Staatsverwandten jegliche Anerkennung gezollt? haben nicht die Söhne des mittäglichen Frankreichs und Italiens, mit ihrem angeborenen Enthusiasmus die Resultate der Forschungen unserer nordländischen Gäste aufgenommen? . . . hat nicht in diesem festlich geschmückten Raume der Meister von Düsseldorf reichlichen, lautschallenden Beifall geerntet, da er in genialem aber einfachen Ausdruck die Grundsätze vorlegte, die ihn auf seiner Künstlerbahn, in seinem Ringen nach dem Schönen leiteten? hat er uns nicht alle gefesselt, durch die Offenbarung der Quelle seiner christlichen Begeisterung?

„Mehr als einmal wurde behauptet, daß der einzige Gewinn solcher wissenschaftlichen Zusammenkünfte sich auf das Anknüpfen interessanter Bekanntschaften mit achtbaren, liebenswürdigen Männern beliefe. Nun, auch dieses Ergebniß allein wäre nicht zu verachten, doch fürwahr das einzige ist es nicht. Werfen Sie, meine Herren, werfen Sie nur später, zutrauensvoll, und mit Selbstbefriedigung einen Blick auf die Verbalprocesse unserer Sektionen; sie werden finden, daß die Zeit nicht inmitten unnützer Erörterungen aufging;

sie werden gewahren, daß in unseren Vorlesungen und Improvisationen mehr als ein dunkler Punkt des wissenschaftlichen Gebietes sich klärte. — Auf dem Felde der Naturwissenschaft haben sie den Schüler, den Freund des illustren Agassiz vernommen, und sich mit seiner neuen Gletschertheorie befreundet*); sie sind mit ihm in die urweltlichen Krystallpaläste hinuntergestiegen; sie haben die bis jetzt mysteriöse, und nun blosgelegte Architektur begriffen und das Sickern der Gewässer in den Gletscherspalten gehört. Ein jugendlicher, erst vor Kurzem aus der skandinavischen Halbinsel zurückgekehrter Geologe**), ist uns zwischen den erratischen Blöcken jenes Heimathlandes der Runen ein belehrender Führer geworden; er wies an den schwedischen Felsen die vorhistorischen Revolutionen nach. Ein wohlwollender Greis***) forderte für die untergeordneten Wesen der Schöpfung einen Funken jener höheren Intelligenz, in deren Alleinbesitz der stolze Mensch sich wähnt. Französische Gelehrte führten uns in die Geheimnisse der Meteorologie, und umschrieben die Grundgesetze der Atmosphäre. — In einer anderen Klasse unseres Kongresses beschäftigte man sich theilnehmend und schüchtern zugleich mit dem Loose der Arbeiter, und suchte, durch praktisch ausführbare Mittel, die Stürme zu beschwören, die aus diesen unteren Schichten der Gesellschaft drohend emporsteigen: daß die lebhaft besprochenen Vorschläge mehr als Palliative seien, wünschen und hoffen wir.

*) Vogt.

**) Daubrée.

***) Brehm.

Es muß der Gesetzgebung gelingen, die einzelnen Versuche eines edelmüthigen Patronats zur allgemeinen Regel zu erheben. (!) In einem anderen, die Leidenschaften weniger aufregenden Fache, suchten einige unserer Kollegen die Sprachgesetze zu erforschen*). Eloquente Stimmen erhoben sich gegen die Abgeschlossenheit des französischen Provinciallebens, und wiesen auf die Mittel hin, diesen Zustand zu bessern. — Die Analysis versuchte sich an mehr als einer schwierigen Rechtsfrage und an Erziehungsproblemen. Auf dem geschichtlichen Felde grub man in den dunkeln Schachten nach, wo sich die Legende der Templer und Wilhelm Tells birgt**). Die alten epischen Ueberlieferungen unterwarf man einer gründlichen Untersuchung. Die Kunst und die Archäologie fanden auf viele Seiten hin ihre eifrigen Vertreter. Geschäftige Hände befreiten die Druidensteine unserer Gebirge und Wälder von ihrem tausendjährigen Moose. Den Chor unseres ehrwürdigen Münsters besuchten zu wiederholten Malen gewiegte Archäologen und Kunstfreunde, und zeichneten in präcisen Umrissen die beste Restaurationsmethode. In allen Sektionen des Kongresses reichten sich Theorie und Praxis getreulich die Hand; so ward das Verschmelzen beider Nationalitäten auf wissenschaftlichem Boden mit dem besten Erfolge gekrönt; in gleichem Maße wurde der Synthese und der Analyse ihre Berechtigung zu Theil; Begeisterung einte sich mit der schaffenden Arbeit: „Hand in Hand ging die Realität und das ideale Streben."

*) Fuchs, Bergmann.

**) Soldan, Daguet, Stahl.

Matter.

Deutschland im Jahr 1845.

Von einem elsässischen Franzosen beurtheilt.

Ungefähr ein Jahr vor der Februarrevolution gab der Universitätsrath und Generalinspektor Matter zwei Bände über die moralischen, politischen und literarischen Zustände Deutschlands*) heraus. Nun war seit dem epochemachenden Werke der Frau von Staël, d. h. seit mehr als drei Decennien, in Frankreich kein zusammenhängender Ueberblick über Deutschlands geistige und zum Theil materielle höchst complicirte Lage erschienen; die Arbeit des elsässischen Gelehrten konnte gewissermaßen als ein Versuch angesehen werden, eine zweite Rundschau über das mysteriöse, von der genialsten Frau des Jahrhunderts entdeckte Land zu fällen, und das Ergebniß, anspruchslos, doch womöglich erschöpfend mitzutheilen. Mit Frau von Staël in die Schranken zu treten, daran dachte Matter gewiß nicht; dazu

*) De l'état moral, politique et littéraire de l'Allemagne par M. Matter, Inspecteur général honoraire et Conseiller ordinaire de l'Université. 2 vol. Paris, chez Amyot.

gebrach es ihm an Wärme des Gefühls, an Enthusiasmus, an großartigen Ideen und Style, mit einem Wort an Genie. Immerhin blieb ihm eine schöne Aufgabe, ein weites Feld der Beobachtung. Er hatte auf einer längern, über ganz Deutschland sich erstreckenden Reise, inmitten des vierten Decenniums, mit den meisten Illustrationen der gelehrten Welt Unterhaltung gepflogen, war hohen und höchsten Personen vorgestellt worden, hatte unendlich viel Notizen gesammelt, und konnte somit hoffen, nachdem er aus dem vorliegenden Stoffe für seine Pariser Collegen viel Neues aufgegriffen, solches in einem belehrenden Werke zu verwerthen.

Er war überdies im Besitz eines Privilegiums, welches der berühmten Genferin abging; deutsch war die Muttersprache Matters; er sammelte aus erster Hand, was die Verfasserin «de l'Allemagne» nur durch das Medium ihrer Freunde, der Brüder Schlegel sich aneignen konnte. Nun ist Matters Arbeit nicht nur nicht bedeutungslos; vielmehr reproducirt sie die religiöse, philosophische, artistische, literarische, soziale Lage Deutschlands während den vierziger Jahren bisweilen mit photographischer Genauigkeit, und drängt dem Leser fast in jedem Kapitel den unwillkürlichen Parallelismus auf zwischen dem damals lose zusammengehaltenen Staatenbund und dem heutigen, mächtigen Bundesstaat.

Doch bevor wir einige Blicke auf das Werk selber werfen, erübrigt es den Verfasser für wenig Augenblicke ins Auge zu fassen. Er gehört zu der Klasse der elsässischen Gelehrten, die im ersten Quartal des laufenden Jahrhunderts die Metamorphose ihres deutschen Grundwesens in das französische Adoptivkleid durchkämpften — ob zu ihrem höhern Gewinn, will ich nicht bestimmen.

Jakob Matter war, wie sein Studien- und Zeitgenosse Willm, der Sohn eines Ackermanns; er stammte aus Alteckendorff, im mittleren Elsaß. Bei ihm hatte sich die Umwandlung schon frühe, in den ersten Jahren der Restauration vollzogen. In Göttingen verweilte er, etwa um 1812, als zwanzigjähriger Studiosus; er gedenkt seines deutschen Universitätslebens in obenangezogenem Werke auf eine liebenswürdige, fast herzliche Weise. Doch frühe schon gewann er die Einsicht, woher ihm materieller Vortheil entsprießen und eine glänzende Laufbahn sich öffnen dürfte. In der Benützung des Stoffes deutscher Gelehrsamkeit ahnte er für sich ein ergiebiges Feld. Ueber das Ziel hinausschweifend, schuf er sich zum Franzosen um, nur mit etwas Affektation; dieser Grundzug blieb sein Lebenlang an ihm haften. Seinen Ursprung verläugnete er, per fas et nefas. Zum Belege dieser Wahrnehmung kann Schreiber dieser Zeilen einen fast unglaublichen Zug anführen. Vor nahezu dreißig Jahren widerfuhr ihm das Glück mit dem Studieninspektor in einer Diligence auf der Landstraße zu fahren, die sich in ganz unbedeutender Entfernung von Alteckendorff hinzieht. Der Inspektor warf einen Blick auf die Gegend und richtete an seinen Wagengefährten, mit anscheinend gleichgültiger Miene, die unverfängliche Bitte, ihm die Ortschaften zu bezeichnen, die sich mit ihren Kirchspitzen vom nahen Horizont hoben. Hörer traute seinen Ohren kaum, gab aber mit gleicher Miene, d. h. ohne zu lächeln, den begehrten Bescheid. Wir theilen diese Anekdote mit, keineswegs in der Absicht, dem Charakter des Verfassers so mancher moralischen, pädagogischen, eruditen und mystischen Schriften zu nahe zu treten; jener Zug war nicht einmal eine Schwäche; es war — wir haben leider im Deutschen keinen äquivalenten Ausdruck dafür — es war eben eine Affektation.

Nun hat sich aber die von ihm erstrebte Metamorphose in seinem Style — wenigstens im Style des oben angezogenen Werkes — nicht ganz vollzogen. Dem Generalinspektor genügte es nicht sich der Korrektheit zu befleißigen; er gibt sich den Anschein des salonfähigen Conversationsstyles; er affektirt eine selbstgefällige disinvoltura, die ihm, in Pariser Cirkeln, gewiß nicht als verdienstliche Eigenschaft ausgelegt wurde. Dieser Tünche bedurfte er indessen nicht, denn obige Arbeit ist überreich an trefflichen Bemerkungen. Etwas systematische Vorliebe zu seinem gallischen Adoptiv-Vaterland ausgenommen, ist er für Deutschland gerecht; er wägt die Vor- und Nachtheile beider Nationen, z. B. im Erziehungswesen, oder im gegenseitigen intellektuellen Austausch, auf der Goldwage ab.

Matter wurde, nach Emmerichs Tode, etwa dreißigjährig, zum Professor der Kirchengeschichte am protestantischen Seminar zu Straßburg ernannt (1820); am Anfang der Juliregierung wurde er als Studieninspektor nach Paris berufen. Schon vorher hatte er sich in der gelehrten Welt durch seine Geschichte der alexandrinischen Schule das Indigenatsrecht erworben und später durch seine Geschichte des Gnosticismus und gekrönte akademische Preisschriften seinen Ruf noch mehr begründet. In der Hauptstadt verweilte er etwa fünfzehn Jahre und kehrte dann — das Warum haben wir nie ganz ins Klare gesetzt — nach Straßburg zurück, wo er seinen Katheder im Seminar ausdrücklich vor seiner Versetzung nach Paris sich vorbehalten hatte. In diesem letzten Abschnitt seiner gelehrten Laufbahn beschäftigte er sich mäßig mit seinen philosophischen Collegien und Schülern, dagegen sehr viel mit Bibliographie, oder mit St. Martin und Swedenborg, zu deren Glauben und Ansichten er hinzuneigen schien.

Am Eingang seines Werkes über Deutschland stehen zuvörderst zwei inhaltreiche Kapitel:

1) Frankreich in Deutschland. Die französische Sprache jenseits des Rheines. Unsre (i. e. Frankreichs) wissenschaftlichen und gelehrten Werke. Unsre Romane und Zeitungen. Unser Theater.

2) Deutschland in Frankreich. Die deutschen Studien. Die deutsche Bevölkerung in Paris. Lothringen und Elsaß.

Die Schlußfolgerung, welche der Verfasser aus dieser geistreich durchgeführten Parallele zieht, besteht in dem gewichtigen Ausspruch, daß, wenigstens dem Anscheine nach, Deutschland besser in Frankreich vertreten ist (oder war), als letzteres in Deutschland. Hier müssen wir wörtlich übersetzen:

„Deutschland scheint zwei Provinzen an uns abge-
„treten zu haben; doch in der That hat es sich nicht
„gutwillig dazu verstanden. Noch jetzt äußert es einige
„Sehnsucht nach diesen abgelassenen Gaben, die unter
„ungünstigen Umständen ihm entrissen worden, und nun,

„in gegenwärtigem Zustande Europas (a. 1845—47) „würde es sich nicht mehr zu einer solchen Abtretung „verstehen. Wenn es gälte, zwei Länder, die von „der Natur nicht für es bestimmt waren, für „sich zu behalten, würde es williglich auf den Vortheil „verzichten, eine Bevölkerung von zwei Millionen „Seelen, die vordem sein (historisches) Loos getheilt, „und zum Theil seine Sprache bewahrt, in das corpus „der französischen Nation geworfen zu haben."

Eine kaum verhüllte Ironie liegt schon in diesen Worten; aber fast noch deutlicher spricht der Verfasser in folgenden Sätzen sich aus:

„Zu dieser unwilligen Munifizenz fügte Deutsch=„land noch andere unwillige Geschenke, — nützliche, „glänzende Geschenke — glorreich für uns (für Frank=„reich nämlich). Es hat uns eine Menge von illustren „Persönlichkeiten abgetreten: Fürsten und Prinzessinnen, „Krieger und Diplomaten, Gelehrte und Künstler; „und Frankreich beeilte sich, dieselben in seinem Busen „aufzunehmen: es öffnete den Einen den Palast der „Pairskammer oder des Instituts; Andern reichte es „den Marschallsstab; allen gab es Ehrenämter."

„Und nicht auf jene unwillkürliche Freigebigkeit „beschränkte sich Deutschland; noch täglich schickt es uns „einen Klassenschub von Werkmeistern. Alle unsre „Städte beherbergen deutsche Arbeiter; Paris hat einige „deutsche Pfarreien, hat Vereine, Kaffees, Lesekabinette, „wo die Deutschen vorherrschen. Bedeutende, ausge=„zeichnete deutsche Familien bewohnen Paris und in „diesen Cirkeln treten deutsche Schriftsteller auf, bringen „dorthin ihre Erstlingsversuche; es gelangen somit

„gewisse deutsche Werke erst nach überstandener, französ„sischer Kritik und Censur in das wahre Heimathsland „ihrer Verfasser. Paris umfaßt ganze Quartiere „solcher Eingewanderten (immigrants) und es wohnen „daselbst mehr Deutsche als in Baierns Hauptstadt (vor „bald 3 Decennien) oder in der Centralstadt Wiens."

Und Deutschland thut wohl daran; denn wir „schätzen seine Arbeiter, die bei uns bessere Werke zu „Stande bringen, als in ihrem „Daheim." Das Faktum „ist richtig und folgenschwer, und politisch-bedeutungs„voll. . . . . Ich bin noch nicht zu Ende: Deutsch„land zählt in unserer Mitte enthusiastische Panegeriker „und Vertreter — französischen Geblüts — in den „Reihen seiner Gelehrten, seiner Literaten, seiner Phi„losophen; ich gehe noch weiter: in den höchsten Re„gionen, in den Regierungskreisen wird Deutschlands „Sprache und Literatur zu den intellektuellen und inter„nationalen Bedürfnissen des Landes gerechnet."

Aus diesen Prämissen, die wir überdies abgekürzt, welche Folgerungen zog der Verfasser vor bald dreißig Jahren? Man sollte denken, nicht wahr, daß Deutschland in Frankreich mehr geschätzt, geliebt, bewundert wird, als umgekehrt Frankreich in Deutschland? Man sollte meinen, daß in einem Lande, wo vor dreißig Jahren schon die deutsche Sprache in mehr als dreihundert öffentlichen Anstalten, und in jeder dieser Schulen, in dreifacher Gradation, nach sorgfältig gepflegtem Programme docirt worden, wir sollten meinen, daß da ein Umschlag in allen Ansichten stattfinden mußte und muß; daß die Sprache, worin Kant und seine zwei oder drei ebenbürtigen Zeitgenossen dachten, worin Lessing eine polyhistorische Kritik ausübte, worin Goethe und Schiller dichteten, daß eine solche Sprache auch jenseits der Vogesen in Herz und Blut gedrungen, und die Bande gegenseitiger Achtung und Freundschaft aus den höheren Kreisen auch in die mittleren Schichten, auch zum Theil in die unteren Volksklassen eingebürgert, daß auf alle Zeiten hinaus ein Bund Mitteleuropas gegen nördlichen Kosakenanprall oder südliche fanatische Inquisitionsgelüste geschlossen sei.

Zu diesen Folgerungen kam nun Matter mit Recht vor 30 Jahren nicht; schon damals zerriß er den Schleier jeder vorwaltenden Täuschung. Er bewies, daß die Neigung zum intellektuellen Deutschland nur von den Regierungskreisen ausging, und deßhalb das ausgestreute Samenkorn auf harte nackte Felsen fiel. In Deutschland dagegen, wo Regierungen und Universitäten nicht auktoritätsweise eintraten, fühlte und fühlt sich jeder Gebildete verpflichtet, mit französischer Sprache und Literatur sich zu befassen; fast jeder — — wir sprechen nicht allein von Diplomaten oder hoffähigen Persönlichkeiten — fast jeder Angehörige des Gelehrtenstandes, der Verwaltungskreise, der Handelswelt, der Industrie lernt französisch, kann mit mehr oder weniger Accent in französischer Sprache seine Gedanken, seine Wünsche, sein Begehren ausdrücken; Deutschland zählt in seinem weiten Umkreise überall freiwillige oder unfreiwillige Repräsentanten französischer Bildung.

Es ist uns nicht vergönnt hier dieses Thema des Weitern auszuführen; wir stehen kaum an der Eingangspforte des geräumigen Gebäudes, worin Matter seine Leser herumführt: Noch unter diesen Propyläen sagt er einige Worte über die damaligen Zustände in Elsaß und Lothringen, zeigt absonderlich in den Städten die immer höher wachsende Fluth der französischen Sprache, zeigt wie das Deutsche sich in den Katechismus geflüchtet, aber auch dort, in diesem letzten Asyle, nach und nach verdrängt werde. Wie denn auch etwa ein Lustrum früher, ein protestantischer Professor in Straßburg, fast verzweifelnd, sich gegen einen halbfranzösischen Literaten ausließ: „Nein! unser deutsches Christenthum wenigstens sollen sie uns lassen!"

Diesen Zuständen gegenüber verhält sich Matter nicht als ganz unpartheischer Beobachter; man hört und sieht ihm an: Er wolle und hoffe den baldigen Sieg der französischen Sprache, ohne gänzliche Rückweisung der deutschen. Er hegt diesen Wunsch im Interesse seiner Mitbürger, damit die relative Inferiorität dem gallischen Eindringling gegenüber aufhöre. Nun, dieser Wunsch war in den letzten Decennien so sehr in Erfüllung gegangen, daß in den Städten der deutsche Sieg als das unheilvollste Ereigniß vermaledeit und die Angehörigkeit zu dem gebeugten Frankreich als eine religiöse Bürgerpflicht auf den Dächern, am häuslichen Herde, in Flug- und Zeitschriften gepredigt und eingeschärft wurde.

Der Grundgedanke von Matters Werk liegt in einem vielverheißenden Ausspruch: „Deutschland ist groß geworden durch Religion und Moral; auf allen Feldern des Wissens und des Glaubens, im Erziehungswesen sind religiöse und moralische Ideen der Ausgang und Endpunkt aller Systeme; Deutschland will und führt eine Propaganda, das ist gewiß; es ist die Vorkämpferin der Ideen, die sich Bahn brechen durch alles und jedes Hinderniß." — Sollte dies eine ungerechtfertigte, durch die modernsten Ereignisse nicht bestätigte Ansicht sein, so möge man bedenken, daß Matter vor 30 Jahren beobachtete und schrieb, daß er, zur Orthodoxie hinneigend, viele Erscheinungen von diesem Standpunkte aus beobachtete, daß Friedrich Wilhelm IV. auf Preußens Thron saß und daß der eingefleischteste Pessimist damals nicht den furchtbaren Abgrund von 1848 geöffnet sah. Dann verkannte und verhehlte Matter keineswegs das Streben nach politischer Einheit, welches in Deutschlands besten Köpfen und Gemüthern sich regte; er verdeckte ebensowenig die einstigen Gefahren des Socialismus und Kommunismus, aber er sah mit dem Auge des Geistes einen Schutzengel über dem Lande schweben, den Engel des evangelischen Christenthums. Ihm schien, es reihe sich um jene Zeit die deutsche Philosophie unter die ausgebreiteten Fittiche der Religion; Religion und Philosophie waren in seinen Augen die fürsorglichen Säugammen Deutschlands; an ihren Brüsten sättigten sich die Geister; die Substanz der damaligen Metaphysik war zu einer Philosophie der Religion geworden, und eine Reaktion gegen die bisherigen oft triumphirenden Ansichten mache sich geltend. Daß er die Erscheinung des Neokatholicismus, des Neoprotestantismus, des Neojudäismus eingehend bespricht, ist selbstverständlich und die Richtigkeit seines Urtheils über Ronge, Wislicenus u. a. m. kann noch jetzt von jedem unbefangenen Leser bestätigt werden.

Mit einer seltenen Divinationsgabe ahnt Matter die Incidenzen, die unter unsern Augen seit drei Jahren im Schooße der katholischen Kirche in Deutschland zu Tage traten. „Das katholische Deutschland", sagt er, „hängt an der traditionellen Kirche, aber nicht am „Papst. Im Grunde ist Deutschland Eines der katho„lischsten Länder Europa's". — Dem deutschen Katholicismus von Ronge, diesem platten, von Pantheismus umschleierten Rationalismus, spricht er die Lebensfähigkeit ab; eher sympathisirt er mit den Ansichten Czerkys. Die mannigfachen Abstufungen und Schattirungen der damaligen protestantischen Kirche beschreibt er gewissenhaft, und neigt augenscheinlich zu Bunsens Ansichten. Gegen die Trennung von Kirche und Staat eifert er, denn, „obgleich die Kirche keine staatliche „Institution, ist sie doch im Staate gegründet, und „hat mithin Anspruch auf den Schutz des Staats, mithin „aber Verpflichtungen."

Auch die philosophischen Schulen, oder vielmehr die verzettelten, unter keinem Centralpunkt mehr gesammelten Doktrinen, durchläuft er mit meist vorurtheilslosem Blick. — Sehr schief dagegen ist sein Urtheil über den sogenannten Humanismus, und wenn er bei dieser Gelegenheit den Standpunkt Goethe's als überwunden hinstellt, so beweist dies leider für uns, daß es ihm, dem poetischen Genie gegenüber, an einer gewissen Spürkraft fehlte, daß ihm der eigentliche Maßstab für solche Größen abging. — Wir ließen dieses schon am Eingang dieses Aufsatzes durchschimmern. Matter hat sich als Collektor und Registrator in jedem Zweige der Wissenschaft umgesehen; die

Fähigkeit für irgend w e n oder irgend w a s zu begeistern, müssen wir ihm absprechen. Sogar seine Vorliebe für die dogmatische Seite des strenggläubigen Protestantismus ist vielmehr ein Erzeugniß seines Kopfes als der Ausdruck und das Bedürfniß seines Gemüthes.

Mit Vorliebe behandelt er die Pädagogen, das Universitätswesen und als eingefleischter Bibliograph schenkt er den Bibliotheken eine umgehende Beachtung. Ungeheuchelten Dank zollte er den bereitwilligen Aufsehern der Bibliotheken und Museen, und erwähnt nur Eine schlechte Aufnahme, die ihm in einer Prager Klosterbibliothek geworden.

Auch die landschaftliche Seite der verschiedenen Regionen Deutschlands ist nicht außer Acht gelassen. Die künstlichen Anlagen von Potsdam und Berlin, die sächsische Schweiz, die herrlichen Umgebungen Wiens, des Salzkammerguts, sind mit wenigen Zügen in ihrer Eigenthümlichkeit geschildert und bilden den Schluß des vielseitig anregenden und belehrenden Werks.

Worin aber Herr Matter, sonderbar genug, sich gänzlich mangelhaft erweist, und zu Fehlschlüssen verleiten läßt, das ist die Lage Frankreichs. Er sieht nicht, oder will nicht sehen, auf welch morsche Stützen Ludwig Philipps Thron gegründet war; er wirft vorübergehend, keck und stolz, wie ein Doktrinär, die Bemerkung hin: In Frankreich handle es sich nur um Verwaltungsförmlichkeiten und ministerielle Kabinetsmetamorphosen. Beim Läuten der Sturmglocken vom Februar bis Juni 1848 wurde er freilich etwas unsanft aus seinem Mittagsschlafe aufgeschreckt, und konnte, wenn er auch nur die Klubs von Straßburg besuchte, sich überzeugen, daß seine Patronen Guizot und Duchatel den vorandrängenden Reformen nicht genügend Rechnung getragen, und selbstgefällig die der Julidynastie vom Schicksal zugestandene Frist um einige Jahre abgekürzt.

Doch wir haben es nicht mit Frankreich zu thun.

Die politische Lage Deutschlands und dessen Zukunft beurtheilt er viel umsichtiger; er prophezeit der Journalistik Deutschlands eine glänzende Zukunft, und spricht sich unverhohlen gegen die Engherzigkeit der Censur aus. Die Machthaber der verschiedenen Regierungen des damaligen Bundesstaats, — so ihnen Matters Arbeit in die Hände kam, — hätten ihm füglich den Widerspruch aufweisen können, der in seinem Befürworten einer freien Presse, und seinen strengen Ansichten über die permanenten Geheimbündler lag. Plan und Farbe dieses zweibändigen Werkes waren jedoch der Art, daß eine Wirkung auf das größere Publikum nicht zu befürchten blieb; somit wurden die wohlgemeinten Rathschläge des französischen Elsässers bei Seite gelegt und von den laufenden Tagesinteressen verschlungen. Die Wogen von 1848 wälzten sich, wie über manches andere, auch über diese polyhistorischen Kapitel

Aus den Tagen der Belagerung Straßburg's.

Von Max Reichard.

Schreiber dieser Zeilen ist von keiner Flugschrift über die Belagerung Straßburg's auf gleiche Weise tief ergriffen worden, wie durch vorliegende Erinnerungs- oder Tagebuchblätter Herrn Pfarrers Max Reichard. Schon bei der Belagerung Sebastopol's war der Verfasser als Almosenier in der französischen Armee anwesend, und hat die dortigen Ereignisse in einer anziehenden kleinen Broschüre erzählt; er stund somit den hiesigen Kriegsscenen nicht als Unbekannter, nicht als Novize gegenüber; in jeder Zeile oben angezeigten Büchleins fühlt der Leser einen tüchtigen, männlichen Sinn heraus; er fühlt das Gottvertrauen, welches den Zeugen so vieler tragischen Auftritte nicht einen Augenblick verläßt. — Aber neben diesem, einem Geistlichen geziemenden Grundton, ist noch eine andere mehr weltliche Eigenschaft unverkennbar, wir meinen die moralische Auffassungsgabe, und das getreue Photographiren des Angeschauten und Erlebten.

Das Tagebuch beginnt mit der Kriegserklärung (15.—19. Juli 1870), und folgt den sich überstürzenden Begebenheiten mit immer steigender Spannung bis zur

Umzingelung der Stadt, und zur endlichen Wiedereröffnung der Thore. Dritthalb verhängnißvolle Monde ziehen vor den Augen des Lesers vorüber, ergreifend in ihrer furchtbaren Realität für alle, die jene Epoche in Straßburgs Mauern zugebracht, und den Fernestehenden, die nur von außen her den Wechselfällen folgten, die Lage treu abspiegelnd. Eine christliche Resignation zieht sich durch das Ganze; die Farben sind dadurch nicht abgeschwächt, nur in milderem Tone gehalten; die Contouren aber treten in ihrer geschichtlichen Wahrheit hervor.

Die Monographie des General Uhrich, Gouverneur der Festung, die im ersten Augenblicke nach der Uebergabe ins Publikum gestreuten Tagesblätter von Fischbach und Schneegans — um nur diese zu nennen — gehen von einem ganz andern Standpunkt aus. General Uhrichs Schrift ist beinahe eine Vertheidigungsrede mit officiellen Dokumenten und Beilagen; Fischbach und Schneegans, der letztere besonders, betheiligen sich als französische Patrioten. Max Reichard bringt von Haus aus, Sympathien für Deutschland mit; was gar nicht die Bedeutung mit sich führt: er sei den Begebenheiten vorausgeeilt und habe den Sieg der Belagerer gewünscht; aber er kann nicht einstimmen in das blinde Wuthgeschrei der Menge; er sieht ein geschichtliches Verhängniß über dem Haupte der unvorsichtigen kaiserlichen Regierung sich gewitterschwer sammeln, sich furchtbar entladen, und als die Bresche an die Stadtmauer gelegt, der drohende Sturmangriff bevorsteht, und der greise, todesmuthige Oberkommandant sich zur Kapitulation entschließt, als die Thore sich öffnen, bevor die Petarde sie aufgesprengt, da säumt der Geistliche keinen Augenblick seiner Pflicht und seiner innern Ueberzeugung gemäß, dem Herrn der Heerschaaren für die Rettung zu danken. In das freie Feld eilt er hinaus, gleich am ersten Tage, und wonnetrunken athmet er die Abendluft ein, die nicht mehr von Pulverdampf verfinstert, nicht mehr von Lazarethen und Kellerräumen vergiftet, mit ihrem Herbstarom in die Brust des Wonnetrunkenen einströmt.

Es wäre eine undankbare Arbeit unter den vorgeführten Bildern und Begebnissen die vorzüglichsten auszuwählen; den täglichen Eindrücken ist die Schilderung aller entnommen. Der Verfasser war unerschütterlich geblieben in seinem Glauben an endliche Rettung, und führte, mit ganz kurzen Unterbrechungen ein regelmäßiges Tagebuch. Es mögen unter den Bewohnern Straßburgs sich manche herausfinden lassen, die mitten im Andrang der stündlichen Noth, und der immerwährenden Beängstigung, sich stark und aufgelegt fühlten zu ähnlichem Niederschreiben. Doch wenigen war es gegönnt, so viele verschiedene Punkte in der bedrängten Stadt zu beobachten, wie unserm Verfasser. Berufsgetreu zog er in den verschiedenen Krankensälen umher, und suchte seine nach ihm verlangenden Beichtkinder in den abgebrannten Vorstädten, in Straßen und Gäßchen und ausgesetzten Hauptplätzen, wie oft mit Lebensgefahr! auf. — Solche Besuche oder Entdeckungsfahrten in die abgeschlossenen Wohnungen, lebhaft erzählt, vergegenwärtigen die lang sich hinziehenden Leiden, das crescendo der Entbehrung und Befürchtung. Wenn mir indeß eine Wahl gestattet wäre, aus dem Vielen oft neuen und überraschenden, vom Verfasser dargebotenen, so möchte ich besonders auf die Ankunft der Schweizerdelegirten hinweisen, auf dieses dramatische unerwartete Intermezzo — man verzeihe mir den weltlichen Ausdruck inmitten dieser ernsten Scenen. Die Schilderung ist aus dem Leben gegriffen, und wir stimmen mit Hrn. Max Reichard in den jubilirenden Dankruf, den er ausstößt, als nun endlich von der Außenwelt eine Kunde in die abgeschiedene Festung bringt, und die Theilnahme der Eidgenossenschaft erfrischend, ermuthigend auf die Mehrzahl der Bevölkerung einen wohlthätigen Einfluß ausübt. Unter den drei Schweizergesandten erkennt Herr Pfarrer Reichard einen persönlichen Freund, den Hrn. Obrist v. Büren, und erhält von ihm die erste Nachricht über die Kapitulation von Sedan, den Sturz der napoleonischen Regierung. Wie ein Lauffeuer verbreitet sich die fast unglaubliche Kunde, eine Hiobspost für Wenige, eine hoffnungsvolle Friedenstaube für Viele, eine täuschende Fata Morgana für andere. Max Reichard benützt einen der abgehenden Flüchtlingszüge, seine Kinder auswärts bei einem Bruder in Sicherheit zu bringen; dieser Sorge entladen, bleibt er mit seiner Gattin seinem Berufe treu, und verbringt, neugekräftigt, die noch übrigen Leidenswochen, oft noch in tiefer Bekümmerniß aber auch mit der Zuversicht auf baldige Erlösung. Auf längere Zeit scheint dann wieder die Ankunft des republikanischen Präfekten Valentin die heldenhafte Vertheidigung auszudehnen; aber der Brand des Präfekturgebäudes, die Zerstörung der nördlichen Außenwerke, das Zusammenbröckeln des

Walles am Steinthor, das Ausfüllen und Ueberbrücken der Festungsgräben, die decimirte Besatzung, alles drängt doch am Ende zu einer unvermeidlichen Uebergabe, und am Abend des 27. Sept. verkündet die weißaufgerollte Fahne am zerschossenen Münsterthurm, daß der letzte Widerstand gebrochen.

Es widersteht mir an einem Werke zu mäkeln, welches den Charakter der Improvisation durchaus nicht verläugnen will. Und doch muß ich mit der Sprache heraus. Der Verfasser gab seinen Bericht zuerst in einer deutschen Revue (dem Daheim) abgekürzt; in vorliegendem Bändchen ist er weitläufiger, für viele Leser vermuthlich willkommener. Wer indeß in Styl und Gedanken klassische Abrundung wünscht, und der öftern Wiederholung derselben Ergüsse, derselben Empfindungsweise abhold ist, wird sich eher für den ersten Entwurf erklären. Wir haben in neuester Zeit, mehr und mehr verlernt präzis zu sein; in Romanen und Reiseberichten mag das gelten, die Geschichte auch die Zeit — und Tagesgeschichte kann nur gewinnen, wenn sie sich in ihrer Darstellung zu beschränken weiß.

Wie meisterhaft und klassisch aber der Verfasser theilweise schreibt, davon hier eine Probe:

. . . „Eine Weissagung des Friedens mochten wir gern im Bilde erblickt haben, das sich wenige Tage vor unsern Augen entrollte, als wir mit einigen Freunden die zerstörte Citadelle besuchten. Auf dem höchsten Walle stehend, sahen wir zu unseren Füßen die ganze Fülle des Jammers, wovon diese Trümmer Zeugniß ablegen. Kein Stein auf dem andern, keine

Spur von Leben, nicht einmal von einem Grashalm mehr, überall zerfetzte Kleider, zerbrochene Waffen, gesprengte Kanonen, Brandstätten in allen Häusern, in der Kirche, bis in die sichersten Kasematten herein: das ist das Bild des Krieges, wie er hier auf kleinem Raum koncentrirt, in furchtbarstem Ernst uns entgegentritt! Und während wir diese Todespredigt vernehmen, hat sich über uns von einem Ende des Himmels bis zum andern ein wunderschöner Regenbogen gebildet, der die beiden Ufer des Rheins verbindet zu friedlichem Bunde, den Himmel mit der Erde wie versöhnt, und über dem grauenhaften Bilde der Zerstörung die Friedensverheißung unseres Gottes leuchten läßt:" „Ja, es sollen wohl Berge weichen und Hügel hinfallen, aber meine Gnade soll nicht von dir weichen und der Bund meines Friedens soll nicht hinfallen, spricht der Herr, dein Erbarmer!"

Noch eines als Schlußbemerkung — und dies soll fürwahr nicht als Vorwurf gelten. Gegen eine gewisse, höher stehende Persönlichkeit, besonders im ersten Verlauf der Belagerung ist Herr Reichard sehr streng. Wir zweifeln aber nicht an der Glaubwürdigkeit der angeführten Anekdoten, und das daran geknüpfte Urtheil; und somit sind die Geißelhiebe gerechtfertigt. Der Leser des Büchleins wird unsere Andeutung leicht herausfinden.

David Richard

und

das Irrenhaus zu Stephansfeld.

An der Eisenbahn von Straßburg nach Saarburg dehnt sich nahe bei Brumath links ein langer Fichtenwald, und dem Walde gegenüber zeigt sich vor den Blicken des Vorüberfahrenden eine Masse von Gebäulichkeiten mit dem alten Ogiv-Thurm der Komenthurey der Ritter zum Heiligengeist-Orden. Das ist Stephansfeld, das Irrenasyl von Elsaß-Lothringen. Der größte Theil der modernen Gebäude entstand auf Antrieb und unter der Aufsicht David Richards, des Vorstandes des Asyls von 1840—1859. Während zwei Decennien bekämpfte dieser edelmüthige Menschenfreund unermüdet hinter diesen Mauern den Erbfeind der Menschheit, den Dämon des Wahnsinns. Es stunden damals etwa 600 Irre unter seiner Leitung. Die göttliche Wohlthat der Vernunft für sie wieder zu erringen, setzte er sein Leben ein; er ging zu Grunde in seinem Beruf; doch bevor er sich in das Grab niederlegte, konnte David Richard von sich bezeugen — und dies Bezeugniß bekräftigten viele tausend Stimmen — daß er Balsam auf manche Wunden gegossen, daß seine sanfte

Stimme die Wuth vieler Besessener besänftigte, und manche Unglückliche, deren Vernunft nur vorübergehend getrübt oder gestört war, für eine regelmäßige Thätigkeit wiedergewann.

Diesen wundersamen Einfluß errang David Richard, indem er die breitgetretene Straße der Ueberlieferung verließ. Einer der ersten, ergriff er in Frankreich eine kühne Initiative. Durch lange anthropologische, phrenologische, physiologische Vorstudien angeregt und befähigt, durch eine unerschütterliche Ueberzeugung gestählt, schritt er voran, bespöttelt von den Ungläubigen und Furchtsamen, ermuthigt und unterstützt durch verwandte Geistes- und Arbeitskräfte. Nicht mit einem Male errieth und begriff David Richard seine Bestimmung; in seiner Jugend suchte er andere Bahnen; noch am Eingang des Mannesalters war ihm sein eigentlicher Beruf nicht klar. Er hatte das Vorgefühl und den Willen irgend einer Gründung zum Wohle des Volks, der ärmeren, enterbten Gesellschaftsklassen; allein der letzte Impuls kam von außen her; die angeborene Kraft wurde ihm gleichsam geoffenbart.

Von einem unsichtbaren Arm war er getragen und unterstützt, und sein schweres Tagewerk erleichtert durch einen irdischen Engel an seiner Seite. David Richard hatte das seltene Glück, in seiner Gattin eine auf Leben und Tod ergebene Freundin zu finden; seine Lebensgenossin verstand den Zweck und die Pflichten des Daseins wie Er. Wenn sich der Direktor von Stephansfeld, ermüdet, Abends in sein Arbeitszimmer zurückzog und die nächtliche Stille nur durch den geregelten

Schritt der Aufseher und Wächter des Irrenhauses unterbrochen ward, erstand vor seinen Augen seine ganze Vergangenheit mit ihren ernsten und ihren lieblichen Gestalten. Das Gefühl der Zuneigung, des Zutrauens, das er unwiderstehlich der Jugend und dem Alter einflößte, hielt den täglichen schmerzlichen Erfahrungen und Verrechnungen die Wage. Richard suchte und fand Erquickung in seiner Vergangenheit; liebenswürdig-bescheiden errieth er nicht die Segnungen der Zukunft.

Die frühere Laufbahn D. Richards, bevor er die Leitung von Stephansfeld übernahm, bietet weniger sichtbare, praktische Ergebnisse, aber jedenfalls erfordert sie hier eine Besprechung. In den Vorarbeiten des Jünglings erkennen wir die Bestimmung des künftigen Vorstandes eines Irrenhauses; in seinen oft zufälligen Verbindungen, in den Gegenständen seiner Studien, ließe sich wohl die unsichtbare Hand erkennen, die ihn seinem Ziel entgegenführte.

David Richard ist zu Genf geboren (den 1. September 1806); sein Vater war ein Handelsmann; er stammte von protestantischen Flüchtlingen, die Frankreich, ihr Vaterland, nach der Aufhebung des Edikts von Nantes verlassen. Seine Mutter war aus Lyon gebürtig und Katholikin. Ich erwähne diesen Umstand, der bestimmend auf einen Hauptakt seines Lebens, seine spätere Bekehrung, wirkte. — Nach seiner Geburt wurde Frau Richard von einem Milchfieber ergriffen und in Folge dieser Krankheit verlor sie den Verstand Von seiner ersten Kindheit an mußte D. Richard die fürchterlichen Szenen und Störungen miterleben, die ein solches Ereigniß im Innern einer bürgerlichen Familie mit sich führt. Die Erstlingsfreuden des Lebens blieben ihm fremde; mit dem Dichter Tristans und Isoldens konnte er in die Klage ausbrechen, daß sein Lebensmai vergiftet und jeder Blüthe beraubt sei. Doch gerade der tägliche Anblick dieses Familienelends, dieses Irrsinns, der mit den Jahren zunahm und zur endlichen nothwendigen Entfernung der armen Mutter aus dem häuslichen Kreise zwang, erweckte in dem Herzen des Sohnes den Wunsch, einst zur Heilung der Kranken mitzuwirken. Schon früh lernte er so den Schleier lüften, welchen der Wahnsinn über die Intelligenz des Menschen wirft; schon frühe behauptete er die Gegenwart, das fortwährende Leuchten des göttlichen Vernunftstrahles hinter der Schwächung oder Verdüsterung der materiellen Organe. Die kindliche Liebe offenbarte ihm die geheimnißvolle Gedankenwelt mit ihrem Schaffen und ihren störenden Krankheiten. Heidnische, sinnreiche Allegorien zeigen uns die irdische Liebe, wie sie die Binde über die von Leidenschaft verblendeten Augen wirft; warum sollten wir uns gegen den Glauben auflehnen, daß eine geheiligte, reine Zuneigung die Blicke zu schärfen und in die Tiefen des Seelenlebens einzudringen vermag.

D. Richard betrieb die klassischen Studien in seiner Geburtstadt. Die große, reiche Landschaft um den Genfer-See, die Tendenzen der heimathlichen Akademie, entwickelten frühzeitig in ihm die Neigung für Naturwissenschaft. Damit verband er die Liebe für alte und neuere Literatur. An diese erste Jugendzeit knüpft sich seine freundschaftliche Anhänglichkeit an

Charles Didier, der später einen subalternen Rang in der zeitgenössischen französischen Literaturwelt einnahm und für Richard ungünstige Folgen mit sich führte.

Mit dem zwanzigsten Jahre mußte Richard seinen friedlichen Studien entsagen und die Vaterstadt verlassen. Die Verwögensumstände seiner Familie geboten ihm, sich eine eigene Existenz zu schaffen; er nahm in einer walachischen prinzlichen Familie, die sich in Pisa angesiedelt, eine Stelle als Hauslehrer an. Von 1826—1829 erfüllte D. Richard getreu und eifrig die Pflichten seines Amtes; ein liebenswürdiger Zögling, ein wissenschaftlich gebildeter Vater, eine intelligente Mutter erleichterten ihm seinen Beruf. Zuletzt fühlte er aber, daß er nicht länger, einigen pekuniären Vortheilen zu gefallen, in dieser Lage verweilen dürfe; er wolle sich bestimmteren Studien widmen. Einen Augenblick hatten Italiens Himmel und die Nähe von Florenz ihn geblendet; in seinen Mußestunden hatte er sich der Malerei ergeben und in der Kunst seinen Beruf gesucht; zu seinem Glücke kam er bald von diesem Irrwege zurück, er folgte seinem natürlichen Hange und begann mit dem Eintritt des Winters von 1829 seine medizinischen Studien zu Rom. Es sind mir wenig Angaben über den dortigen Aufenthalt Richards in die Hände gekommen; er scheint die Hörsäle der Sapienza und die Klinik der Spitäler aufmerksam und regelmäßig besucht zu haben. Die Ersparnisse, die er in Pisa gemacht, erlaubten ihm, sich sorglos diesem Universitätsleben zu überlassen; doch begann bereits dort seine finanzielle Lage sich zu verschlimmern, und zwar durch einen Einfluß, der sein ganzes Leben hindurch für ihn höchst nachtheilig und bedauernswerth sich erwies. Zwischen ihm und Charles Didier hatte sich ein Verhältniß gestaltet, das nur vor dem Eintritt in das ernstere Leben möglich ist. Der letztere hatte sich nach Pisa zu Richard begeben, der ihn bei den Eltern seines Zöglings einführte. Didier träumte eine Zukunft, wie solche nur den Koryphäen des Parnasses beschieden; es war eine überspannte, von Grund aus egoistische Natur. Richard glaubte fest an die poetische Mission seines Jugendgenossen; weit entfernt, ihm die Irrfahrten abzurathen, welche Didier in alle Winkel der italienischen Halbinsel unternahm, bestärkte er ihn, großmüthig, in seinen Hoffnungen auf künftigen Ruhm. Kamen dann Briefe aus Sizilien, Apulien oder Kalabrien, da wurde, mit kindlicher Resignation, Richard zum Bankier dieses modernen Ulysses. Didier reiste zwar zu Fuß und mit spartanischer Genügsamkeit; doch waren auch so seine Mittel unzureichend für das Zigeunerleben; und hätte nicht Richards Beutel großmüthig ausgeholfen, der Fußwanderer wäre mehrmals in das Loch der Vagabunden gekrochen.

D. Richard beklagte sich nur über eines: daß er nicht liberaler gegen den armen Reisenden sich auslassen könne. Aufopfernde Hingabe war der Grundzug seines Charakters. Didier lebte unvorsichtig in den Tag hinein. Richards Nachsicht und Generosität kannten keine Grenze.

Nun müssen wir eingestehen, daß die originellen Reise-Episteln ganz dazu beschaffen waren, der Imagination des seßhaften Studenten Zauberschlösser vorzuspiegeln; ihm fehlte damals die Lebenserfahrung und die tiefere Kenntniß des menschlichen Herzens. Ein Weltkundiger hätte von dort ab den unbedachtsamen, undelikaten Pilger durchschaut und geahnt, es würde eine so geformte Natur der Eigenliebe und dem Schriftstellerstolze auch seinen besten Freund aufopfern. D. Richard sollte als Familienvater zu spät für seine häusliche Ruhe einsehen, daß er die Früchte seiner Ersparnisse und sogar einen Theil seines kleinen väterlichen Vermögens in einen bodenlosen Abgrund geworfen.

Im Herbst von 1830 verabschiedete sich D. Richard von seinen Freunden in Rom, Florenz, Pisa und Genf. Sein Entschluß stand fest; er wollte in Paris die Hospitäler, die Lehrkurse der Fakultäten und des Pflanzengartens regelmäßig besuchen und in seinen Freistunden den Lieblingsstudien sich hingeben. C. Didier sollte sich in der Hauptstadt zu ihm gesellen.

Es waren die ersten Monate der Julirevolution kaum verflossen; die Fluth der Leidenschaften ging hoch; die Ehrgeizigen jeder Rangstufe, die verschämten und die unverschämten, die mäßigen und die tollen, strömten dort zusammen; es war ein Pandemonium, worin der junge Genfer sich in den ersten Tagen so gut als möglich umsah und einrichtete. Er kaufte das Handbuch seines Namenvetters und ließ sich im allbekannten Hôtel Corneille beim Odéon nieder. Groß war zuerst seine Verblüffung in den glänzenden und kothigen Straßen, wo die Pflastersteine kaum in ihre alte Stelle wieder eingefügt waren. Nicht lange blieb ihm Zeit zu diesem verzeihlichen Umherschweifen. Bald sucht er einige Genferfamilien auf, stellt sich dem Professor Duméril vor, besucht die Kollegien von Cruveilhier, Velpeau, Royer-Collard. Seine sympathische Fiber empört sich bei der Zergliederung eines lebendigen Kaninchens durch Professor Ségalas; bei der rohen Gleichgültigkeit und der grausamen Neugierde der Zuschauer und Zuhörer im Amphitheater von Dupuytren überläuft ihn das schauderhafte Gefühl sich unter gebildeten Barbaren zu wissen. In seinem interessanten Tagebuch, dem regelmäßigen Vertrauten seiner Eindrücke, seiner vielfachen Studien und der oft romanesken Zwischenfälle seines Studentenlebens, erlaubt er sich über seine Professoren ein ruhig abgewogenes Urtheil. Gleich nach seiner Ankunft in Paris sucht er eine Lücke auszufüllen, die ihm von seinem Aufenthalt in Rom geblieben. Dort war in der Sapienza und Spitälern die Anatomie der Leichname nicht erlaubt; in Paris verschafft er sich Cadaver, in Gemeinschaft mit Studiengenossen, und vom Februar 1831 ab tritt er als Interne (Gehülfe) in das Hospital der Pitié.

Um diese Zeit verfügte er schon über sein modestes väterliches Vermögen, und er ging gerade nicht sparsam damit um, wenn es galt, seinem Freunde beizuspringen oder seine eigenen Studien zu erleichtern. So kaufte er gleich in den ersten Wochen die 49 Lieferungen von Cloquets Werke, zugleich aber verschaffte er sich Aliberts „Physiologie der Leidenschaften", „damit ich", so schreibt er in sein Tagebuch, „nicht ganz in der Materie aufgehe".

Als Gegengewicht zur Anatomie dienen ihm die

Vorlesungen von St. Marc Girardin und Andrieux, auch verfolgt er den Gang der gleichzeitigen Literatur. «Rouge et noir» von Beyle (unter dem Pseudonym Herrn v. Stendal's bekannt) fällt in seine Hände: er notirt in sein Tagebuch: „das ist ein Lehrkurs der Verstellung". Seine ehrliche Natur hatte sich empört; es war bei ihm der Angstschrei der Seele. So war der geistreiche und mephistophelische H. v. Stendal in sechs Worten von einem unbekannten Studenten richtig aufgefaßt. Nie waren zwei contrastirende antipathische Charaktere so sehr aufeinander gestoßen, als hier auf den Blättern eines merkwürdigen, teuflischen Romans. — D. Richard beurtheilte gleicherweise die Romane von Eugene Sue; sein Herz zuckte krampfhaft bei der bittern Ironie und den Schlußfolgerungen des „Atar Gull", dieser paradoxen gehässigen Spottschrift auf die akademischen Preiskrönungen. Richard erklärte sich bestimmt für die vom Philanthropen Montyon ins Leben geführte Stiftung: „Ich glaube nicht, sagte er, daß solche die Tugend befördert, aber sie dient zur Bestätigung tugendhafter Handlungen und giebt nicht zu, daß wir an unseren jetzigen gesellschaftlichen Zuständen verzweifeln."

Gleich in den ersten Zeiten seines Pariser Aufenthalts ward er durch einen Freund bei Hortense Allard eingeführt.

Gegen das Ende der Restaurationsepoche war diese verführerische Aspasia zu dem Mittelpunkt eines männlichen gebildeten Cirkels geworden, der zugleich ihre Person und ihre literarischen Producte bewunderte. Richards Verhältniß zu dieser reizenden Androgyne, der enthusiastischen Schülerin der Frau von Staël, blieb in den Grenzen des brüderlichen Zutrauens: doch konnte der junge Medizinalgehülfe der Pitié dabei in der Kenntniß des weiblichen Herzens bedeutende Fortschritte machen; es wurden ihm sonderbare — naive Geständnisse zu Theil. Nach einem Abend, den er unter vier Augen mit Hortense zugebracht, wurde er von der Unterredung über die Maßen hingerissen und bezaubert. Die Patientin hatte sich zu einer „Confession" in J. J. Rousseaus Manier verleiten lassen; nur war sie hundertmal liebenswürdiger als der längst verstorbene Genfer Mitbürger Richards. Hortense Allard hatte den Muth (ich bediene mich eines verblümten, abgeschwächten Ausdrucks) vor ihrem bezauberten Zuhörer, die Gefühle eines jungfräulichen, zum erstenmale liebenden Mädchens zu analysiren; ich meine die physiologischen, moralischen und intellektuellen Eindrücke, von dem Beginn der Leidenschaft bis zum Augenblick der entscheidenden Krisis. Es waren dies, um es frei zu gestehen, ganz sonderbare Mittheilungen, die in dem Tagebuch des Studiosus selber nachgelesen werden müßten.

„Während dieser Unterredung", so läßt er sich darüber aus, „war ich einen Augenblick wie geblendet; meine Augen hefteten sich unwiderstehlich auf die ihrigen; ich hörte nicht mehr, ich konnte nicht mehr sprechen, meine Brust athmete schwer, all' meine Willenskraft mußte ich zusammenraffen, um mich nicht zu ihren Füßen zu werfen; aber ich wußte, daß sie liebte, d. h. daß ihr Herz anderswo in Banden lag; mein Selbstbewußtsein erwachte und wir sprachen fortan über Politik."

Wohl war ihm gerathen, über Politik zu sprechen; denn später wurde er durchaus über den Charakter und die Urtheilskraft dieser Priesterin der unregelmäßigen Leidenschaft ernüchtert.

Es war indeß in den Sternen geschrieben, daß D. Richard eine gedeihliche, ernsthafte Verbindung mit einem andern emancipirten und revolutionären Wesen anknüpfen sollte, und zwar mit einer Frau, die ungemein befähigter und unendlich höher als Hortense Allard stand und die seltenen Eigenschaften des künftigen Directors von Stephansfeld auf den ersten Blick zu ihrem vollen Werthe schätzte. Wir werden im Laufe dieser Skizze auf das Verhältniß der George Sand mit Richard zurückkommen.

Er war täglich in der Pitié und in den anderen öffentlichen Pariser Krankenanstalten. Doch fand er daneben Zeit, sich mit thierischem Magnetismus, mit Anthropologie und Phrenologie zu beschäftigen. Er hatte die Bekanntschaft Spurzheim's gemacht.

Dieser Zögling Gall's erkannte in dem eigenthümlichen Wesen Richards das ruhig abwägende Urtheil des reifern Alters verbunden mit dem Feuereifer des Jünglings. In dieser Periode seiner progressiven Entwickelung schwankte D. Richard noch zwischen dem Pantheismus und dem Spiritualismus, doch neigte sich die Wagschale bereits auf die Seite der nobeln Grundsätze, welche die Würde und die bessere zukünftige Bestimmung des Menschen nicht dem unbarmherzigen Götzen des Materialismus aufopfern.

Spurzheims neu angeworbener Schüler behauptete seine persönliche Unabhängigkeit dem imposanten Meister gegenüber. Wohl nahm er, durch seine vorläufigen früheren Studien dazu gedrungen, specielle Organe für die Hauptthätigkeiten der Seele an, doch in seiner innersten Ueberzeugung lebte das Ich, mit unwidersprechlicher Gewißheit, als einheitliches Lebensprincip, und stand als Vermittler und Herr über den einzelnen Gehirnsfunctionen Er bildete sich ein eigenes System, worin er das Studium der Phrenologie mit dem thierischen Magnetismus verknüpfen wollte, und auf dieser Unterlage eine neue Anthropologie begründen.

Er wurde ein thätiger, uneigennütziger Mitarbeiter der «Revue encyclopédique», mehrerer medizinischer und phrenologischer Zeitschriften; es brachten ihn seine gehaltreichen Aufsätze und sein offener Charakter mit mehreren Koryphäen der Professoren-Welt*), mit Denkern, Phrenologen, Saint-Simonisten und unabhängigen Philosophen in Verbindung. Die anthropologische Gesellschaft nahm ihn unter ihre Mitglieder auf und übergab ihm, gleich bei seinem Eintritt, das Amt eines Vice-Secretärs, das er treulich verwaltete, und zu einer seiner Hauptaufgaben machte.

Die Flüchtlinge aus aller Herren Länder füllten damals die Straßen und die Salons von Paris. Von seinem Aufenthalt in Rom her fand sich Richard mit mehreren Italienern dieser Gattung in Kontakt. Meist waren es enthusiastische Jünglinge, unausführbaren

*) Er besuchte Andral; bei Louis, Cruveilhier, Cloquet war er gut aufgenommen. Broussais war ihm zuwider, er konnte sich nicht an dessen unangenehm-freie Redeweise gewöhnen; doch besuchte er dessen Kollegien.

Träumen hingegeben. Die meisten Bekannten und Freunde Richards gehörten zur regierungsfeindlichen Opposition; auf diesem abschüssigen Wege ließ er sich indeß nicht über die Grenzlinie, die sein strengmoralischer Sinn von selber gepflanzt, hinuntergleiten.

Mitten unter diesen zahlreichen Beschäftigungen, diesen im Kampf und Widerstreit liegenden Ideen, zwischen diesen theils freundlichen theils leidenschaftlichen Verbindungen fiel wie eine Bombe die Cholera (April 1832), und trieb den Gehülfen der Pitié einem unvorhergesehen, gefährlichen Wirkungskreise zu. Er begann mit der Pflege kranker Nachbarn, ward selbst von dem Uebel befallen, nach einer Frist von zwölf Tagen hinreichend hergestellt, um seine opfermuthige Thätigkeit wieder aufzunehmen und in den Hospitälern ein Bild des Chaos zu finden, „wo nichts vorgesehen, nichts vorbereitet worden, wo sich die widersprechendsten Systeme in der Behandlungsweise hart nebeneinander breit machten."

Beim Ausgang aus dieser fürchterlichen Krisis, in den ersten Sommermonden, empfand Richard das Bedürfniß, sich in frischer Waldluft zu baden. Mit Didier unternahm er einige Fußreisen in der Pariser Umgebung und besuchte gastfreundliche Familien zu Meaux und zu Versailles; hier besah er den Ballsaal „Frankreichs Grütli."

Der Kreis seiner wissenschaftlichen Bekannten erweiterte sich; im Herbst 1832 knüpfte er mit zwei Celebritäten an, die beide auf seine Laufbahn und seine Entwickelung einen unberechenbaren Einfluß ausübten; ich meine Geoffroy Saint-Hilaire und vor allen Lamennais.

Der große Naturforscher, der Rivale Cuviers, wurde für David Richard ein Sporn und eine Stütze. In Geoffroy-St.-Hilaire's Familie fand der junge Phrenologe, neben der Wissenschaft, eine gastfreundliche, herzliche Aufnahme. Zwischen dem Genfer Jüngling und dem Professor des Pflanzengartens entstand eine wahre Intimität. Der Hausherr und seine zahlreiche, herrliche Familie schätzten, nach kurzer Prüfungszeit, die ausgezeichnete Herzensgüte D. Richards; dieser konnte auf Augenblicke sein vereinzeltes Dasein in Paris vergessen. Der Ideen-Austausch zwischen Geoffroy-St.-Hilaire und dem Schriftführer der anthropologischen Gesellschaft gab diesem einen vorhin ungeahnten Schwung; er glaubte fester an seine eigenen Ideen, wenn sein eminenter Beschützer sie aus seinem Munde annahm. Richard erschien nicht mehr in den Salons als ein jugendlicher Utopist; er behauptete ungezwungen seine Stelle.

In einer Soirée des Pflanzengartens boten die Damen, eine nach der andern, ihre lieblichen Köpfe dem Schüler Spurzheim's zur phrenologischen Untersuchung. Richard notirt die Scene in seinem Tagebuch: „Ich zog mich nicht übel aus der Klemme, ich sprach wenig, und absonderlich nicht von allen Eigenschaften.“

Die mächtige, synthetische Gabe, die den Grund-Charakter Geoffroy-St.-Hilaire's bildete, mußte auf Richard unwiderstehlich wirken, denn er neigte schon in seiner wissenschaftlichen Methode auf diese Seite hin. Bei ihm war der Geist der Analysis einem divinatorischen Instinkte untergeordnet; er suchte und fand oft das geheime Band, das Vermittelungsglied zwischen weit entlegenen Doctrinen. Von diesem Augenblicke an bildete sich in Richards Geiste, als spezifischer Glaubensartikel, die Idee: er wolle auf gleicher Linie Anthropologie, Phrenologie, Physiologie und Psychologie, als Alliirte, voranbringen. Ein so hochgestelltes Ziel mußte den Adepten dieser vierfachen Wissenschaften selbstverständlich den regelmäßigen Studien der medizinischen Fakultät entfremden. Er beeilte sich nicht, die akademischen Grade zu erwerben; das war unstreitig ein Fehler: Er schritt voran, einzig und allein sein Ideal ins Auge fassend. Nun kam überdies zu diesen vielfachen Studien, deren Resultate in phrenologischen, von der gelehrten Welt gewürdigten Aufsätzen niedergelegt wurden, die Erlernung der deutschen und englischen Sprache. Es gährte unaufhörlich im Kopfe dieses siebenundzwanzigjährigen Forschers.

Ich durfte nicht verhehlen, daß D. Richard eine Zeitlang zum Pantheismus neigte. Mit Orioli, dem italienischen, gelehrten Flüchtling, diskutirte er öfter die Urbestandtheile der Seele, blieb aber unerschüttert in seiner bessern Ueberzeugung. Durch seine Freundschaft mit Lamennais wurde er in seinem Spiritualismus gekräftigt.

Der bretonische, damals noch zur Hälfte rechtgläubige Philosoph suchte seinen jungen Schüler für die katholische Doctrin zu gewinnen; der günstige Augenblick indeß war nicht gekommen; erst fünfzehn oder sechszehn Jahre später sollte Richard den salto mortale machen, und in den Schooß der Kirche, zu der ein Theil seiner Familie sich schon bekannte, zurückkehren.

Richards persönliche Erscheinung war keine gewöhnliche; wie hätte sonst der jugendliche, für Lamennais noch unbekannte Schwärmer, bei dem alternden Einsiedler von La Chesnaie, bei dem berühmten Schriftsteller, so schnell eine familiäre Zuneigung erworben. Lamennais, von Rom gefürchtet, war damals auf dem Punkte, seine „Worte eines Gläubigen“ dem Publikum zu übergeben, und in der radikalen Partei sein Ansehen bedeutend zu vergrößern. Weltlichen und geistlichen Gewalten gegenüber wollte er als religiöser Tribun auftreten.

Einen genauen Einblick in das Verhältniß zwischen Lamennais und Richard zu gewinnen, müßte man in die ersten Jahrhunderte des Christenthums hinaufsteigen, und bei irgend einem, von wenig Zöglingen umgebenen, Anachoreten ein ähnliches Bild des gemeinsamen, stillen Zusammenlebens auffinden. Mehrmals verweilte Richard bei seinem verehrten väterlichen Meister in La Chesnaie während den Wochen oder Monden seines Urlaubs. Auf einem seiner Umzüge in der Bretagne, im Jahre 1835, traf Richard in der Diligence von Rennes eine noch in den besten Jahren stehende „Schwester des St. Joseph-Ordens“, die in Cayenne einen gefährlichen Wirkungskreis ausgefüllt und am Vorabend einer zweiten Reise zu den Negern in der pestilentialischen Colonie stand.

Es entspann sich ein Briefwechsel zwischen der Sendbotin der barmherzigen Congregation und dem jugendlichen Freunde des bretonischen Philosophen. Vergebens trennte der Ocean beide Sinn- und Geistesverwandte. Richard verdankte dieser Begegnung in La Chesnaie sein zukünftiges, häusliches Glück.

In Paris hatte sich indeß Richards intellectueller Wirkungskreis immer mehr ausgedehnt. Seiner Collaboration an der Revue encyclopédique verdankte er die nähere Bekanntschaft mit Carnot, Lerminier, Fortoul, Reynaud, Pierre Leroux, Enfantin. Dieser Letztere, Vater der St. Simonisten, war ihm gleich zu Anfang wenig kongenial; Richard durchschaute den Träumer oder den Charlatan; bald bestätigten unwiderlegliche Symptome und Eröffnungen, die ihm aus dem intimeren Zirkel Enfantin's zu Theil wurden, die Abneigung des Phrenologen und seinen Argwohn: er zog sich von Hortense Allard zurück, die sich systematisch dem Vater Enfantin aufdrängte.

Sie fühlte sich wahrscheinlich berufen, das Musterbild des emancipirten Weibes aufzustellen, und den Sendboten des wieder zu Ehren gebrachten Fleisches in seiner Mission zu unterstützen.

Richard dagegen ging je mehr und mehr zum Spiritualismus über und mußte somit den unfruchtbaren Experimenten einer gesellschaftlichen Revolution den Rücken kehren. Auch seine gemäßigteren Freunde, die hoch standen im Gebiete der Wissenschaft und in der öffentlichen Gunst, brachten ihn auf keine anderen Gedanken; die Ueberlieferungen des frommen Vaterhauses und persönliches Nachdenken festigten seinen Glauben. Ein unwidersprechliches Zeugniß für die geistige Unabhängigkeit Richards und sein unerschüttertes Herz wage ich in dem ungetrübten, sonnigklaren Verhältniß zu finden, das ihn mit der ausgezeichnetsten, berühmtesten Zeitgenossin, mit George Sand, jahrelang verband. D. Richard hatte das seltene Glück, die

Aufmerksamkeit der so viel umworbenen Frau zu fesseln und ungesucht ihre Sympathie zu erobern. Es mußte das ganze Benehmen des jungen Genfers, sein uneigennütziges Aufgehen in der Wissenschaft inmitten der ehrsüchtigen Vergnügungswelt von Paris, seine jungfräuliche Zartheit und Reinheit, einen magnetischen Zauber ausüben auf das genievolle, hochstehende Wesen, dem ein Schwarm von Höflingen, von groben Materialisten oder heuchlerischen Spiritualisten die Atmosphäre verdüsterte. In den Augen der G. Sand erschien Richard wie eine aus höhern Regionen in Stickluft versetzte Alpenpflanze; sie glaubte sich verpflichtet, dem jungen Phrenologen theilweise zu ersetzen, was ihm in Paris entging. Licht und Boden konnte sie nicht umschaffen, aber eine ungeheuchelte sympathische Achtung legte sie für ihn zu Tage und widmete ihm eine zarte und schwesterliche Freundschaft. Nur eines unter mehreren Symptomen dieses schönen Bundes: Richard fand sich, einige Jahre später, in einer Uebergangsperiode, in wahrer Verlegenheit, wie der Vogel auf dem Zweige.

George Sand, die eine Einsicht in die Lage gewonnen, bot ihm, in einem über alles Lob und über jede Bekrittelung erhabenen Briefe, ein Asyl in Nohant, ihrem Landsitz in Berry. „Du kannst", so schrieb sie ihm, „der Ruhe pflegen wie Du willst, umherziehen, wie Du magst, oder theilnehmen an der Erziehung meines Sohnes und nach Belieben und Bedürfniß blindlings aus meiner Kasse schöpfen." Das Ganze war in einem unnachahmlichen, taktvollen, aufrichtigen Tone gehalten, der ganz geeignet war, den Empfänger zu bezaubern. Richard hatte Selbstüberwindung genug, dem Antrag nicht zu folgen und in Paris den Ausgang eines diametral verschiedenen Vorschlags abzuwarten, der ihn für das Elsaß gewinnen sollte.

Allein ich bin den Begebenheiten vorausgeeilt.

Unter den berühmten Männern, die Richard besuchte, findet sich auch Victor Hugo. Die einfache Natur des Genfer-Jünglings konnte sich nicht mit dem hochtrabenden Wesen des Dichters vertragen, der nur Schmeichler in seiner Nähe duldete. Die Zeit dieser flüchtigen Bekanntschaft fiel in den Moment der Inscenirung des Drama's: «le roi s'amuse». „Nicht einer der Vertrauten Victor Hugo's", schreibt Richard in sein Tagebuch, „wagte es, ihm zu bedeuten, daß er auf einem Irrwege; — Jedermann weiß, daß er zu dreiviertel verrückt ist." Das Urtheil ist hart, aber nicht ganz unrichtig; nur fiel Richard seinem Freunde Didier gegenüber in denselben Fehler, den Hugo's Schmeichler begingen. Lange glaubte er, der Jugendfreund sei für eine glänzende Laufbahn bestimmt; als die Schuppen von seinen Augen fielen, als sein Zutrauen in die Genialität und Moralität des unglücklichen Schriftstellers erschüttert war, konnte er sich, aus unverzeihlicher Delikatesse, nicht entschließen, den Schleier zu zerreißen und, auf die Gefahr eines Bruches hin, seinem alten Bekannten das Phantom, dem er nachjagte, rücksichtslos vorzuhalten. Um jene Zeit, das heißt, im ersten Lustrum der Juli-Regierung, war D. Richard noch immer der republikanischen Partei befreundet; er war Mitarbeiter an dem „Bon Sens" und besprach dort wie in der «Revue encyclopédique», phrenologische Sujets. Die italienischen Flüchtlinge waren nicht geeignet, ihn zu monarchisch-conservativen Ideen hinzulenken. Bei Fossati machte er die Bekanntschaft des Dantekenners und Bearbeiters: Tomaseo's, der in seinem südlichen Enthusiasmus, den D. Richard mit Dino Compagni, dem Freunde des großen florentinischen Dichters, verglich.

Ich würde in eine trockene Namensregistratur verfallen, wollte ich die Notabilitäten alle aufzählen, mit denen D. Richard besonders in den Soirées des Pflanzengartens in Berührung kam. Oft wurden jene Abendgesellschaften von süßen Nachtigallstimmen aus südlichen Ländern belebt; Richard blieb solchen Eindrücken nicht verschlossen und in seiner Correspondenz von Stephansfeld tauchen wieder die männlichen und weiblichen Künstler auf, die ihn in der anmuthigen, abwechselnd frivolen und ernsten Pariser Atmosphäre bezaubert.

Von allen diesen Banden war es doch eines, das vornehmlich für Richard zur lebenslänglichen Fessel wurde, seinem Geiste die meiste Nahrung zuführte und seinem wohlverzeihlichen Selbstgefühle am meisten schmeichelte. Es war zweifelsohne seine Verbindung mit Lamennais, den er zum erstenmal bei dem belgischen Flüchtling Herrn v. Potter gesprochen und mit dem er, von 1834 ab, in beständigem Briefwechsel stand.

Ich werde in dieser unschätzbaren Sammlung einige Blätter benützen; sie werden die originelle Figur des Bretagners am besten hervorheben. Wie zutrauensvoll er sich gegen den jüngern Freund erwies, spricht aus jeder Zeile; zugleich mögen wir daraus ersehen, wie seinerseits Richard auf den berühmten greisenhaften Mann einen unwiderstehlichen Zauber ausübte.

Für Lamennais war die Zeit des offiziellen Bruches mit der römisch-katholischen Kirche und dem Papstthum gekommen; er suchte in ländlicher Gartenarbeit, im Studiren, im Komponiren, ein Gegengewicht gegen die schweren auf ihm lastenden Sorgen. Denn nicht ohne gewaltige innere Kämpfe vollzog sich dieser Umschwung. Richard war im kritischen, rechten Augenblick, wo man sich nach Freunden umsieht, in die Nähe des religiösen Tribunen gekommen.

Am 21. Januar 1835 schreibt Lamennais von La Chesnaie aus: „Ich wollte, mein lieber Freund, etwas länger auf Ihr gutes, einnehmendes Schreiben antworten. Ihr Brief ist überreich an wohlthuenden Stellen. Aber nun seh' ich, daß ich das Vergnügen, mich mit Ihnen zu unterhalten, zu weit hinausschieben müßte; es drängt mich, auf der Stelle zu sagen, wie sehr mich die Ergüsse Ihres zärtlichen, offengelegten Herzens ergriffen.“ Dann gibt Lamennais Bericht über seine Gesundheit, die damals viel zu wünschen übrig ließ, und fährt fort: „Da wir wieder getrennt leben, muß ich Ihnen für die Aussicht, die Sie mir geben, unsere Trennung abzukürzen, vielen Dank wissen. Kommen Sie so bald als möglich hierher, mein Lieber: ruhen Sie sich aus, oder besser, arbeiten Sie hier. Thun Sie das, wenn die Knospen Blätter treiben, es ist auf dem Land ein köstlicher Augenblick.

„Es sollte mir leid thun, wollten Sie nicht bei allen Gegenständen dem Zug Ihrer eigenen Einsicht folgen. Mit einander kann man die verschiedenen Gesichtspunkte, die ein und derselbe Gegenstand bietet, aufsuchen, sich dieselben zu besserer Erkenntniß bezeichnen und klar machen; so weit, aber nicht weiter erstreckt sich der gegenseitige Einfluß zweier Intelligenzen . . .

„Mir scheint es nicht unmöglich, zu einem ganz vernünftigen Resultat über viele Hauptpunkte zu gelangen, sobald man sich in den unserm Verstande vorgeschriebenen Grenzen hält. Der Ausdruck wunderbar (merveilleux) ist für mich zweideutig, will man darunter verstehen, was nicht ist und nicht sein kann; es läßt sich nicht annehmen, daß in der menschlichen Natur eine angeborene Eigenschaft (faculté) besteht, die ihn zu solchem Glauben hintreibt; denn das wäre eine Fakultät des Widersinnigen, der Unvernunft, der Narrheit. Aber, versteht man unter dem Ausdruck „wunderbar“ das Ideale, Unendliche, oder mich eines andern Ausdrucks zu bedienen, das „Unbegreifliche“, da wird das sogenannte Wunderbare zu der höchsten Eigenschaft, welche den Menschen erst zu einem intelligenten Wesen stempelt; doch dies erfordert eine längere mündliche Besprechung . . .

„Wir beschäftigen uns mit neuen Baumpflanzungen, aber diese Alleen werden Ihnen, wenn Sie kommen, nicht viel Schatten geben. Leben Sie wohl, mein theurer Freund, und zählen Sie meinerseits auf meine zärtliche Anhänglichkeit.“ — Und gleich acht Tage darauf:

23. Januar 1835.

„Mit großem Vergnügen las ich im «Bon sens» einen Theil Ihres Aufsatzes über die Phrenologie und über Bonaparte. Das Journal veröffentlicht indeß nicht, was für mich das Interessanteste, ich meine die Analysis der Hirnschale, die zu so heftigen Erörterungen Anlaß gab. Ich glaube wohl an das Fundament der Wissenschaft, die Sie so gründlich studiren; doch über dieses erste Fundament hinaus, weiß ich nicht, ob schon ein fester Aufbau zu hoffen ist. Nicht die Anatomie benennt die Organe; die Psychologie benennt sie; und in diese letztere hab ich nicht viel Zutrauen. Die Psychologie scheint mir sehr oft die „Akten" mit den Fakultäten zu verwechseln; ist dem so, wie können wir die speziellen Organe dieser sogenannten Fakultäten auffinden? bereits durch das Aufsuchen derselben läuft die wahre Seite der Wissenschaft Gefahr, mit fremden Träumereien verwechselt zu werden..."

26. Januar 1835.

„... Die Erwähnung meines Namens in Ihrem letzten Aufsatze hat blos einen Nachtheil: sie ist allzu schmeichelhaft. Meine Eigenliebe wird dabei ins Spiel gezogen: ich muß auf der Hut sein. Was Rousseau betrifft, haben Sie recht; er war aufrichtig, in meinem Angriff bin ich zu weit gegangen; die Kontroverse riß mich hin. Es lag viel Genie in seinem Kopf; aber die Logik fehlte ihm oft, und die Logik ist unerbittlich wie die Nothwendigkeit.

„Und nun sei von Ihnen selber die Rede. Wenn Sie traurig sind, mein Bester, verschließen Sie sich ja nicht. Wozu wäre die Liebe gut, wollte man nicht die Leiden des Freundes theilen. Gerade in solchem Fall verlange ich Mittheilung. Ich fühle gar wohl, was Ihr Stillschweigen an Delikatesse und Zärtlichkeit birgt. Künftig verschonen Sie mich nicht: ich werde dafür dankbar sein. Meine Seele hat Raum für Ihren Schmerz.

„Das Band, das Sie zwischen Phrenologie und Magnetismus knüpfen, finde ich sehr annehmbar. Die unbekannten Grundlagen des letzteren scheinen mir weniger fest, aber eröffnen größere Aussicht. Die deutschen Philosophen sprechen viel von einem Mittelzustande, der auf den Tod folgen soll. Mir scheint der Magnetismus die Wissenschaft, die zu diesem Zustand hinüber führt; mit anderen Worten, die magnetischen Fakten bilden vermuthlich das Komplement der Anthropologie, sie suchen die Probleme unseres künftigen Zustandes zu lösen, das mit dem jetzigen Leben unsichtbar, aber eng, zusammenhängt. Ueberhören Sie den Spott der sogenannten Gelehrten und gehen Sie ruhig Ihren Weg fort."

12. Februar 1835.

„Wollte man nicht immerfort die Menschen aus ihrer Erschlaffung, die im Grunde nur ein Egoismus ist, aufrütteln, da ginge die Gesellschaft in Despotismus unter; jeder wissenschaftliche Fortschritt wäre gehemmt, die schändlichste Verwilderung nähme überhand. Und fühlte ich auch die Verpflichtung nicht, dem entgegenzuarbeiten, so könnte ich nicht andererseits meinen Zorn bewältigen, bei den täglichen frecheingestandenen Uebergriffen jeder öffentlichen Gewalt (hier spricht der einseitige, leidenschaftlich erregte Tribun). Unmöglich könnte ich schweigen beim Anblick der vielen Leiden des armen Volkes, beim täglichen Anhören schmerzlicher Klagen, des langgedehnten Seufzers und Nothschreis der gepeinigten Menschheit. Die Gesetze der Schöpfung zu erforschen, ist nicht vom Uebel; aber das erste Gesetz ist das Gesetz der barmherzigen Liebe: dieses heilige Feuer darf nie erlöschen.

„Was Sie, mein Freund, über meine Lage der katholischen Kirche gegenüber sagen, ist ganz richtig; wohl weiß ich, daß sie für das Publikum etwas Dunkles hat. Mich zu erklären, ist die Zeit noch nicht da: zuvörderst widersteht mir der Gedanke, mich vor der gleichgültigen, spottsüchtigen Menge bloszustellen; dann ginge ich einer neuen Zwistigkeit entgegen. Wozu das? . . .“

10. April 1835.

„Ich erwarte Sie auf Anfang Mai. Das Land ist dann herrlich; und dieser Umstand ist für Sie wie für mich nicht gleichgültig. Seit einigen Tagen haben wir Sommerhitze; der Sauerdorn, die Johannisbeerstaude, die Lärchenbäume, fast alle Fruchtbäume bedecken sich mit Blättern; die Knospen der andern schwellen zusehends. Diese Periode der allgemeinen Auferstehung, der Blumenflor, die schwirrenden Insekten, versenken die Seele in sanfte, unbestimmte Träume; die Einbildungskraft versteigt sich in die Sphäre der unbekannten Mächte, die über die antiken genievollen Bewohner Hindostans den Zepter führten.“

Während der zweiten Hälfte des Jahres 1836 befand sich D. Richard längere Zeit in La Chesnaie; er beschäftigte sich fast ausschließlich mit Phrenologie und dachte an die Gründung einer Zeitschrift «Le Progrès». Mit diesem halbmüßigen Aufenthalt verknüpft sich eine schon erwähnte Begegnung, die auf seine Zukunst, sein inneres und äußeres Leben epochemachend wirken sollte. Ein Briefwechsel beginnt mit der muthigen Missionärin, die zum zweitenmal nach Cayenne sich einschiffte, um dort in dem Negerhospiz Mana den Entbindungssälen vorzustehen. — Ich muß hier Richard selber sprechend einführen.

La Chesnaie, 29. September 1835.

„Madame!

„Sie erwarten von mir eine Ermuthigung zu der beschwerlichen Reise, die Sie aus Ergebenheit für die Frau Superiorin zu unternehmen bereit sind. Ich fühle mich wenig geneigt dazu, denn ich kann für Ihre schon erschütterte Gesundheit nichts Gutes voraussehen. Eine mir persönliche Lebensregel werde ich aber ebenfalls auf Sie beziehen; ich erlaube mir keinen Tadel, wo, wie hier, ein guter Zweck vorliegt.

„Die Gründung von Mana ist einer der edelmüthigsten, christlichsten Versuche; dort liegt, wie die Superiorin sich ausspricht, eine unerschöpfliche Quelle wahren Ruhmes. Bis jetzt hat die Civilisation wenig für die Wilden oder die Sklaven gethan: es herrscht in der Welt ein grausames, die Herzen beschwichtigendes Vorurtheil: der Neger sei von der Natur zur Sklaverei bestimmt, er könne nie und nimmer den Weißen gleich gestellt werden; es können die kindischen wilden Völker nicht gezähmt, nicht zur Gesittung geführt werden; ihre Zerstörung sei das einzige Auskunftsmittel. Ich gebe mich keiner eitlen Täuschung hin; ich weiß wie schwierig jeder Fortschritt in der Völkerfamilie errungen wird. Bis jetzt fehlte in den

Gründungen, die auf dem Fuß von Mana angelegt sind, die wahre, barmherzige Liebe, die Mutter der Geduld. Man wollte im Sturm erobern, was nur durch Ausdauer langsam zu Stande kömmt; man wollte an einer einzigen Generation verwirklichen, was nach den Gesetzen der Natur blos durch nachhaltige, wohlthätige Einwirkung von drei oder vier Generationen erreicht werden kann. Das Weib ist die erste Führerin des Kindes; die Geschichte des Alterthums schreibt ihr auf jeder Seite die erste Sittigung der Welt zu; mehr als der Mann besitzt das Weib die Gabe der Einschmeichelung; sie erleichtert den Gehorsam; ihr ist das herrliche Loos beschieden, die Neger und die Wilden zur Sittlichkeit zu erheben und das göttliche Gefühl der Freiheit in der entwürdigten Seele des Sklaven zu wecken. Wenn ich von dem „Weibe" spreche, so meine ich fürwahr nicht die eitlen, unbedeutenden Wesen, die in unseren Städten ihre nichtswürdigen Launen und ihr Nervenweh zur Schau tragen; ich meine Frauen, wie Sie und Mad. Javouhey. Was Sie beide zusammen bezwecken, nein, ich kenne nichts höheres, nichts, das heiliger wäre. So groß auch die Widerwärtigkeiten, die Leiden ihrer Reise, Sie werden sich beide in den trüben, mühseligen Stunden durch den Gedanken an Ihre große apostolische Mission aufrichten . . . .

„Den Wunsch der Frau Oberin, vor ihrer Abreise Herrn von Lamennais zu sprechen, habe ich meinem verehrten Freunde mitgetheilt. Er wird Sie zuvorkommend in seiner Einsiedelei von La Chesnaie empfangen. Im Monat November bin ich gewiß noch hier, und Sie denken wohl, daß mich diese Zusammenkunft nicht unbetheiligt läßt. Es ist ein glücklicher Zufall, der eine Dame und einen Mann, welche den Bund zwischen Religion und Freiheit so wohl, ja besser als irgend wer in Frankreich verstehen, zusammenführt. La Chesnaie liegt etwa anderthalb Stunden von Dinan, die Wege sind schlecht, aber für Sie beide, die vielgereisten Frauen, bedeutet das nichts.

„Zum Voraus danke ich für Ihr gütiges Anerbieten, Mohren- und Negerschädel von Guinea und verschiedenen Indianerstämmen zu sammeln. Wenn Sie womöglich Angaben über die Raçe, das Vaterland, das Alter, das Geschlecht, den Charakter jedes Individiums beibringen könnten, so würde eine solche Sammlung unschätzbar für die Wissenschaft. Ich weiß, daß ein solches Unterfangen nicht leicht ist; Sie bezeigen einen so guten Willen, daß ich das beste zu hoffen wage. . . .

„Es ist beinah ausgemacht, daß ich noch einige Monate bei meinem Freunde verweilen werde. Wenn Sie nach Dinan kommen, wollen wir uns über unsere Korrespondenz besprechen. Dankbar wäre ich für eine kurze Notiz über die Entwickelungsgeschichte der Kolonie Mana; dann wage ich es, Ihnen in Gedanken zu folgen. Der Himmel stehe Ihnen bei und gebe Ihnen zu Ihrer Wanderung das verdiente Gedeihen. Meine Wünsche begleiten Sie; Sie sind eine Ausnahme in Ihrem Geschlecht; ich fühle mich durch eine lebhafte und reine Sympathie mit Ihnen verbunden."

Die Oberin der Kolonie Mana und Fräulein Rivoire kamen im Laufe Dezembers auf zwei Tage nach

La Chesnaie, und Richard begleitete sie nach St. Brieux zurück.

Folgenden Abschiedsbrief schrieb er aus seinem ländlichen Zufluchtsort:

La Chesnaie, 23. Dezember 1835.

„Ihr lieber Brief kömmt mir soeben zu, beste Schwester; ich antworte, mit der Hoffnung, daß diese Zeilen Sie noch in Brest erreichen. Geehrte Freundin, Sie haben das beste Theil erwählt: Sie schöpfen an der wahren Quelle: Ihnen spendet Gott die Kräfte und den Muth, dessen wir beide bedürfen. Seitdem wir uns das traurige und bittere Lebewohl zugeflüstert, habe ich viel für Sie gebetet, und ich darf es Ihnen wohl gestehen, mit ungewohnter Innigkeit. Ihre Güte, Ihre Ergebung ist engelgleich, in Ihrer Nähe fühle ich, daß ich ein besserer Mensch werde. Das ist das Eigne der unvergänglichen Zuneigung. Ihre Abreise ist eine harte Probe; noch härter wird sie durch die zwei letzten in Ihrer Nähe zugebrachten Tage; denn jetzt verstehe ich Sie immer mehr. In St. Brieux brachte ich eine in Traurigkeit verschwimmende Nacht zu. Es war keine Verzweiflung, aber ein mit Resignation gemischter Schmerz: an Ihrer Stärke raffte ich mich empor; es war ein ununterbrochenes Gebet zu Gott, daß er Sie schütze und segne. Am folgenden Morgen fühlte ich mich gestärkt, zutrauensvoll. Sie erinnern sich wohl noch an den Handelsmann, mit dem wir zu Nacht speisten. Es ist ein ehrlicher, guter Mensch, tief ergriffen von Ihrem heiligen Beruf. Er öffnete mir sein Herz, er sprach mir von seinen religiösen Zweifeln. Ich glaube, ihm wohlgethan zu haben. Unbewußt hatten Sie da ein Bekehrungswerk begonnen, das ich gern zu Ende geführt hätte; so wäre mir das Glück zu Theil geworden, Ihnen wenigstens in einem Punkt beizustehen ....

„Ich bin erst Montag Abends um 10 Uhr hier angekommen; den Weg von Lambasle nach La Chesnaie habe ich im Schneegestöber gemacht; meine letzte Reise-Etappe war eilf Stunden Wegs. Fast den ganzen Tag hindurch traf ich auf Niemanden; aber diese Einsamkeit war für mich belebt; Sie waren gegenwärtig.

„Denken Sie an Ihre Gesundheit, nicht für Sie — dieser Beweggrund wäre unzureichend für Sie — aber für mich, für all die Hilfsbedürftigen in Ihrer Nähe. Sie vergessen nicht, beste Schwester, daß wir einmal zusammen an irgend einem Werke der Barmherzigkeit arbeiten sollen; für die Zukunft müssen wir unsere Kräfte sparen.

„In La Chesnaie sind Sie ein Gegenstand der Bewunderung: man spricht von Ihnen mit dem Ausdruck der tiefsten Ehrfurcht; das thut mir unendlich wohl. Mein Freund bringt Ihnen zu wiederholten Malen, durch meinen Mund seine Wünsche und seine ermuthigenden Worte zu. Denke ich an mein Glück, so große Seelen wie Sie und Ihn zu kennen, da fühl' ich lebhaft die mir auferlegte Pflicht, mich zu veredlen, nicht allzutief unter Ihnen stehen zu bleiben. Muth! Muth! meine treffliche Schwester; Sie gehen einem herrlichen Ziele entgegen; ich folge Ihnen auf Schritt und Tritt immerfort: auf Leben und Tod, und darüber hinaus."

Sehr leicht zu errathen ist das vielseitige Interesse, welches die muthige Sendbotin dem Freunde Lamennai's einflößte; doch in jener Zeit lag noch außer aller Berechnung, wie standhaft dieses innige Gefühl sich Jahre lang erweisen sollte, wie es, durch die Trennung sogar gekräftigt, bei Richard zur guten Stunde über jede andere Berechnung, über jedes Bedenken siegte.

Zu guter Letzt hatte er wohl das stille La Chesnaie wieder verlassen, sich in den Pariser Strudel zurückbegeben; er mußte wohl auf irgend eine Auskunft bedacht sein. Er hatte, von platonischer Liebe für die Wissenschaft beseelt, bis jetzt sich von gebahntem Wege fern gehalten, und hingerissen von der fieberhaften, betäubenden Atmosphäre des intellektuellen Pariser Lebens, über die materiellen Auskunftsmittel des Journalistenberufs sich jedenfalls in trügerische Träume gewiegt. Mit unglaublicher Entsagungskraft hatte er die Kosten einer gemeinsamen Haushaltung mit seinem Jugendfreunde bestritten. Er fühlte, daß er so den letzten Heller des väterlichen Vermögens aufzehrte und, bis sich eine Stelle im Pflanzengarten oder Genf öffnete, sich anderswo umsehen müsse. Im Frühjahr 1836 ließ ihm ein Pair von Frankreich, Herr von Preissac, Präfect der Gironde, die Stelle eines Kabinetchefs in Bordeaux anbieten. Wohl mochte er ungern seinem unabhängigen Leben Valet sagen. Doch hatte er seinen Entschluß nicht zu bereuen. Bald in Bordeaux, bald in Paris mit seinem neuen Gönner sich aufhaltend, zog er aus dieser Lage für seine Entwickelung entschiedene Vortheile, wurde mit der Verwaltung vertraut und durfte bald die so erworbenen Kenntnisse im Elsaß verwerthen. In der k. wissenschaftlichen Gesellschaft von Bordeaux nahm er alsobald eine der einflußreichsten Stellen ein. In täglicher Verbindung mit den ausgezeichnetsten Mönnern, von seinem Obern und dessen Familie geachtet und geliebt, fand er in diesem Posten für Geist und Gemüth die erwünschte vielseitige Nahrung und für seinen Wohlthätigkeitssinn die beste Gelegenheit zu Dienstleistungen; überdies, was nicht zu verachten, war er jeder materiellen Sorge enthoben. Mit dem Abbé Dupuch, dem spätern Bischof von Algier, wurde er um diese Zeit befreundet; beide Männer, von gleichem Bestreben beseelt, mußten sich bald verständigen. Mehr als eine Notabilität in der Geschäfts- und Handelswelt zu Bordeaux, alle wissenschaftlichen Celebritäten fühlten sich zu dem gewissenhaften Arbeiter hingezogen, der in die trockensten Angelegenheiten etwas von seiner Seele übertrug.

Im Innern der Präfektur wurde der damalige Generalsekretär, H. v. Contencin, der später im Ministerium eine hohe Stelle einnahm, der ergebene Freund von D. Richard. Oeftere Ausflüge in das herrliche Departement der Gironde brachten in sein tägliches Leben erwünschte Zerstreuung; und wenn dann Briefe aus Guyana mit Naturaliensammlungen anlangten, ihm das liebevolle Herz, das er sich in La Chesnaie erobert, gleichsam nahe brachten, da mochten die Bilder eines künftigen, häuslichen Glücks vor seinen feuchten Augen schweben. Auf diese lieben Sendungen antwortete er mit jugendlichem Feuer; eine gesteigerte

Verehrung sprach aus diesen schönen Ergüssen einer reinen Natur, worin sich der Cultus der Wissenschaft und des Schönen mit der Liebe zum Guten wundersam verschmolz. Glücklich dürfen wir den preisen, welchem ein so beneidenswerthes Loos zu Theil wurde, solche Gefühle im tiefinnersten Herzen zu hegen, und paradische, den tugendhaften Seelen vorbehaltene Genüsse, vorahnend zu empfinden. Schreiber dieser Zeilen ist nicht berechtigt, und er würde sich von selbst untersagen, den textuellen Inhalt dieser naiven Correspondenz wiederzugeben: es spiegeln sich darin zwei verwandte, durch den Ocean getrennte, durch die Bande der christlichen Liebe mit einander verknüpfte Wesen; zwei Herzen, die von ihrer künftigen Bestimmung, an einem gemeinnützigen, volksthümlichen Werke zusammen zu arbeiten, eine fast bestimmte Ahnung in sich tragen. Wie oft wurde nicht, und mit Recht behauptet, daß die Erfindungen des Romans nicht den Reiz der Realität erreichen; in den Briefen D. Richards und der Missionärin von Mana fand ich dafür eine ungesuchte Bestätigung.

Die Kisten, welche Fräulein Rivoire, mit naturhistorischen Raritäten angefüllt, nach Bordeaux expedirte, wurden von dem Pariser Museum mit großer Anerkennung aufgenommen; die Verwaltung des Pflanzengartens sprach ihren offiziellen Dank dafür aus, und übermittelte durch Richard Geldanweisungen, die jedenfalls nur theilweise die nicht gefahrlosen Mühen der Sammlerin vergüteten. Mlle. Rivoire, indem sie sich um Neger- und Indianerschädel umsah, mußte dem Aberglauben der Eingebornen Trotz bieten. Richard glaubte sich verpflichtet, seiner kühnen Freundin so mißliche Ankäufe geradezu zu verbieten. Als Gegengabe für Pflanzen, Samenkörner, Vögel, Reptilien u. s. w. schickte er wissenschaftliche und religiöse Bücher, literarische Produkte, chirurgische Instrumente, Andenken aller Art, ja sogar Putzsachen, Toiletten-Gegenstände. Ihm lag daran, den günstigen Eindruck von La Chesnaie in der Erinnerung von Fräulein Rivoire nicht abschwächen zu lassen. Er wünschte das Bild des abwesenden Vaterlandes mit dem Abgang jedes Schiffes wieder in Cayenne aufzufrischen; und das war doch ein erlaubter Wunsch, dem er in Bordeaux mehr als anderswo genügen konnte. Im Jahr 1838 war Fräulein Rivoire nach Martinique, in ein weniger ungünstiges Klima, und in ähnliche Verhältnisse übergesiedelt. Brachte ihm ein Seefahrer von der freiwilligen Verbannten direkte Nachrichten, da fühlte er sich doppelt gehoben, und dankte der Vorsehung, daß er in einer großen Seehandelsstadt die Erinnerungszeichen aus erster Hand erhielt. Den Freunden in Paris, in der Schweiz, in der Bretagne theilte er auf der Stelle die erfreuliche Botschaft mit; es war ihm zum Bedürfniß geworden, mit den Frauen und Männern, die seinem eigenen Lebenslauf folgten, in Freud und Leid verbunden zu bleiben. Lamennais hatte übrigens eigenhändig an Fräulein Rivoire geschrieben (1839) und sich bei ihr erkundigt, ob mit einem mäßigen Vermögen, der Ankauf und Aufenthalt in einem ländlichen Winkel auf der Insel Martinique zu verwirklichen wäre. Es war ein elektrischer Draht, der sich zwischen diesen wahlverwandten Wesen an den entgegengesetzten Gestaden des Weltmeeres hinzog.

Bisweilen gab auch George Sand ein Lebenszeichen.

So gelangte einmal von ihr eine Empfehlung an D. Richard, sich bei dem Präfekten der Gironde mit der Empfehlung für eine ehrenwerthe, verschwiegene, bedürftige Existenz zu befassen. „Ich wende mich an Deine noch jugendliche, frische, barmherzige Liebe“, schreibt sie ihm: „bei mir geht dieses Gefühl auf die Neige.“

Richard glaubte wohl nicht an diese Behauptung.

In der letzteren Hälfte desselben Briefes gibt George Sand ihrem Freunde höchst anziehende Berichte über das Leben in Nohant, „wo für ihn immer eine Zufluchtsstätte bereit ist.“

Die zukünftige Existenz D. Richards schien gesichert, da fiel ein unerwarteter Schlag auf das Haupt des Präfecten. Am Schluß einer Sitzung des Generalraths von 1838 (October), wurde H. von Preissac abberufen; er hatte am Anfang der Session sich, bei einer strittigen Präsidentenwahl, für den beliebten Candidaten der Lokalität, und nicht für dessen Mitbewerber (den Herzog Decazes) erklärt.

David Richard übergab, im folgenden November, die Schlüssel und die Cartons des Cabinets dem Nachfolger seines bisherigen Chefs, und blieb einstweilen bei einem Freunde in Bordeaux; seine Zeit opferte er ganz der scientifischen Gesellschaft, wo er das Amt eines Schriftführers bekleidete. Wir überspringen die einzelnen Vorkommnisse eines Interimsjahres, während dessen er sich vergeblich um einen zoologischen Katheder in Bordeaux bewarb. Im Frühjahr 1840 wurde ihm, durch Vermittelung des H. Léon de Malleville, das Anerbieten des niederrheinischen Präfecten, Herrn Louis Sers, gemacht; er entschied sich für das Irrenhaus zu Stephansfeld. Seine medicinischen und phrenologischen Vorkenntnisse befähigten ihn ausnehmend für diese Lage. Als Vorstand und Director eines halbverwahrlosten Instituts glaubte er seine Verpflichtung als Christ zu erfüllen; er fühlte sich berufen Thränen zu trocknen, und sich durch ein der Entsagung gewidmetes Leben auf ein künftiges, unsichtbares Dasein vorzubereiten.

Er nimmt Abschied auf lange, in Paris, in Lyon, in Genf; besucht im Fluge die Irrenhäuser der französischen und der deutschen Schweiz und stellt sich, den 10. Juli 1840, seinem neuen Präfecten in Straßburg zur Verfügung.

Um jene Zeit sah ich Richard zum ersten Mal bei einem officiellen Diner, in dem Salon der Präfectur, ohne in persönlichen Verkehr mit ihm zu treten, obgleich der reine, fast engelhafte Ausdruck seiner Physiognomie, sein sinniges zur Seite geneigtes Haupt, das von frühen Schmerzen zu sprechen schien, mich bereits anzogen. Eine angeborene Schüchternheit hielt mich zurück; später wußte ich die verlorene Zeit wieder einzubringen; ich betrachte meinen nähern, freundschaftlichen Verkehr mit ihm als eine der besten Errungenschaften meiner Laufbahn.

Als D. Richard die Zügel der Verwaltung ergriff, diente seit sechs Jahren die alte Comenthurei von Stephansfelden als Asyl der Irren des niederrheinischen Departements. Man hatte schon 350,000 Fr.

zur Einrichtung angewandt. Die Zahl der aufgenommenen Geisteskranken betrug etwa 300. In der Sitzung von 1840 beschloß der Generalrath, 140,000 Fr. vom Minister des Innern zu verlangen; es sollte das Asyl zugleich für die Departemente des Oberrheins, der Vogesen, der Meurthe und der Mosel dienen. Die geforderte Summe wurde nur theilweise bewilligt.

Zum Beginn waren Präfect und Director nicht ganz einverstanden. Richard, in seinem Feuereifer, drang auf Verbesserung des Dienstes, auf neue Bauten. Der Präfect suchte den noch jugendlichen Beamten zu zügeln; er ließ seinen Absichten Gerechtigkeit widerfahren, aber befürchtete die schnell anwachsenden Auslagen.

D. Richard, als er die Schwelle von Stephansfelden überschritt, hatte schon festgesetzte Principien über die fürchterliche Krankheit, die er mit dem Arzte der Anstalt zu bekämpfen berufen war. Im Geisteskranken suchte Richard immer noch den Menschen auf: er war überzeugt, daß in vielen Fällen die Tollheit nicht das ganze Gehirn ergreift; daß mit den noch nicht umflorten Eigenschaften und Werkzeugen der Seele sich die angegriffene, verfinsterte Seite derselben bekämpfen ließe. In seinem Herzen und seinem Kopfe verglich er die Irrsinnigen mit noch nicht ganz entwickelten Kindern, bei denen das Zutrauen und die Liebe zu den Eltern den Gedanken nachhilft. Und so ist es in der That; bei viel Wahnsinnigen, wenn auch ihre Intelligenz zu Grabe gegangen, überlebt die Fähigkeit zu lieben den Ruin der Verstandeskräfte. Im Schooße der Berge fährt so die Quelle zu rinnen fort, auch wenn die Röhre, die sie ans Tageslicht fördern sollte, zerbricht, oder ein Erdsturz den frühern Lauf hemmt.

Den Vergleich mit der Kinderwelt trieb indeß den Vorstand von Stephansfeld nicht auf die Spitze. Er wußte sehr wohl, daß bei den Kindern die Entwickelung des Verstandes die Hauptsache bleibt, daß bei den Irrsinnigen dagegen die verschobene Denkkraft wieder in die rechte Bahn zu leiten ist. Und wie oft war Richard gezwungen, vor ganz verstockten Herzen die Vergeblichkeit seiner ferneren Bemühung einzugestehen!

Jedenfalls war in seinem Systeme die Anwendung der früheren grausamen Behandlung unmöglich geworden. In seinen Augen war ein Irrenhaus nicht wie früher eine Vorkammer der Hölle. Keine Schläge! keine Ketten! nur für Tobsüchtige geschlossene Kammern und vorübergehend die Zwangsjacke; allein auch diesen heruntergekommenen Wesen gegenüber glaubte er sich zur Aufspürung der letzten heiligen Reste des gesünderen Seelenlebens verpflichtet. Er gehörte zu der seltenen Menschenklasse, die sich der Hoffnung nie auf immer verschließen; und seine Ueberzeugung fußte auf seinem Glauben an das Unsichtbare; den Punkt des Archimedes fand er anderswo als in seiner irdischen Umgebung.

Ohne Wanken hatte er die Hand ans Werk gelegt. Die Haupt-Irrenanstalten von Paris, Rouen, Italien und der Schweiz waren ihm bekannt. Mit dem ersten Blick übersah er, was ihm Stephansfelden bieten konnte; dem Präfecten brachte er seine Ueberzeugung bei: die materielle Arbeitskraft der erwachsenen Irren zu benützen. Es wurden zu diesem Zweck die umliegenden Aecker gemiethet; im Frühjahr 1841 begann mit bestem Erfolg die Feldarbeit; ebenso im Innern der Anstalt die Einrichtung von Werkstätten. Ermunterungen, Belohnungen, Ersparnisse, nach dem Muster ähnlicher Einrichtung in den Gefängnissen, beflügelten den Eifer der armen Irren; so drang in die traurige Wohnung des Wahnsinns ein Wiederschein, ein Strahl des geregelten bürgerlichen Lebens.

Die Leere der langen Winterabende wurde durch Schul- und Musikübungen ausgefüllt. Ein etwas gewagter Versuch, den Bewohnern von Stephansfeld gemeinsame Spaziergänge ins Freie zu vergönnen, wurde von gutem Erfolg gekrönt; es galt damals für eine unerhörte Neuerung. Die Einwohner der nahen Ortschaften sahen nicht ohne Befremden und einige Befürchtung die armen Irren, unter der Leitung weniger Wächter, im offenen Felde. In all' seinen Unternehmungen fand Richard an den barmherzigen Schwestern, die schon in der Anstalt eingeführt worden, und an einem jungen, ergebenen Arzte thätigen Beistand; *) in weniger als einem Jahre war die Einwirkung Richards unbestreitbar; er selbst glaubte jetzt an seine geregelte Zukunft, und beschloß, seine Kräfte durch die Wahl einer christlichen Gattin zu verdoppeln. Den 15. December 1840 schrieb er nach St. Pierre de Martinique, und bat die schon mehrmals erwähnte wohlbekannte Schwester, künftighin sein Loos und seine Arbeit mit ihm zu theilen. Es war ein eindringliches,

*) Herr Julius Röderer.

überzeugungsvolles Schreiben, das wohl nicht anders als mit einem Ja beantwortet werden konnte. Nach dem langen Verzuge der damaligen Verkehrsmittel erbrach er, am 4. Mai 1841, den sehnlichst erwarteten Brief, und ein Jubelschrei macht sich Luft; denn er steht am Ziel heißester Wünsche. Fünfzehn Jahre unendlichen Strebens und vieler Entbehrung sinken wie ein wüstes Traumgesicht hinter ihm in das Nichts zurück; vor ihm öffnet sich eine unbegrenzte heitere Aussicht; die Tagesmühe selbst soll ihm nun zum Genusse werden; eine Gefährtin, in denselben Kämpfen erwachsen, wird solche ja mit ihm theilen.

„Denken Sie ja nicht an ihre gebleichten Haare, schreibt er zurück; auch die meinen, meine Beste, sind nicht mehr jugendlich: Wir sind beide durch manches Unwetter, mit immer frischem Herzen gezogen; das Herz wird unser Alter verjüngen.“ Zugleich gibt er über das Innere von Stephansfeld und die Persönlichkeiten der Beamten jede nöthige Auskunft: er sagt, was er gethan, was er zu vollbringen hofft. Schon fünf Monate zuvor, als er der Missionärin seine Hand anbot, hatte er seine bescheidene Lage nicht verschwiegen; die Einsamkeit in der Anstalt, die Hindernisse die zu überwinden, in helles Licht gesetzt; aber im tiefsten Innern lebte ihm, bei alledem, die Hoffnung: es werde die rein und innig geliebte Freundin seine Bitte nicht versagen. Auch über die Verschiedenheit der Glaubensbekenntnisse hatte er sich ausgelassen, war jedem möglichen Einwand zuvorgekommen. „Ich wünsche, schreibt er, daß Heiterkeit und Zutrauen das Schiff, das Sie herüberführt, mit Ihnen besteigen.“ In seines Glückes vorgeahnter Fülle sieht er die Freundin schon im Asyl angelangt, im Besitze der kleinen Wohnung, die er für Sie zurichtet, mit ihm, in den Mußestunden an seinen bisherigen Studien theilnehmen, die mitgebrachten Sämereien im Garten der Anstalt, zur Freude und Belehrung der Bewohner, hervorkeimen. „Unser Leben wird künftig Eins und dasselbe sein!"

Die allseitig liebensbedürftige Seele Richards ist uns bekannt; wie hätte er an diesem Wendepunkt das Gefühl, das ihn beseelte, in sich verschlossen! Sein erster Gedanke, nachdem er den Brief aus La Martinique beantwortet, mußte sich zu den Freunden wenden, die ihm in den Tagen der Trauer beigestanden. In die Schweiz, nach Italien, nach Frankreich sandte er dankerfüllte, freudetrunkene Missive. George Sand war fast allererst bedacht. Die Antwort dieser leidenschaftlichen Freundin auf Richards Mittheilung zeigt unverhüllt ihre damalige Ansicht über das Institut der Ehe, wie solches in unserer jetzigen bürgerlichen und religiösen Gesellschaft besteht; in mehreren ihrer ersten Schriften hat sie ja dieselben Ansichten genugsam hinterlegt und erörtert. George Sand's an Richard bei diesem Anlaß gerichtete Briefe tragen das Gepräge der nobelsten Aufrichtigkeit; die Verfasserin der Indiana, der Valentine und der Lelia, wäre es erlaubt, solche zu veröffentlichen, könnte dabei nur in günstigem Lichte erscheinen.

Die unwiderstehliche Abneigung dieser berühmten Frau gegen die Ehe, entsprang aus persönlicher, schmerzhafter Erfahrung, aus dem Schauspiel so vieler unglücklichen in dem Bereich ihrer Bekannten geschlossenen

Ehen, und vor allem aus der in dieser Hinsicht erstaunlich mangelhaften Selbstkenntniß des eigenen Busens. George Sand stieg nie zu dem eigentlichen verborgenen Quell des Unsegens und Unheils hinunter; sie verfolgte nicht das Uebel bis an die Wurzel. Sie wollte nicht einsehen, daß das menschliche Herz in seinem natürlichen Zustande ein von Grund aus verdorbenes, sündiges; sie hatte nie eine christliche Ehe in der Nähe beobachtet. Dieses Ideal einer christlichen Ehe, Richards Verbindung mit seiner Freundin, Mlle. Rivoire, sollte es ins Leben führen. Als George Sand ihren Brief mit den Worten schloß: „Gott erleuchte und unterstütze dich -- sag' mir die Wahrheit, wie's dir auch geh'n mag!" . . . wußte sie nicht wie feurig Richard diesen Segen, diese innere Erleuchtung durch einen Strahl von oben begehrt hatte. Wenig Monde später konnte er seine alte Freundin über seine glückliche Wahl völlig beruhigen.

„So bist du denn zufrieden!" ruft sie in einem späteren Briefe. „Nun du mich und meine Befürchtungen Lügen straffst, so halte ich dich nicht für verehelicht, aber vor Gott mit einer Frau verbunden. Gott und die Liebe fesseln Dich. Darauf beruht Alles."

Auch Lamennais, welcher damals im Gefängniß von St. Pelagie ein Preßvergehen abbüßte, hatte bei Richards naher Verheirathung nicht geschwiegen. Sein Brief lautet ganz anders als die Episteln der George Sand; der philosophische Tribun theilte die Abneigung der Verfasserin der Lelia gegen die Ehe keineswegs; im Gegentheil glaubte er, das Glück hienieden sei einzig und allein in solchem Bunde zu finden. Er schreibt:

Sainte Pelagie, 1. Juni 1841.

Im ersten Augenblick scheint mir die Heirath immer etwas sonderbares: aber bald sage ich mir, daß Sie keine bessere Wahl treffen konnten. Sie werden, ich zweifle nicht daran, in ihrer neuen Lage, an der Hand einer Gattin, die mit ihnen gleichgestimmt, all' ihre Neigungen theilt, das einzige Glück finden, das uns hier beschieden ist. Nun bin ich über ihre Zukunft ganz beruhigt. An meine Zukunft denke ich kaum; sie steht in Gottes Hand; ich suche die mir noch gegönnten Tage bestens zu benutzen. Ich weiß nicht ob Sie mein kleines Buch: „über die Religion" erhalten haben: ich bin mit dem Schluß eines andern Werkes: „Ueber die Vergangenheit und die Zukunft des Volkes" beschäftigt. Beide Opuskeln bilden die Theile Eines Ganzen. Das letztere ist eine Philosophie der Geschichte, und sucht die Lösung der jetzt schwebenden Fragen. Die „Skizze" werde ich erst fortsetzen, wenn ich wieder frei bin; noch hab' ich sieben Monate hier zu bleiben. Meine Gesundheit ist erträglich. Juni, Juli, August sind die bösen Monate; die Hitze wird in meinem Kerker unerträglich. Es sollte mich freuen, Sie und Mlle. Rivoire hier zu sehen: doch lieber in einer Oertlichkeit, wo wir freier und länger uns sprechen können. Nach neun Monaten entschließt man sich endlich meinem Neffen Ange einen Prozeß zu machen; der Ausgang ängstigt mich; es existirt keine eigentliche Belastung; man scheint also die Richter in der Hand zu haben. Um so mehr sind wir gehalten, unserem Vaterland eine bessere Zukunft zu bereiten; an mir soll es nicht fehlen. Noch hätte ich mit Ihnen mich über vieles zu besprechen: doch was läßt sich in einem Brief sagen: ich käme an kein Ende. Leben Sie herzlich wohl."

Sollte ich sagen, Richard habe nach seiner Heirath ein neues Leben begonnen, so wäre das nicht richtig; er fährt, selbander, fort in dem schon seit einem Jahre begonnenen Werke. Im Monat September 1841 hatten sich Bräutigam und Braut zu Paris getroffen; die Seereise war für die Braut höchst beschwerlich gewesen; allein das Glück nach sieben Jahren der Trennung verwischte bald die Angst der Erwartung. In den ersten Octobertagen erfolgte der Einzug in Stephansfeld: die Beamten, die Schwestern hatten der langerwarteten Gehülfin einen herrlichen, herzlichen Empfang bereitet; ein Schritt über die Schwelle mochte der Gattin des Vorstandes die Gewißheit beibringen, daß der Mann ihrer Wahl wie ein Sendbote der Barmherzigkeit verehrt werde. Der Entschluß, den sie gefaßt, war in ihren eigenen Augen und durch den öffentlichen Beifall gerechtfertigt. Schon war die Metamorphose, die in Stephansfeld sich vollzog, im Elsaß, in Lothringen, in Paris bekannt. Richards Collegen in Frankreich konnten ihn als würdiges Musterbild in ihre Reihe aufnehmen. Von gleichgesinnten Seelen erhielt er Beweise des wachsenden Zutrauens, von der obern Behörde Zeichen der Erkenntlichkeit.

Aber die Aufgabe, die er über sich genommen, war auch unendlich schwer. Tägliche, stündliche Berichte an seine Behörde, stündlicher, fortlaufender Umgang mit den Beamten und Bewohnern des Hauses, dabei blieb seine Thätigkeit nicht stehen. Mit den Verwandten der Irren, mit seinen Collegen unterhielt er eine ununterbrochene Correspondenz; dem Ideengang der äußern Welt blieb er nicht entfremdet; unumgängliche Besuche in der Nachbarschaft, Hülfsleistungen und kleine Armen-Stiftungen in Brumath brachten in seinen Lebenskreis eine Bewegung, die zwar keine Einförmigkeit aufkommen ließ, aber doch auf die Länge seinen eigenen Organismus angriff. Jahrelang hatte er die Gewohnheit, die wichtigsten Briefe, die er absandte, zu autographiren: mit diesen unschätzbaren Blättern läßt sich dem Laufe seiner täglichen Beschäftigungen folgen.

Ergreifend vor allem sind seine Berichte über empfohlene Kranke. In diesen intimen Mittheilungen über den geistigen und physischen Zustand der Patienten, dieser unselig gestörten Organismen, ist der Blick des Seelenarztes bemerkenswerth; einfach in seinem Ausdruck, und doch beredt, spricht er die reine Wahrheit aus, tröstet, beruhigt, läßt bessere Tage hoffen. Nach diesen Berichten war es mir ermöglicht, mehrere Lebensläufe zu verfolgen: alle sind wohl unaussprechlich traurig, aber lehrreich. Die meisten Fälle beziehen sich auf unvorgesehene Glückswechsel, auf Familienunglück; auf physische, unabwendbare Zufälle; oft aber lassen sie sich zurückführen auf dummen Eigendünkel, auf egoistischen, tollen Ehrgeiz, auf unbezähmte Leidenschaft, auf die Sucht, die Geheimnisse jenseits des Grabes zu erspähen. Unter den interessantesten

Gestalten, die vor meinen Augen, aus diesem Fegfeuer sich hervorhoben, rechne ich ein junges, vom Dämon der Poesie ergriffenes Mädchen, eigensinnig auf dem Gedanken bestehend: es liege ihre Zukunft in dieser Laufbahn, und sie seie so unglücklich, weil sie in einem Zustande der Gottlosigkeit verharre. Das unselige Geschöpf wähnte sich dem Heiligkeits-Ideale, das ihr vorschwebte, durch die Enthaltuug jeder kräftigen Speise zu nähern; die sonderbare Abneigung konnte nur auf weitem Umwege, durch liebevolle Theilnahme bekämpft werden, und glaubte man gewonnenes Spiel zu haben, entstanden bei der Kranken neue Gewissensskrupel: das menschenfreundliche Bemühen mehrerer Monaten ging dann in einem einzigen Anfall von Wahnsinn wieder zu Grunde. Das unsägliche, Jahrelang fortgesetzte Bemühen des Vorstands und seiner engelgleichen Gefährtin, seine Empfehlung bei geistlichen und weltlichen Persönlichkeiten um das bedauernswerthe Mädchen, nachdem es hergestellt, irgendwo unterzubringen, seine Sorge für das künftige Loos der Armen, all' dies ließe sich nur aus den ge'altreichen Briefen ersehen, welche diese Episode in Richards bewegter Laufbahn veranlaßte.

Wenige Monate nach der Verehelichung Richards besuchte ich, von ihm und Doctor Röderer geführt, die Säle und die Gärten von Stephansfeld. Ich hatte mich auf ein schreckhaftes Bild gefaßt gemacht und war erstaunt, meine vorgefaßte Befürchtung auf ein bescheidenes Maß zurückgeführt zu sehen.

Der Vorstand selber war indeß für mich der Hauptgegenstand, und zwar der interessanteste meiner unwillkürlichen Beobachtung. Zutrauen und Ehrfurcht bemächtigen sich meiner, als ich diese heitere, ruhige Gestalt inmitten der Gruppen der Bewohner des Asyls, in den Sälen, auf der Hausflur, in den Pflanzungen einherschreiten sah. Es war ein Sonntag=Abend. Wo er sich zeigte, überrall Beweise der Verehrung, die er diesen Unglücklichen einflöste; dem fieberhaft aufgeregten, und den dumpf Hinbrütenden schien er gleicherweise den Balsam der Hoffnung mitzutheilen: er war für sie der Repräsentant der Regel und des Gesetzes. das Symbol der allgemein anerkannten Autorität, der gesunden Vernunft; für ihn waren diese Wesen nur unmündige Kinder, keine heruntergekommene Verirrte. Ausnahmsweise wurde er auch von irgend einem unzufriedenen, unruhigen Wahnwitzigen angehalten; der Eine führte Klage über einen harten, groben Wächter; der Andere behauptet: er sei ungesetzmäßig gefangen. Der Vorstand antwortete stets in sanftem, kurzem, liebreichem Tone; es war die Antwort eines Vaters, der keine Rechnung über sein Verhalten oder die vorgeschriebenen Befehle abzulegen hat; doch stets begleitete ein Ausdruck des Mitleids und des Wohlwollens die kurze Rede. Lange gellten mir die Schimpfworte eines exaltirten Narren in den Ohren; er hatte sich mitten im Garten auf einen Rasenhügel geschwungen und bedrohte von dort aus seine Mitgefangenen und die vorübergehenden Directoren „Sie befürchten keinen andern Ausfall von ihm," fragte ich schüchtern den Vorstand. „Nein! er wird sich müde schreien!" „Und sie fürchten nicht das ansteckende Beispiel?" „Keineswegs; die anderen begreifen sehr wohl, daß der Arme von Sinnen ist." Vor wenig Jahren noch wäre ein derartig Besessener eingeschlossen, geschlagen, jedenfalls hart behandelt worden; hier konnte er sich heiser schreien und brachte dabei nicht mehr Aufregung in die Masse der kranken Bewohner der Anstalt, als ein Trunkenbold, der an einem Sonntag-Abend auf der Straße dahinschwankt. So feste Wurzel hatte schon damals in Stephansfeld die eingeführte moralische nnd physische Gesundheitspflege gefaßt.

Ein anderer symptomatischer Zwischenfall trug sich zu, während wir durch einen Erholungssaal der weiblichen Irren gingen: eine der armen Insassen legte die Hand auf meine Schulter, als wollte sie mir den Mantel abnehmen; eine andere verwies ihr auf der Stelle diese Bewegung durch ihre Dazwischenkunft, und der Director dankte ihr lächelnd für diese Aufmerksamkeit. „Sie sehen", sagte er zu mir gewendet, „man weiß hier ganz gut, was schicklich und was unschicklich." In dem Korridor, vor dem abseits gelegenen Zellengefängnisse, das übrigens nur sehr wenig Bewohner zählte, hielt Richard vor einer Zelle still; der Insasse trat an das Gitter und steckte seine Hand hindurch: „Ihr begehrt Tabak", fragte ihn Richard, und ohne die Antwort abzuwarten, öffnete er seine Tabaksdose und leerte einen kleinen Vorrath in die Hände des Armen. „Aber seht einmal", sagte er zu ihm, „wie ihr ungehorsam seid; da habt ihr wiederum das Stroh umhergestreut, und die Matraze zerrissen. Ich gebe euch Tabak, damit ihr fromm seid." Ich fühlte, ich will es nur gestehen, einen Herzkrampf, als Zeuge dieses kurzen Auftritts: er ergriff mich, denn so tief auch der Besessene gesunken, sichtbar blieb seine instinktmäßige Unterwerfung unter den väterlichen Oberaufseher, der ihn leise schmälte, aber sichtbarlich emporrichtete.

So sehr ich an Richard hing, so interessant auch das philosophische Studium des Wahnsinns sein mag, ich hatte nicht wie Paul Janet den Muth, sobald in das Innere von Stephansfeld wieder einzubringen. Mehrmals machte mir der Director freundliche Vorwürfe, doch meinen Widerwillen konnte er nicht bekämpfen.

Mir schienen die Bewohner von Stephansfeld eine Kolonie Schiffbrüchiger, Gestrandeter, von ihrem Vorstande in ihrem entblößten Zustande unter Dach und Fach Geflüchteter. Die erwiesene Wohlthat fiel auf keine undankbare Herzen. Wie innig Richard von der Gesammtheit geliebt, erwies sich, als seine Gattin von den Schmerzen der ersten Niederkunft ergriffen, stundenlang zwischen Leben und Sterben schwebte. In der Hauskapelle hatten sich die Schwestern versammelt und sandten ihr Gebet zum Himmel, um Erlösung für die Dulderin; ihnen auf dem Fuße nach folgten die Bewohner der Anstalt; der egoistische Schmerz der Kranken wich vor der allgemeinen Stimmung; und als man zuletzt erfuhr, dem Director sei ein Sohn geboren und seine Gattin am Leben, da machte ein Freudenschrei im ganzen Irrenbezirke sich Luft.

Kurze Zeit vor diesem Familienereigniß hatte Richard von George Sand ein frisches Zeichen der Anhänglichkeit erhalten: „Gesegnet sei, die dich so innig liebt“, schrieb sie ihm; „gesegnet, die dir in allem so harmonisch ähnlich.

Es wäre in meinem Leben eine unsägliche Freude, sie zu sehen und ihr für das Glück zu danken, das sie dir gewährt, dir, den ich mehr als die meisten meiner Freunde liebe und schätze."

In demselben Briefe kündet sie ihm die Gründung der «Revue indépendante» von Pierre Leroux an, und sucht ihren Freund zu einem weitläufigen Berichte über Stephansfeld und die dort ausgeführte Behandlungsweise zu bewegen. George Sand glaubte die Heilung des Irrsinns und der verbrecherischen Instinkte seien gleichermaßen möglich; der Mörder und der Wahnsinnige seien derselben Krankheit verfallen; sie leiden, glaubte sie, an einem Fehler des Organismus, und ihre Heilbarkeit sei der menschlichen Intelligenz anheimgegeben ... Nach ihrer Ansicht seien die Todesstrafe und das absolute Zellensystem für den Verbrecher eben so tadelnswerth, als die Einschüchterung und strenge Absonderung für die Irren. Man kann, auch ohne die Ueberzeugung der berühmten Schriftstellerin bezüglich der Todesstrafe zu theilen, doch ihren edelmüthigen Gesinnungen gerecht werden und sich leicht vergegenwärtigen, wie ersprießlich und wohlthätig solch ein Ideenaustausch für Richard in seiner Abgesondertheit wurde. Mit inniger Theilnahme mußte er wohl die Beschreibung des Familienlebens in Nohant in sich aufnehmen, mit tiefer Rührung wiederholt die Blätter durchlesen, worin G. Sand liebenswürdig und naiv über ihre Kinder sich ausläßt: „Gott wird all' diese Seelen neugebären; es sind keine ganz unwürdige Seelen; auch die meine ist es nicht, so viel Stürme sie auch erlitten, so viel sie auch geschwankt. In diesem

Leben bringt mich nichts mehr zur Verzweiflung, erschreckt mich nichts mehr absonderlich. Ich wandre dahin, wie an einem Nebelmorgen, auf den eine schöne Sonne folgen muß."

Ich kehre zum Director von Stephansfeld zurück. Bald nach der ersten Niederkunft seiner Frau konnte er die allgemeine Zuneigung, den willfährigen Gehorsam seiner Pflegebefohlenen zum zweiten Mal erproben. Es waren im Bezirke der Anstalt, ganz vor Kurzem, Scheunen und Vorrathskammern mit großem Kostenaufwand gebaut worden. Am Eingang einer Sommernacht, um 10 Uhr Abends, schlug der Blitz in die Gebäulichkeiten; in wenig Minuten stunden sie in voller Flamme. Der Unfall brachte selbstverständlich im ersten Augenblick die ganze Anstalt in Bewegung; nicht ein Gefangener suchte zu entfliehen; die Kräftigsten unter den Irren betrugen sich wie eine geschulte Feuerwehr und brachten die Getreidevorräthe in Sicherheit. Als die Hülfe aus den benachbarten Ortschaften herbeikam, war die Hauptgefahr schon beigelegt. Die Aufregung in den Krankensälen beschwichtigte sich bald; aber der materielle Schaden war beträchtlich. Die Geistesgegenwart hatte dem Director während der Schreckensnacht nie gefehlt; aber es blieb ihm davon eine andauernde Erschütterung, die ihn gegen andere spätere Unfälle weniger geharnischt ließ.

Auf Geduldproben war er zum Voraus gefaßt; sie sollten ihm nicht fehlen. Ich spreche nicht von persönlichen Gefahren; diesen bot er muthig die Brust. Ein spanischer Priester, den man nach Stephansfeld brachte, war mit geheimen Waffen versehen; er stürzte sich auf den Director; mit Mühe wurde der Tobsüchtige entwaffnet. Einer der Wächter wurde bei einer andern Gelegenheit das Opfer zu großer Zuversicht. David Richard beharrte aber in seinem Systeme; mörderische Anfälle kamen nicht weiter vor.

Aber in der innern Verwaltung des Hauses wurde er zwei oder dreimal schändlich durch untreue Rechnungsführer betrogen: das waren dann schwere Tage und Wochen. Andererseits konnte der Director auf ergebene, unwandelbar treue, brüderlich gesinnte Beamte zählen; scharfsinnig wählte er, unter den Kranken selber, Mitarbeiter, die seinem Systeme die Krone aufsetzten: lieferten sie doch den Beweis, daß eine sanfte, gerechte Behandlung der Irren gute Früchte bringe.

Die ganze erste Periode der Verwaltung von David Richard (1840—1848) ist durch unbestreitbaren Erfolg bezeichnet. Die Zahl der Aufgenommenen stieg auf das Doppelte; die treffliche Anstalt wurde über die Grenze der Provinz hinaus bekannt, und zwar ohne den Beistand oder die Reklamen der öffentlichen Blätter.

Hätte im Jahre 1840 ein Optimist vorausgesagt: Bevor ein Decennium verstrichen, werden die Irren sich frei in Wäldern und Feldern ergehen, werden einen weiten Umkreis von Aeckern bewirthschaften; im Innern des Hauses werden mehrfache Handwerksstätten errichtet sein; unter den Frauen und Mädchen der Anstalt werden sich zahlreiche Gehülfinnen für die Schwestern heranbilden und theilnehmen an der Führung des Haushalts; der Primär-Unterricht wird zur Wiederherstellung der kranken Köpfe bedeutend beitragen; neben dem regelmäßigen Unterricht werden lautgehaltene Vorträge und

Lectüren die Aufmerksamkeit der Zuhörer fesseln und dem Gefühle ihrer eigenen Leiden entfremden; religiöse Gesänge werden von denselben in der Hauskapelle, mit Orgelbegleitung, angestimmt werden, in den Erholungsstunden häusliche Festchöre ertönen .....

Wer hätte damals nicht solche Prophezeiung mitleidig oder ironisch lächelnd aufgenommen?

Und hätte nun gar dieser Optimist, diese Versprechen noch überbietend, und in die Ideen des Directors sich vertiefend, vorhergesagt, daß diese Bewohner eines Irrenhauses sich wie vernünftige, für die Gesellschaft wieder gewonnene Wesen, zu bestimmten Tagen in dem Salon Richards versammeln würden, daß dort das Schachspiel, das Brettspiel während einigen Stunden die eingeladenen Gäste fesseln, daß Gesang und Musik diese der Geselligkeit gewidmeten Augenblicke noch kürzen würden; daß während den Fastnachtsabenden dort Lustspiele aufgeführt, daß in den Reihen der Gebildeten sich der eine oder der andere, ich will nicht sagen zur Dichtung, aber zur Verzifizirung versteigen, und die Geburtstage des obersten Beamten feiern würde, fürwahr das Publikum hätte sich von solcher Gasconnade abgewendet, und doch kam dieses unglaubliche Programm zur Ausführung.

Sobald Richard zu dem klaren Bewußtsein seiner Bestimmung sich erhob, entsagte er jeder hierarchischen Beförderung. Im Jahre 1844 wurde ihm die höhere Stellung eines Generalinspectors der Irrenanstalten angeboten; er wäre dadurch einen Theil des Jahres seinen Pariser Freunden und den hochgebildeten Kreisen, die er so sehr schätzte, wieder nahe gerückt; seine Antwort auf die erste Anfrage war sogleich abschlägig. „Ich fühle, daß ich bei den mir Anvertrauten die Stelle eines Pflegevaters versehe. Die Anstalt ist noch auf besseren Fuß zu bringen; es bleiben noch Gebäulichkeiten für wenigstens 200,000 Fr. auszuführen: mein Beruf ist hier."

Doch fügen wir gleich hinzu: Dieser Beruf war nicht in dem Inneren von Stephansfeld abgeschlossen. Richard hatte das Amt eines Beichtigers übernommen; von Nah und Fern wandten sich Freunde und Bekannte an ihn. War Einer in dem weiten Kreise von einem Seelenleiden befallen, er suchte bei Richard Trost und Linderung, und Er öffnete dem Kranken den Schatz seiner unerschöpflichen, christlichen Liebe. Und wie viele Dulder ergriffen seine hülfespendende Hand!

.... Eine ehrwürdige Tochter Pfarrer Oberlin's, Frau Rauscher, stand in öfterem Briefwechsel mit ihm: wir errathen leicht weshalb. Von Zeit zu Zeit kam die bejahrte Matrone zum Director von Stephansfeld, erholte sich Rath bei ihm und vergalt ihm Gleiches mit Gleichem. Richard hatte das Steinthal, wie ein frommer Pilger, besucht; Oberlin's Andenken war ihm hoch und werth; er fand in ihm einen protestantischen François de Sales.

In Richards Korrespondenz kommt noch ein anderer Name häufig vor; es ist der von Antigone von Mancy. Die Briefe dieser frommen Dame sind von einem Hauche der Entsagung und der Heiligung durchweht. Sie hatte für David Richard einen unerschöpflichen Schatz von Mutterliebe, die er leider nicht mehr bei seiner eigenen, wahnsinnigen Mutter finden konnte. Eine Zeitlang hatte er diese in Stephansfeld aufgenommen; seine Rettungsversuche scheiterten. Man mußte die Unglückliche in das Krankenhaus von Lyon zurückführen. Richard glaubte, in ihr einen sonderbaren Zwiespalt zu entdecken; es schien, als ob ihre Gehirnhöhle in zwei ganz verschiedene, feindliche Hemisphären getheilt wäre. Für sie war jedes Individuum ein doppeltes Wesen; gut und liebenswürdig, wenn man nach ihrem Willen that, hassenswerth bei jedem Widerstand. „Die Logik bewährt sich auch in der Unvernunft", sagte Richard, diesem progressiven Zersetzungsprozesse gegenüber, den er leider nicht hemmen konnte. Die Gabe Wunder zu wirken, besaß er nicht, und in seinem Unvermögen beugte er das Haupt vor einer höhern Macht. Doch weniger als vielen anderen war ihm Demuth anzubefehlen. Ruft er doch in einem Briefe an Lamennais schmerzhaft aus: „In den Geistes-Krankheiten ist noch alles tiefes Geheimniß. Meist sind wir genöthigt die Symptome zu bekämpfen, da wir nicht das Grundübel erreichen. Bei den meisten Irrsinnigen ist der Wille gelähmt und wird nur durch einen äußeren Anstoß in Bewegung gesetzt. Doch, wo ist sie aufzuspüren, die Urkraft, die ihnen abgeht? sie sind nicht stark genug, sich zu freiwilligem Gebet zu erheben: kaum fühlen sie, was ihnen fehlt. Der am schwersten zu heilende Wahnsinn ist der aus einer Lücke in den Grundfakultäten entspringende."

In allen an Lamennais gerichteten Briefen Richards weht ein Geist der Ehrfurcht, der sich nie verläugnet, auch da der Meister auf einen ganz andern religiösen Weg als der Jüngling einherschreitet. Unverwüstlich lebte in Richards Gedächtniß die Erinnerung an die Aussichten, die ihm der Einsiedler von La Chesnaie auf das weite Gebiet der Gedanken eröffnete. Mit Ungeduld erwartete er jedes neue von Lamennais ausgegebene Werk und besprach sich darüber mit dem Verfasser. Vor das Bild „des muthigen Philosophen" führte er oftmals seine Kinder.

Ein hoher schwer erworbener Ruf, im Gebiete der Wissenschaft oder der Literatur stimmt mich unstreitig zur Verehrung; auch dem Gefühle der unzerstörbaren Dankbarkeit glaub' ich nicht entfremdet zu sein; somit scheint mir das Verhältniß Richards zu Lamennais ein ganz natürliches, gebotenes; und doch mag ich in seinen Briefen lieber die Erfahrungen, die Entdeckungen, die er in obscuren Kreisen macht, die Geständnisse, die ihm zugehen, die Gewissensscrupel, die ihm vorgelegt werden.

Mir ist hier eine Grenzlinie vorgezogen, die ich nicht überschreiten darf; ich kann den Schleier, der über so viel fürchterliches Unheil geworfen ist, nicht lüften. Doch ist mir gestattet, in dieser psychologischen Vorrathskammer eine Wahl zu treffen, anzudeuten, wie Richard sein eignes Leben, das Leben seiner Freunde und seiner Beichtkinder verstand.

Ein junger Mann, aus einer großen Fabrikstadt, wendet sich eines Tages an ihn, und zwar in sonderbarer Angelegenheit. Es hatte derselbe einen anonymen Brief an ein Mädchen geschrieben und darin eine unendliche glühende Leidenschaft geheuchelt. Nichts ist wohl niederträchtiger, dummer und strafbarer, als ein anonymer Brief. Die Elenden, die sich solches erlauben, verdienten, käme man ihren Fingern auf die Spur, eine exemplarische, schülerhafte Strafe. Genug, bewußtes Mädchen hatte sich die Sache sehr zu Herzen genommen, es hinterdachte sich und mußte nach Stephansfeld gebracht werden. Der anonyme Briefsteller erfuhr die Katastrophe, fühlte sich schuldig und klagte sich reuevoll, zerknirscht, bei Richard an. Der Director glaubte an die Aufrichtigkeit des Sünders, an sein Seelenleiden und sucht ihn auf einem Umwege zu beruhigen: „seine Eitelkeit spiegele ihm Trugbilder vor; das bewußte Mädchen sei einer ganz anderen unglücklichen Leidenschaft als Opfer verfallen; ihre Aufführung sei tadellos, aber die Veröffentlichung ihrer Neigung habe ihre Ruhe zerstört, ihren Verstand getrübt.

„Und nun, auf Sie, mein Herr, zurückzukommen“, fügt Richard hinzu, „weil Sie mich mit ihrem Zutrauen beehren, gebe ich Ihnen den wohlgemeinten Rath; büßen Sie Ihre unfreiwillige Sünde ab, nicht durch unfruchtbare Reue; streuen Sie in Ihrem Umkreis Wohlthaten aus, wenden Sie sich an die ewige Trostesquelle; ihre Seele wird sich beruhigen und klären.“

Es steht zu hoffen, daß der bewußte Jüngling dem Rathe des Vorstandes folgte und gewiß keinen anonymen Brief mehr schrieb.

Der Philosoph Pierre Leroux hatte unter Richard's Aufsicht einen der Trunksucht ergebenen Wahnsinnigen gestellt. Richard bekämpft mit gewohnter Selbstverläugnung den Dämon, der sich des lasterhaften Kranken bemächtigt hatte, und schickt von Zeit zu Zeit Bericht über den Zustand des Schützlings. Hier finden wir nun, neben der Tragik von Stephansfeld, einigermaßen ein komisches Gegenstück.

„Es wird schwer halten, unserm Subjecte beizubringen, daß Sie nicht immer seine tollen Launen befriedigen können. Er bildet sich ein, es müßte ein großer Philosoph auf Gold gebettet sein, nichts sei ihm unmöglich. . . .“ „In einer gut verwalteten Gesellschaft sollte das wohl stattfinden“ fügt Richard ironisirend hinzu, „wie schön wäre das! die Macht der Intelligenz über die materielle Welt!“ Mehrmals wurde der Kranke in Freiheit gesetzt, scheinbar geheilt; kaum sich selber wieder überlassen, verfiel er in seine alte Angewöhnung, gerade wie die Opiumraucher, die verdummt mit Tode abgehen.

Einem alten Freunde, dem ein schnell verschleudertes, aber zum Voraus aufgezehrtes Erbe zugefallen, und der sich und seine leider nicht schuldlose Gattin in dem Strudel der Pariser Welt verlor, schreibt er mit katonischer Strenge folgendes Donnerwort: „Du schließest die Augen vor der steigenden Fluth der öffentlichen Verachtung; wenn die Wellen über dein Haupt gehen, werden deine Feinde dich verhöhnen, deine Freunde dich betrauern; dann aber kömmt jede Hülfe zu spät.“

Ein ganzes Jahr lang stellte sich Richard, den beiden Gatten gegenüber, als der Vertheidiger der unerbittlichen Moral hin; es war leider ein unfruchtbarer, unnützer Kampf. Richards Briefe in diesem bürgerlichen Drama, sind meisterhaft beredt; er erscheint darin als ein Priester, als ein Prediger in der Wüste. Die unbezähmbare Leidenschaft des Sinnengenusses und der Eitelkeit behaupten ihm gegenüber das Feld.

Unter ganz anderen Umständen wurde ihm der Sohn eines elsässischen Pastors zugewiesen. Für diesen Jüngling war gute Aussicht auf Heilung; er gehörte in die Klasse der Monomanen, deren Gehirn nur theilweise angegriffen ist. Richard, wir wissen es schon, glaubte fest an specielle Gehirnorgane; er griff mit dem aus vergangener Erfahrung geschöpften festen Glauben, die Krankheit dieses Armen an dem speciellen wunden Gehirnstheile an. „Der junge Mann träumt mit offenen Augen", schrieb er an seine mütterliche Freundin Rauscher; „das ist nicht selten, der Irrsinn besteht oft nur in der Vermengung zweier, bei normalem Leben geschiedenen Zustände." Der Knabe konnte seinen Eltern wieder geheilt zugeschickt werden. Mir ist nicht bekannt, ob die Heilung sich dauerhaft und vollständig erwies; die Rückfälle sind häufig; der wiederhergestellte Irre findet nicht immer in seiner Familie oder im täglichen Leben wie im Irrenhaus die zarte Pflege, die für seinen moralischen und physischen Zustand geeignet ist. Wie viele dieser emancipirten Kranken wünschen nicht in die liebevolle Atmosphäre zurückzukehren, die sie im Bezirk von Stephansfeld umgab? Gehören diese Unglücklichen in die ärmere Gesellschaftsklasse und fallen sie der Gemeinde zur Last, da werden sie ein Gegenstand der Verachtung; es wird den Verwahrlosten nur mit Härte begegnet und sie taumeln unwiderruflich in den Schlund zurück, dem sie kaum entronnen. Für diese Klasse stiftete vor Jahren Richard eine Patronatgesellschaft, und zwar mit dem rührigen Eifer, den er an solche Herzens- und Geistesangelegenheiten wandte. Er organisirte mit Hülfe seiner Freunde und des größeren Publikums eine sogenannte loterie de charité, die seiner Erwartung entsprach.

Ueber diesen täglichen Wirkungskreis hinaus stiftete er, mit seiner Gattin Beistand, zu Brumath Hilfsgesellschaften, ein kleines Hospiz und eine Kleinkinderbewahranstalt.*) Damals (1847) waren solche Asyle im Elsaß nur vereinzelt anzutreffen. Als der Präfect, der sich nicht leicht der Bewunderung oder dem Enthusiasmus überließ, das letztere besuchte, ergriff ihn unwiderstehliche Rührung, und er bezeugte sie dem Direktor durch wiederholten Druck der männlichen Hand.

Ich kehre in den inneren Bezirk von Stephansfeld zurück. Es wurde etwas weiter oben eines jungen, von religiöser Monomanie ergriffenen Mädchens Erwähnung gethan. Die Arme machte sich auf das nahe Ende der Welt gefaßt. Seiner mütterlichen Freundin Rauscher schrieb Richard über das unglückliche Wesen: „Sie hat einen hartnäckigen Willen, der die besten Gefühle ins Ungeheuerliche steigert. Der Herr Bischof

*) Der eigentliche Gründer des Brumather Hospiz war Hr. Pfarrer Köhler; jedoch stand ihm Richard durch Rath und That bei.

ist an ihr gescheitert; sie stößt jede menschliche Zuneigung zurück, denn nach ihrer Ansicht thäte sie der Liebe zu Gott Abbruch, und Gott allein will sie sich ergeben". Unterdessen starb die Mutter Julia's, so hieß die Arme, eine wohlthätige Erschütterung erfolgte in dem Gemüthe der Kranken, es wurden ihr lichte Augenblicke zu Theil, sie fing an zu verstehen, daß sie Pflichten gegen jüngere Mitglieder ihrer Familie zu erfüllen habe. Aus eigenem Antrieb verlangte sie in die Außenwelt zurückzukehren. Richard übergab sie einer Verwandten, die in einer Kongregation zu Senlis ähnliche Dienste wie Frau Richard in Stephansfeld leistete.

Zwei Jahre vor der Februar-Revolution, die in Richards Leben eine neue Epoche heraufführte, fand er sich mit Pater Lacordaire zu Straßburg in vorübergehendem Kontakte.

Er besprach mit dem beredten Dominikanermönche den Einfluß des Reichthums und vertheidigte eine den Aeußerungen des berühmten Redners diametral entgegengesetzte Thesis. „Edelmüthige Gemüther werden nicht durch den Genuß eines großen Vermögens verschlechtert", rief er aus, und zwar in einem Augenblick, wo durch traurige Erfahrung auf diesem Boden er zu andern Ansichten berechtigt gewesen wäre. Die Predigten Lacordaire's bewunderte er durchaus nicht in ihrer Totalität; die schöne Form ließ er gelten, viel weniger den Inhalt. Ob er, freimüthig wie Molière's Alceste, sich gegen den Redner selber so ausgesprochen, ist mir nicht bekannt; in einem Brief an einen gemeinsamen Freund war er weniger zurückhaltend. So gern Richard sich vor ausgezeichneten Geistern beugte, behauptete er doch immer die Unabhängigkeit, die Freiheit seines Urtheils. Vor der mildthätigen Liebe allein neigte er das Haupt. Den pflichtgetreuen Dorfschulmeister, den Commis, den Aspiranten, zog er zu sich herauf. „Ich glaube nicht“, schrieb er an Frau Rauscher, „daß irgend ein Anblick mehr zur Demuth stimmen dürfte, als das Innere eines Irrenhauses, mein täglicher Aufenthalt!“ Er hatte den Pater Lacordaire zum Besuch von Stephansfeld eingeladen, vielleicht mit dem Hintergedanken, dem modernen, von hunderttausend Stimmen gepriesenen Chrisostomus einen Wink zu geben über die Nichtigkeit und die Leere des irdischen Ruhms.

Zur selben Zeit (1846—1847) lastete die Sorge eines Fehljahres auf ihm. Die Bauten eines neuen Hauses für die weiblichen Irren erlitten eine Unterbrechung und der politische Himmel verfinsterte sich. Die Revolution in der Schweiz hatte den Direktor von Stephansfeld, der sein altes Vaterland immerfort liebte, schmerzlich beschäftigt. „Meine Sympathien“, schrieb er im Jahre 1848, „sind auf Seite der Besiegten. Die Stifter des Bundes erleiden die Schläge ihrer Kinder.“ Und dann, zu den italienischen Angelegenheiten übergehend: „Die Vorsehung hat einen wohlwollenden Papst auf den heiligen Stuhl berufen. Lamennais muß zufrieden sein; seine Wünsche gehen nach und nach in Erfüllung. Ich weiß nicht mehr, was der Protestantismus bedeuten soll; im Herzen bin ich katholisch, weil der Katholizismus zum Volksfreund wird und die päpstliche Gewalt der Freiheit die Hand bietet. Ich bin bereit, auf die große Heerstraße des Christenthums zurückzukehren."

So spricht er denn das große entscheidende Wort gelassen aus. Während die politische Welt um ihn her aus ihren Fugen ging, vollzog sich in seinem Innern eine persönliche Krise, weniger stürmisch, denn sie war schon lange vorbereitet, doch ernst genug, denn zu den Sorgen des Familienvaters und des Irrenvorstandes gesellte sich die Sorge über die Kritik, die sein Entschluß, sobald er bekannt geworden, hervorrufen mußte. Ich werde ihn bald auf diesem schwierigen Wege begleiten und den Eindruck des entsprechenden Schritts auf seine älteren Freunde beobachten.

Die Februarrevolution brachte zum Theil solche Freunde an das Ruder. Seinem Grundcharakter treu, machte er nicht den geringsten persönlichen Gebrauch von seinem Einfluß in der politischen Sphäre. Sein Ehrgeiz, wir wissen es schon, reichte nicht über die Pforte von Stephansfeld hinaus; sein Wunsch mußte sich einfach auf die Sicherung der geliebten Anstalt mitten in den erschütterten Zuständen des Departements und Frankreichs beschränken. Der Bürgerkrieg, die öffentlichen Katastrophen, das Familienunglück, die zerstörten Vermögensverhältnisse, der gesteigerte Ehrgeiz, die fehlgeschlagenen tollen Erwartungen mußten überdies den Irrenanstalten zahlreiche neue, unvorhergesehene Pfleglinge zuführen. In solchem kritischen Augenblick konnte es weniger als je dem berufstreuen Vorsteher des Asyls von Stephansfeld in den Sinn kommen, sich in die Fluth des politischen Lebens zu stürzen.

In einem der ersten von ihm im März 1848 geschriebenen Briefe erwies er sich als muthiger Freund und als Anwalt einiger mit Unrecht angegriffenen Beamten. Wie immer nach einem politischen Umsturz, brach in Paris und den Hauptstädten der Provinz die Treibjagd auf die öffentlichen Stellen los. Anklagen, richtige und falsche, flogen nach Paris. Richard fühlte sich gedrungen, seinen Freund Carnot, den Minister des öffentlichen Unterrichts, gegen die Beschuldigung zu wappnen, welche die Existenz des Rektors der Straßburger Akademie*) und des Directors der Normalschule**) bedrohte. Richard fühlte sich zu diesem Schritte bewogen durch das häßliche Schauspiel, welches die damaligen hohen und niedrigen Sykophanten aufführten. Die Februarrevolution an sich tadelte er kaum, er liebte die Julíregierung nicht und glaubte, mit der Gründung der Republik beginne eine bessere Zeit. Sogar nach den furchtbaren Junitagen verleugnete sich sein Optimismus keineswegs. Doch hätten ihn die ersten Nachrichten, die er von Lamennais schon im Monat März empfing, eines Besseren belehren können.

Lamennais schreibt aus Paris, den 10. März 1848:

„Ich danke Ihnen, lieber Freund, für Ihren Brief und schreibe geschwind, kurzweg, denn seit vierzehn Tagen stehe ich auf der Bresche und falle um vor Müdigkeit. Die großen Eroberungen Februars müssen gegen höllische Faktionen gesichert werden. Gott wird uns beistehn, und mögen die Menschen noch so unsinnig

*) Michelle.

**) Vivien.

handeln, die Menschheit wird voranrücken. Die Republik allein scheidet uns von einem sozialen Kriege, sie allein hält uns am Rande eines bodenlosen Abgrundes aufrecht. Dieser Gedanke muß in den künftigen Wahlen vorwalten. Frankreichs Heil hängt davon ab; ich hoffe, ja ich bin des festen Glaubens, daß der Lebensinstinkt Frankreich über die jetzigen Tage aufklären wird.

„. . . Fassen Sie in diesem Augenblick keinen Entschluß über den ernsten Schritt, von dem Sie mir schreiben. Ernsthaft muß derselbe überlegt werden. Warum kann ich Sie nicht persönlich sprechen?

„In meiner „Philosophischen Skizze“ habe ich den wichtigen Abschnitt über die Religion beendigt. Sie werden diesen Theil meiner Arbeit, ich hoffe, nicht ohne Interesse lesen.

Ich umarme Ihre kleinen Kinder und Sie selbst recht herzlich. Meine beste Empfehlung an Mad. Richard.“

Lamennais' kurzer Brief beantwortete eine längere Auseinandersetzung Richards über seinen Geisteszustand beim Ausbruch der Revolution. Die Begebenheiten haben Richards Ansichten zum Theil Lügen gestraft; aber es athmet das vor seinem väterlichen Freunde abgelegte Bekenntniß einen so naiven Enthusiasmus, daß ich mich, etwas davon mitzutheilen, gedrungen fühle:

„Gott sei gelobt! Er hat dem Volke den Sieg geschenkt und Ihre politischen und religiösen Wünsche zum Theil erhört. Ja, es geht in Erfüllung, was Sie prophetisch seit vielen Jahren gepredigt und wofür

Sie Verfolgung und Kerker und Verleumdung erduldet. Frankreich, Italien, die freien Völker alle, sind Ihnen Dank und Verehrung schuldig; Sie werden durch Ihre letzte Schrift ein neues Anrecht auf die öffentliche Huldigung erwerben. Ich fühle mich unwiderstehlich angezogen durch den Katholizismus im Bunde mit der Freiheit; bei den jetzigen Zuständen scheint er mir ein lebendiger Centralpunkt. Doch ein Bedenken, werthester Freund, muß ich Ihnen mittheilen. Ich richte an mich selber die Frage: Wie kömmt es, wie ist es möglich, daß Sie, der Lehrer, der mich über die Größe des Katholizismus in der Geschichte aufgeklärt, der meines Geistes Finsterniß zerstreute, daß Sie nicht auf die Seite des großen Papstes treten, des Papstes, welchen die Vorsehung der Welt geschenkt? Warum widerstehen Sie den Bitten, welche ihr Freund, Vater Ventura, an Sie gerichtet?

„In den jetzigen Tagen fände Ihre Stimme einen allgemeinen Anklang. Geben Sie die Erklärung ab, warum sie noch zögern, in den Schooß der Kirche zurückzukehren; es wird Ihnen die öffentliche Meinung beistehen. Der Protestantismus löst sich auf; wo ist er? Die Geister sind es müde, vereinzelt im Zweifel zu leben; sie dürsten nach Wahrheit und Einheit. Seit drei Jahrhunderten war wohl kein Augenblick günstiger, die Menschheit unter einem einzigen Hirten zu sammeln.

„Ich liebe, ich ehre Sie mit kindlicher Seele; sagen Sie mir, was ich thun soll; Ihr Rath ist unschätzbar für mich: ein Wort aus Ihrem Munde wird noch den schon lange angehäuften Schatz der Erkenntlichkeit und der Anhänglichkeit mehren.“

Aus dem oben angeführten Brief von Lamennais erfahren wir, daß er seinem Freunde die Verzögerung des wichtigen Schrittes anrieth. Hätte Richard zwischen den Zeilen die eigentliche Meinung des Briefstellers gelesen und befolgt, er wäre nicht zu der katholischen Kirche übergegangen. Damals schon hatte Lamennais mit seiner ganzen Vergangenheit gebrochen; im tiefstem Grund der Seele konnte er auch die Februarrevolution nicht gut heißen.

Die bevorstehenden Wahlen beschäftigten D. Richard; er brach das Schweigen zwar nicht durch ein politisches Glaubensbekenntniß, dazu hatte er weder Zeit noch Lust, aber er wünschte den besten Modus anzudeuten, wodurch die Landesinteressen gehörigst vertreten würden. Der Niederrhein hatte 15 Deputirte zu wählen. Während seinem langen Aufenthalt in Paris und seinen Verbindungen mit den Redakteuren des «National», des «Bon sens», der «Revue encyclopédique», hatte sich Richard mit diesen Fragen vielfach befaßt; er war befugt, eine praktische, rationelle Meinung zu äußern. Am 17. März 1848 überreichte er dem Redakteur des „Niederrheinischen Kuriers" einen Vorschlag, mit einem präzisen Muster-Programm über die wünschenswertheste Vertheilung der Wahlstimmen. Ihm zufolge sollten der Ackerbau, der Handel, die Industrie, die Verwaltung, die Gesundheitspflege, die Hospize, die religiösen Konfessionen, die öffentlichen Arbeiten, je zwei spezielle Repräsentanten in die Nationalversammlung schicken. Das aufgewühlte Land konnte einen so billigen Vorschlag nicht genehmigen; dazu wäre eine relative Ruhe vonnöthen gewesen.

Nach den Junitagen schreibt Richard an Frau Geoffroy von St. Hilaire, um Nachricht einzuholen; dabei bemerkt er nicht unrichtig, daß man es sich zum Glücke rechnen könne, einen offenen Kampf und keine Justizmorde wie im Jahre 93 erlebt zu haben.

Im Oktober 48 ist er hoch erfreut, H. Léon de Malleville als Präsidenten der konstituirenden Versammlung begrüßen zu können. Er verdankte ja diesem Ehrenmann seine Berufung nach Stephansfeld. An Frau von Preissac, eine Freundin desselben, schreibt er bei dieser Gelegenheit folgenden, für seine eigenen Absichten bedeutungsvollen Brief:

„Inmitten der Gährung der Gemüther in Frankreich und Europa giebt mir ein günstiges Symptom gute Hoffnung; mir scheint, das religiöse Gefühl greife um sich; im göttlichen Gesetz beginnt man die „Einheit" zu suchen, die den irdischen Angelegenheiten abgeht. Mehr als einmal freute ich mich, in der Nationalversammlung Anklänge an dieses Gefühl zu finden, man kehrt zu dem Christenthum zurück. Eine christliche Republik, worin sich alle Gutgesinnten zusammenschaaren, das ist mein Ideal! Wirft man die Augen um sich her auf so viel Elend, so unsägliches Leiden, da wird man zu Gott, dem einzigen Helfer und Retter, hinaufgezogen. Von oben her muß ein Hauch diesen Menschenstaub in eins zusammentreiben, und alle, die um Licht, Gerechtigkeit und Friede flehen, befriedigen."

Wenig Wochen nach dieser Aeußerung, die seinen entscheidenden Schritt andeutete, ging Richard zum Katholizismus über. Er benachrichtigte sofort Frau

Rauscher; sein an Sie gerichteter Brief ist in festem Tone gehalten; er gesteht der Tochter Oberlin's, daß die Spaltungen der protestantischen Kirche ihn zur Bekehrung getrieben; daß Oberlin's Beispiel in der abgetrennten Kirche kein maßgebendes Beispiel aufstelle; daß er in der katholischen Kirche eine Reihenfolge von Heiligen und großen Musterbildern vorfinde. Er bemüht sich, der alten Freundin die Ueberzeugung beizubringen: „er sei durch eigene Studien und Forschungen zu diesem Resultate gelangt, und der Einfluß seiner Gattin belaufe sich dabei auf nichts." Ob er seine Ueberzeugungen der Freundin beibrachte, weiß ich nicht; es folgte eine briefliche gegenseitige Erörterung, die zu keinem Austrage mehr führen konnte; die früheren guten Verhältnisse wurden indeß nicht gestört. Oberlin's Tochter und Richard wandelten wie zuvor auf dem gemeinsamen Pfade der christlichen Wohlthätigkeit.

Ich muß hier frankweg eingestehen, daß Richard sich ganz eigene Vorstellungen über die eventuellen Folgen seiner Bekehrung machte. Er glaubte, es drohe ihm, während der politischen Krise, eine Gefahr nach diesem Schritt. Hierin irrte er durchaus; die aufrichtigen Beweggründe Richards wagte niemand zu bezweifeln.

Wenn irgend Jemand auf Richard einen gewissen Einfluß geübt, so war es der gelehrte Forscher Guerrier de Dumast von Nancy. Auch ihm kündet der Director seine Rückkehr in den Schooß der älteren Kirche an. „Sonderbar genug", so läßt er sich aus, „ich der Schüler von Lamennais, ich, dem er jedes Vorurtheil gegen den dogmatischen Katholizismus benommen, ich bin jetzt der Anwalt desselben, gegen den früheren geliebten Lehrer.“ Und George Sand? werden mich wohl meine Leser fragen. Wie? hat Richard diese treue Freundin nicht von dem gewichtigen Schritte in Kenntniß gesetzt? Hat er, der eifrige Neugeborene, nicht versucht, das verirrte Schaf zu dem treuen Hirten heim zu führen? Er that es, aber erst nach einiger Zeit; wohl mochte er im ersten Augenblick sich beklommen fühlen, zurückschrecken vor einem Geständniß, das von einer Freidenkerin als eine Schwäche ausgelegt werden mußte. Erst im Jahre 1855 besprach sich Richard mit ihr über den heiklen Gegenstand. In ihren damals erscheinenden autobiographischen Memoiren war David Richard mit enthusiastischem Lobe überschüttet worden, in ihren Augen war er „ein Engel“. Dagegen protestirte Richard ganz einfach und ausdrücklich und ergreift die ihm gebotene Gelegenheit im Fluge; er sendet seiner ehemaligen Freundin den gedruckten Brief, worin er vor Jahren dem Herrn Bischof von Straßburg die Gründe seiner Bekehrung entwickelte. Die Sendung begleitete er mit folgenden Worten:

„Ich bin durch Krankheit und vielfache geschäftliche Sorgen hingehalten worden; für die schmeichelhaften Abschnitte, die Sie mir Unwürdigen und Obskuren in Ihrer Autographie widmen, wollte ich Ihnen meinen besten Dank zu Füßen legen. Einer Selbsttäuschung kann ich mich nicht hingeben. Ein Dämon bin ich nicht, aber noch viel weniger „ein Engel“. Ihre Nachsicht geht zu weit. Doch verhehlen will ich nicht, daß Ihr überschwängliches Lob mir zu Herzen ging. Aus der Ferne das Echo seiner eigensten Gefühle zu vernehmen, ist nun einmal sehr angenehm; auch unverdiente Belobung aus dem Munde eines Freundes rühret unendlich; Sympathie braucht man in diesem Leben. Sie dichten mir, ich weiß es, die heiligen Eigenschaften an, die für Sie das Ideal der Freundschaft bilden. Dem edlen Ziele, das Sie mir vorhalten, muß ich, werde ich zustreben, das sei mein bester Loskauf! Vor den Augen Gottes und der Welt muß ich mich meiner Fehler je mehr und mehr entledigen. Die Welt verlangt das Unmögliche von den allzusehr Belobten. Wie gut oder schlecht ich mich nun aus dieser Klemme ziehen mag, tausend Mal Dank, daß ich Ihnen immer noch gegenwärtig bin.

„Ach, theuerste Freundin, warum bin ich kein Engel? Auf meine Zuneigung für Sie, auf mein höheres Bewußtsein mich stützend, würde ich Ihnen zurufen: „Legen Sie Ihre Hand in die meine, heben Sie Ihre Augen zum Himmel empor; zusammen wollen wir hinwandern durch die eiskalte, finstere Welt, Lob singen Gott in der Höhe, und seine Vorsehung, seine Güte durch unser Eingreifen in das Leiden der anderen bethätigen. Ich würde Ihnen zurufen: Ihr Genie ist unbegrenzt, in die Tiefen der Gemüther dringt Ihr Scharfblick, in ihren Gemälden spiegelt sich die Natur. Sie erschüttern die Seele in ihrer Grundfeste, Sie sind edelmüthig und ohne Falsch, das Niedere, das Gemeine, das Eigennützige stimmt Sie zur Trauer oder stachelt Sie bis zur Entrüstung: Sie sehnen sich nach dem Ideale, dem Vollkommenen; dort nur ist Ihre Heimath, dort allein findet Ihr hohes Gemüth seine Befriedigung. Dieses Ideal ist für Sie, für jeden Gutgewillten, erreichbar; es liegt offen im Christenthum, im Katholizismus, in dieser göttlich geoffenbarten Philosophie, vor welcher jedes andere System zum Kinderspiele wird. Nicht anderswo suchen Sie Ihr Ideal, beugen Sie sich in Demuth und Sie werden fernerhin wachsen im Geiste; beten Sie zu Gott um Erleuchtung, er wird Sie zu unsterblichen Werken, groß wie sein Name, begeistern. Wenn Sie einlenken auf diesen Pfad, wenn Sie darin beharren, da, ich weiß es, wird Gott sich herablassen auf Sie, sie werden zunehmen an Stärke, an Glückseligkeit, an Hingabe; die vom heiligen Geist Ihnen eingegebenen Schriften werden in den fernsten Aeonen nicht untergehen."

Bei diesen Worten verstummt jeder Kommentar. Auch George Sand's Antwort, die ich leider nicht ganz mittheilen könnte, ist mit dem Stempel der höchsten Beredsamkeit gekennzeichnet. Im Fluge geschrieben, ist sie dennoch der Ausdruck einer unerschütterlichen, persönlichen Ueberzeugung; auch wer die Ansichten der „Meyerin von Nohant" nicht theilt, würde ihrem freimüthigen Bekenntniß dennoch seine Anerkennung nicht versagen. In beiden Persönlichkeiten verkörpern sich die zwei Systeme, die immer und einzig in dem Reiche der Geister sich entgegenstehen: der unabhängige Gedanke und die Unterwerfung unter die tausendjährige Autorität, die in der römischen Kirche wurzelt. George Sand weist sanftmüthig und doch fest die Versuche Richards zurück; sie wird nicht in die universelle Kirche heimkehren.

Richard mochte wohl die abschlägige Antwort voraussehen. Ein gestählter Geist, wie wir uns George

Sand vorzustellen berechtigt sind, läßt sich nicht durch den eloquentesten Brief des besten Freundes bekehren; nur ein Donnerschlag, ein überirdischer Blitz aus heiterer Höhe, auf einer Straße nach Damaskus, nur ein ungeheures, unseliges Geschick könnte solch ein Wunder bewirken. In dem gewöhnlichen Lebensgang mochte George Sand wohl den Vermittler zwischen Himmel und Erde entbehren. Sie kam damals gerade von Rom zurück und brachte von dieser Reise einen Eindruck nach Hause, wie ihn der Augustiner-Mönch von Wittenberg empfand*).

In Richards Bekehrung, in seiner Unterwürfigkeit unter die Kirche, erkannte George Sand „den Muth des Herzens". „Was mich betrifft", fügt sie hinzu, „ich verwerfe, was sich zwischen mein schwaches Gesicht und die göttliche Sonne stellt". Sie befaßt sich nur mit der Idee und will nicht, daß irgend eine Disciplin den zu suchen abhalte, der zum Suchen anhält, damit man besser glaube. Sie erklärt der Doktrin, die ihren Freund gefangen nimmt, den Krieg keineswegs; aber sie selber nimmt keine aufgedrungene Regel an. „Glaubst du dich bemüssigt, einen von der gütigen Vorsehung geduldeten Versucher anzunehmen, so sprich dies nicht aus gegen mich, mein Freund; du würdest damit den Glanz verwischen, der für mich deinen einfachgroßen Geist umsäumt. Du hast logisch gegen dich selbst gehandelt; du wolltest nicht auf halbem Weg stehen bleiben, nachdem du dein Ideal gefunden."

Es läßt sich die Kontraverse, die sich Georg Sand

*) Sie spricht in einem ihrer Briefe von „Satanas Antonelli.

gegen Richard erlaubte, somit leicht errathen. Ihr Verstand gab dem Freunde Unrecht; ihr Herz sprach ihn frei; sie war gewiß froh, daß er in seinem Gebet ihrer gedachte, und beide somit in mysteriösem Gedankenaustausch blieben. Nicht umsonst hatte sie ihn mit dem Namen eines Engels begrüßt. Nicht von Jedermann mochte sie im Gebete bedacht sein.

In den zahlreichen Bänden der Sammelwerke von George Sand finden sich gewiß wenig Seiten, auf gleicher stilistischer und geistiger Höhe mit den Briefen an Richard; nur einige Proben konnte ich leider diesem Privatschatze entleihen.

Jedesmal, wenn sie an den Fernen schreibt, empfiehlt sie sich seiner Gattin: „Ich liebe sie, weil sie dich glücklich macht". Sie bittet wiederholt um zeitweilige Zeichen seiner Anhänglichkeit. „Sprich mir von Gott so viel du willst, vom Teufel so wenig als möglich, von meinem Ruhme niemals. Es wurde mir bei meiner Geburt ein Strahl von oben zu Theil; in dem Strahle sehe ich nur den hohen Geber".

Der autobiographische Bericht, wor n Richard seine Bekehrung erzählt, war nur als Manuscript gedruckt und an einige Freunde gespendet worden. Es lag durchaus nicht in dem Wunsche des Neophiten, daraus ein Manifest, eine Reklame an seine ehemaligen Glaubensgenossen zu machen. Er vermied das Aufsehen, das andere suchen; es schien ihm eine Verletzung des scheuen, demüthigen Gewissens, vor dem größeren Publikum solche Gedanken bloszulegen. Ich theile hierüber ganz Richards Ansicht. In einer andern Sphäre war dem nicht so; der Director von Stephansfeld wurde wider Willen auf einen weitern Schauplatz herbeigezogen. Eine Korrespondenz mit Louis Veuillot enthüllt seine inneren Kämpfe, als man ihm die Veröffentlichung seines Schreibens an den Bischof zur Gewissenssache machte. „Ihr Vorhaben", schreibt er im Juli 1855 an Veuillot, „meine Autobiographie in das „Univers" einzurücken, erschreckt mich über die Maßen. Es ist nicht die Furcht, meine Bekehrung öffentlich zu bekennen, die mich zurückhält, aber andere Persönlichkeiten als Freunde und Verwandte in das Innere eines obskuren Lebens einzuführen, das scheint mir eine Verletzung der Seelenschamhaftigkeit. Auch nenne ich andere Personen; ich spreche über Herrn von Lamennais ein Urtheil aus, welches, von den Lippen eines alten Freundes des berühmten Mannes ausgehend, sehr ungeziemend scheinen dürfte. Ich bitte Sie, meine Einwendung im stillen Kämmerlein vor Gott abzuwägen.

„Man glaubt gewöhnlich, die Protestanten seien übelgesinnt, nicht redlich; man stachelt sie auf und zieht sie nicht an sich. Ich kenne deren mehrere, mildthätige und verehrungswürdige. Sie trügen sich theoretisch in der Doktrin; ihr Herz ist eins mit der Seele der Kirche. Sie wären vollkommen, wollten sie in der Einheit aufgehen. Wir müssen für sie beten und hoffen.

„An die Mysterien unserer Religion darf man sich blos zitternd heranwagen. Die festen Köpfe selbst erfaßt dabei der Schwindel, die hellsehendsten Augen werden geblendet. In die Praxis muß man sich flüchten. Dort ist süße Ruhe und Trost; das Beispiel ist die beste Predigt."

Soll ich meine Leser um Verzeihung bitten, mich

so lange über die Bekehrung Richards ausgesprochen zu haben? es schien mir dieser Fall mit so vielen elsässischen Lebensfragen eng verwandt! ich schuldete diese Abschweifung dem Andenken des werthen, ausgezeichneten Mannes, dessen lebendiges, segenvolles Wirken zu beschreiben ich unternahm. Die früheren Glaubensgenossen Richards dürfen ihm seine Sinnesänderung nicht vorwerfen; Richard blieb ihnen brüderlich verbunden. Und die katholische Gemeinde darf ebensowenig sich dem Wahne hingeben, daß Richard die Leidenschaften irgend einer Partei ergriff. Richard war ein Christ; in der Kirche seiner Voreltern fand er, mehr als in der Kirche der Reformation, den vollen Inhalt der christlichen Lehre. Das ist alles. Ihm wurde das seltene Glück, alle seine Freunde auch nach seinem salto mortale zu behalten. Wenig Jahre vor seinem Tode besuchte er Genf, und wurde in der Stadt Calvins von seinen ehemaligen Genossen herzlich bewillkommt, als ob in der langen Zeit sich nichts zwischen sie und ihn gestellt. Sein Herz war so krystallklar, daß Jedermann seine tiefsten Gedanken herauslesen konnte.

In Stephansfeld nahm die kranke Bevölkerung von Jahr zu Jahr, von Monat zu Monat zu. Mit jedem Besuch eines Inspectors konnte Richard auf neue Ausdrücke unbegrenzter Bewunderung zählen. Der Ruhm suchte ihn heim, und doch hatte er keinen Finger ausgestreckt nach dem trügerischen Phantome. Im Jahr 1857 veröffentlichte ein Schriftsteller, ein Denker, Paul Janet, in der «Revue des Deux-Mondes» einen merkwürdigen Artikel über Stephansfeld, worin die Methode des Vorstandes in der Behandlung der Irren auch für das größere Publikum klar vorgeführt wurde.

In dieser sympathischen Ideengemeinschaft mit befähigten höhern Beamten, mit Menschenfreunden, mit Christenseelen, mit berühmten Autoren lag für Richard das Gegengewicht vielfacher, nicht auszusprechender Seelenleiden und Verluste. Frau Rauscher, Antigone von Mancy, mehrere Mitglieder seiner eigenen Familie gingen Schlag auf Schlag mit Tod ab. Lamennais Abscheiden (Februar 1854) war für ihn vielleicht weniger schmerzhaft; es bestand nicht mehr zwischen beiden Freunden dasselbe intime Verhältniß wie vor Jahren: in seinen Briefen scheint der große religiöse Tribune zurückhaltender, obgleich die Formeln der ehemaligen Freundschaft noch beibehalten sind. Um Lamennais hatte sich die Vereinzelung des höheren Alters eingestellt; die düstere Melancholie, die unabweisbare Gefährtin eines siebzigjährigen, mit Gott und sich selbst in Zwiespalt liegenden Greisen, warf ihre Schatten auf die Mittheilungen an Richard. Stößt dem Director von Stephansfeld oder seiner Familie irgend ein Unfall zu, da bezeugt Lamennais auf der Stelle sein Beileid; doch sieht man in allen seinen Briefen die dunkeln Todesschatten heraufziehen.

So schreibt er am 3. August 1853:

. . . Das Vergnügen Sie wiederzusehen, nach so langer Trennung war für mich so groß wie für Sie; doch währte die Freude nicht lange. Sollten glückliche Umstände Sie nach Paris zurückführen, Sie hier zurückhalten, da würde, so scheint mir, mein selbstgewähltes Einsiedlerleben, so traurig durch die Leere, die sich um den Einsamen bildet, ein ganz anderes werden. Die Gegenstände für unsere Unterhaltung wären unerschöpflich. Nichts kömmt in meinen Augen dem Reize des frei ausgesprochenen Gedankens gleich. Was liegt an der Verschiedenheit, an dem Contraste der gegenseitigen Ansichten! Wenn sich nur die Herzen verständigen! Was bliebe zu sagen übrig, hätte man immer die gleichen Gedanken wie die Freunde? Die Hauptsache bleibt das Erforschen, das Streben nach Wahrheit; sucht man redlich, da findet man, soviel uns bei der Infirmität unseres Geistes gestattet ist. Wissen Sie, wo das größte Hinderniß bei diesem heiklen Forschen liegt? Im Einfluß, den uns unbewußt, die Atmosphäre, worin unsere Intelligenz groß geworden, auf uns ausübt. Deßhalb ist der Fortschritt des menschlichen Geistes so langsam, und oft während langen Perioden kaum sichtbar; deßhalb ist das Studium der Geschichte so wichtig, und ihr Verständniß so schwierig. Wir werden geboren, wir leben, wir sterben in einer schlecht gezimmerten Kiste; unser Horizont geht nicht weiter. Die Kühnsten unter uns bohren ein Loch in die Seitenwand der Kiste; ein Lichtstrahl dringt hinein; und die Insassen, geblendet, erschrocken, ergrimmt, schreien Mord und Zeter, verwünschen den Bohrer, und verharren in der tausendjährigen Finsterniß.

„Meine Uebersetzung des Dante ist zu Ende geführt; eine Einleitung ist unbedingt nothwendig; ich habe damit begonnen, wider Willen, nicht daß ich vor der etwas langen Arbeit zurückscheue, aber ich sehe den Zorn meiner Widersacher voraus. Man wird mir das Anbohren der Kiste nicht verzeihen. Was kann ich dafür!

„Angenehm wäre mir's,theurer Freund, Sie inmitte ihrer Familie zu sehen; meine besten Wünsche für euch alle! Mein Alter, meine Gesundheit, meine abnehmenden Kräfte verhindern mich am Reisen. Es bleibt mir nichts übrig, als die Hoffnung, Sie wieder hier zu sehen; ich erwarte Sie spätestens mit nächstem Jahre. Kleine Ausflüge und Spaziergänge habe ich immer vor, führe solche aber nicht aus. Warum denn nicht, werden Sie mir sagen. Ach! eine der betrübtesten Erfahrungen des Alters besteht in der Einsicht, daß man zwanzigmal im Laufe des Tages im Unrecht gegen sich selber ist, und sich doch nicht bessert.

„Man befürchtet hier eine schlechte Ernte. Die Zukunft erscheint auf keine Seite hin rosenfarbig. Wäre ich Eins mit dem Volke, da ginge mein Wunsch dahin, allesammt nach Stephansfeld verpflanzt zu werden. Herzlich der Ihrige."

Mit dem Pflanzengarten blieben David Richards Beziehungen immer gut; Geoffroi St. Hilaire's Tod brachte darin keine Unterbrechung. Für die Wittwe und den Sohn des berühmten Naturforschers hat Richard nur Worte der Verehrung. Herr Isidor Geoffroy St. Hilaire verliert seine junge Gattin; da bricht Richard in heftige Klagen aus. „Bis jetzt", schreibt er an die Schwiegermutter der Abgeschiedenen, „waren Sie in Ihrer schönen, zahlreichen Familie gesegnet; Sie verdienten vollauf dieses Glück; wir konnten uns nicht denken, daß je ein Blatt aus diesem frischen Kranze abfallen würde. Ein unsäglicher Schmerz ergreift uns, jetzt, da die schöne Himmelsblume, Ihre Tochter, in die Heimath verpflanzt ward. Wir beten zu Gott, er möge Sie befestigen in Ihrem Muth, und Ihren mütterlichen Worten siegreiche Kraft verleihen."

Für Richard verfinsterte sich der Horizont immer mehr, bevor er an die Schwelle des Greisenalters trat. In einem Momente lebhafter, persönlicher Leiden, flüsterte er mir die schmerzlichen Worte zu: „Gott stellt bisweilen seine geliebten Kinder auf eine grausame Probe." Er hielt sich augenscheinlich, inmitten fürchterlicher Familienereignisse, nur durch den unerschütterlichen Glauben an Gottes Gerechtigkeit und Barmherzigkeit aufrecht. Das Pflichtgefühl im täglichen Berufe, die Liebe seiner Gattin wurden ihm zur sichtbaren Stütze. In einem Schreiben an den befreundeten Director von Maréville, den Doctor Morel, legte er, mit wenig Worten, einen Theil seines Glaubensbekenntnisses nieder: „Das wahre Mittel, auch physisch nicht herunter zu kommen, besteht in einem wahrhaft christlichen Leben." Das Geheimniß seiner bis ans Ende ausdauernden Kraft lag in dieser Ueberzeugung.

Richard verschied den 11. Juli 1859, kaum 53 Jahre alt; die Abnahme im Greisenalter ward ihm erspart.

Sein Leichenbegängniß wage ich nicht zu schildern, nicht die starre Betäubung der Kranken von Stephansfeld, nicht die stumme Trauer der Gehülfen, nicht das Herbeiströmen der Freunde von Straßburg und dem Elsaß. Das war nur der öffentliche Ausdruck des Beileids. Wer hat damals die insgeheim vergossenen Thränen gezählt? wer in die Goldwage geblickt, worin eine höhere Hand die Verdienste des braven und treuen Dieners abwägt.

Goethe hat am Grabe seiner Freundin, der Herzogin Amalie von Weimar, Worte gesprochen, die von Sylbe zu Sylbe auf David Richard anwendbar sind:

„Das ist der Vorzug edler Naturen, daß ihr Hinscheiden in höhere Regionen segnend wirkt, wie ihr „Verweilen auf der Erde; daß sie uns von dorther „gleich Sternen entgegenleuchten, als Richtpunkte, wohin wir unsern Lauf bei einer nur zu oft durch Stürme „unterbrochenen Fahrt zu richten haben; daß diejenigen, zu denen wir uns als Wohlwollenden und Hülfreichen im Leben hinwendeten, nun die sehnsuchtsvollen „Blicke nach sich ziehen, als Vollendete, Selige.“

Namen= und Sachregister.

Berichtigungen.

Seite	97,	linea 10:	Champy, statt Chamby.
„	129,	„ 7:	betonte, „ betonen.
„	199,	„ 12:	auf den, „ auf dem.
„	200,	„ 3:	panegyrisirte, statt panagyrisirte.
„	214,	„ 12:	Panegyriker, „ Panagyriker.
„	217,	„ 26:	machte, statt mache.
„	226,	„ 23:	dem darangeknüpften, statt das darangeknüpfte.
„	227,	„ 18:	Zeugniß, statt Bezeugniß.

Straßburg, Druck von Fr. Wolff. — 904

Inhalt.

FSC
www.fsc.org
MIX
Papier | Fördert gute Waldnutzung
FSC® C083411

Kolibri 360 GmbH
Ferdinand-Jühlke-Straße 7
99095 Erfurt, Deutschland
produktsicherheit@kolibri360.de